U1021139

大观

national interest

11

海权沉浮

丛书主编 ◉ 高全喜
本辑主编 ◉ 邱立波

HAIQUAN CHENFU

GUANGXI NORMAL UNIVERSITY PRESS
广西师范大学出版社
· 桂林 ·

图书在版编目（CIP）数据

海权沉浮 / 邱立波主编．—桂林：广西师范大学出版社，2015.5
（大观．第 11 辑）
ISBN 978-7-5495-6393-7

Ⅰ．①海… Ⅱ．①邱… Ⅲ．①制海权－研究－世界
Ⅳ．①E815

中国版本图书馆 CIP 数据核字（2015）第 038023 号

广西师范大学出版社出版发行
（广西桂林市中华路 22 号　邮政编码：541001
网址：http://www.bbtpress.com）
出版人：何林夏
全国新华书店经销
湛江南华印务有限公司印刷
（广东省湛江市霞山区绿塘路 61 号　邮政编码：524002）
开本：880 mm × 1 240 mm　1/32
印张：9.375　　字数：180 千字
2015 年 5 月第 1 版　　2015 年 5 月第 1 次印刷
印数：0 001~3 000 册　　定价：35. 00 元

目　　录

世界观察

名作译介

雏风新声

世　界　观　察

发凡
海权的潮起潮落
——海洋战略与世界强国的兴衰

吴征宇　刘　怡①

当亨利·史汀生(Henry Lewis Stimson)在第二次世界大战期间担任美国陆军部长时,他以一句著名的俏皮话概括马汉"海权论"在本国海军中的流行程度:"海军部有一种独特的心理状态,它似乎经常脱离逻辑王国,退回到朦胧的宗教世界里。在那个世界,海神犹如上帝,马汉扮演先知,美国海军则是唯一的正统教会。"

这样的揶揄可以说犹嫌不足,因为建立供奉海神教会的绝不止美国海军一家。曾几何时,德皇威廉二世(Friedrich Wilhelm Ⅱ)亲口承认他正在"狼吞虎咽地啃着马汉上校的书……(德国)海军的每艘舰艇上都有这么一本书";日本海军大佐肝付兼行则

① 吴征宇,中国人民大学国际关系学院;刘怡,中国政法大学历史系中国近现代史硕士研究生。

宣称，“马鸿（即马汉）氏之海权论，大得吾人之心”，认定它揭示了海洋国家“益国威于世界”的机理。当马汉在1893—1894年指挥“芝加哥”号巡洋舰访问英国时，从维多利亚女王到罗特希尔德男爵在内的名流都设宴款待他，牛津大学和剑桥大学在同一个星期授予他名誉博士学位。这位不久前还默默无闻的海军上校在美国国内也成了追捧的对象：西奥多·罗斯福总统视马汉为值得信赖的顾问，美国历史学会选举他为主席，纽波特市考斯特岛上由他参与创建的海军战争学院每天都在讲解厚达两千多页的“海权对历史的影响”系列著作，状如基督徒诵读福音书。

然而，阿尔弗雷德·塞耶·马汉（Alfred Thayer Mahan）及其学说的命运也像他的中年成名那样富于戏剧性：从“海权对历史的影响”书系声名鹊起的第一天起，职业历史学家就谴责它们搬弄史迹，“将复杂化为简单，将多样性化为单一性”；和平主义者和大海军反对者批评马汉是新帝国主义者，他写作的“主要冲动仅仅在于为扩充海军提出论据”。由于在建造单一口径主炮战列舰的问题上与海军高层对立，马汉在“一战”前夕已很难对美国海军的发展施加影响。在据说是忠实依据马汉学说建立的德国“公海舰队”于1919年折戟沉沙之后，出版仅四年的《马汉论海战》被“请”出了安纳波利斯海军军官学校的教科书名单；“海权对历史的影响”书系虽然仍旧具有重要性，但绝不比朱利安·科贝特（Sir Julian Stafford Corbett）、拉乌尔·卡斯特（Raoul Castex）等20世纪思想家的地位更显赫。再往后，太平洋战争显然不是按马汉的思路进行的，大西洋之战甚至明显折射出经典海权理论在“巡航战”问题上的狭隘——马汉已成为神像，只在祭祀时才被摆出。1992 年，美国海军战争学院甚至召开了一次著名的学术会议，主题就叫“马汉是不够的”！

没有哪个军事学名词像“海权”(Sea Power)一样兼具神秘感与含混性，也没有哪种战略学概念像海权及其传道者马汉一样，被历史赋予过那么多内涵之外的臧否。在 16—19 世纪的近四百年里，“谁控制了海洋，就可以迫使其他国家为该国的利益纳贡”[《海权对历史的影响(1660—1783)》第 5 章]。来自葡萄牙、加利西亚、布列塔尼和西南英格兰的探险家扬帆起航，驶过纽芬兰、亚速尔群岛和非洲西海岸，朝美洲、非洲、亚洲以及太平洋的“新世界”挺进，直至以欧洲为中心、以海上力量为载具的世界秩序初步得到确立。在此过程中，英国那个“只有狭小陆地、资源贫乏的政府”凭借对海运和殖民利益的攫取，不仅建立起独一无二的具有海上统治力的强大舰队，更资助和扶植其大陆盟国，完成了对相继崛起的欧陆霸权争夺者的绞杀。这正是前述“海军至上主义”(Navalism)的缘起。

然而到了 19 世纪末，技术和生产开始取代贸易成为财富增长的主要因素，铁路的出现则提升了大陆强国的动员速度；与英国那个庞大但疏松的非正式帝国相比，拥有人口和资源之规模优势的“洲级大国”美国与俄罗斯显然具备更大的潜力成为世界领导者。不列颠借助明智的战略收缩和同盟体系，仍得在一场历时四年半的大战中击败德国这个最新的欧陆争霸者，但那是一场“没有特拉法尔加(Trafalgar)的胜利”——决定战争胜负的不再是海战，而是在西线堑壕中投入人力、物力的总量以及持久性。在大战的最后阶段，美国开始接受不列颠对全球领导者地位的禅让，此后历经20余年的海战理论—科技革命以及权势结构重组，美俄这两个洲级大国联手击败了德意日边缘地带强国联盟。而在一个“心脏地带”大陆强国与外围海洋强国构成两极的世界格局中，海权不再是唯一的神祇，甚至遭到质疑和否定。

但即使是在核时代，作为国家力量投射工具之一的海权仍有其必要价值。冷战时期美国的“遏制战略”唯有仰仗海上力量方可收实效，核武器的高风险性和政治化则进一步凸显了常规远洋海军的意义。后冷战时代，海上优势更成为全球化乃至美国对世界行使领导权的基础。从这个意义上说，马汉关于海权在影响世界事务方面更有优势的论断仍未过时。海上力量将在一种结合了陆地、海洋乃至太空的国家大战略中继续发挥作用，并达到新的平衡。

一　海权的崛起与统治，1494—1815

大部分国际关系史家把1494年法国出兵意大利视为欧洲近代史的开端，这一偶然事件与几乎发生在同一时期的航海大发现以及欧洲国家的第一波海外拓殖浪潮相呼应，暗示了此后约四百年间欧洲乃至世界历史的两项主题。在欧洲内部，以教会为统一观念权威、以地方性封建政权乃至规模较小的次级封闭国际体系（如毁于法国入侵的地中海城邦体系）为基干的中世纪国际秩序迅速瓦解，以主权国家为单位、完全遵循国家利益准绳的现代国际体系就在这废墟之中诞生。而在更大范围内，欧洲国家利用新近开发出的远洋舰船的机动性，由内而外、由西而东地驶向世界其他地区，对其进行政治征服和经济掠夺，直至它们成为欧洲的从属物。这便是地理政治学先驱麦金德所称的“哥伦布时代”。

“哥伦布时代”第一个五十年，海权的意义体现在建立欧洲中心与新发现地区之间的交通纽带，在此基础上形成主要的贵金属流通、远洋货物贸易航路和殖民地版块上，它对欧陆政治尚不贡献直接安全价值。作为此际在地理上最适宜建设海权的主要国家，英国在百年战争后暂时脱离了大陆，把争霸的舞台留给了哈布斯堡西班牙和法国：后两者皆为陆权大国。从 1494 年到 1559 年，围绕意大利事务主导权乃至中西欧霸权，法西两国进行了断断续续近 66 年的战争，其他欧洲国家及政治共同体相继牵扯进去，形成一种大动荡。值得一提的是，在这场“意大利战争”中，主要参战国尤其是西班牙已经把来自中南美殖民地的贵金属视为重要军费来源，并建立强大的舰队加以护持。这暗示了尽管狭义海权——通过优势力量实现对海洋的控制——尚未呈现其重要性，广义海权——与维持国家经济繁荣密切相关的各种海洋要素——与欧洲政治的关联却从一开始就存在，并将日益成为后者的影响者和塑造者。

与法西两国在大陆争霸同一时期，英国这个西欧滨外岛（Offshore Island）正在形成基于远洋贸易的安全、政治、经济和社会结构。日后在“海权对历史的影响”书系中由马汉归纳出的地理位置、自然构造、领土范围、人口数量、民族特点、政府的性质和政策这六项影响海权发展的要素，在英国大致以积极面貌出现：因为无须在陆上自保或扩张，伦敦可以更从容地集中精力发展海洋能力；邻接大西洋航线的地理位置以及足够长的海岸线、一定数量的良港使其在全球贸易中占有先机；狭小的本土空间、匮乏的资源刺激了国民投身海外，逐步形成了一定基数的富于冒险精神、乐于投资海洋事业来获取收益的商人阶层；在厘清了和封建贵族之间的关系后，王室对培养本国在海军和商业方面的潜力持积极态度。以上因素综合在一起，使英国积累起了左右欧陆争霸大势的足够权势基值。

进入 16 世纪后半叶，海洋国家开始直接参与欧洲大陆的权势斗争。这一趋势始于 1581 年联省共和国(尼德兰)脱离西班牙独立，伴随 1585 年英国加入反西战争而达到顶峰。腓力二世(Felipe II)统治下的西班牙代表着从地理上统一西南欧和中欧、在财富方面强化对中南美殖民地控制、宗教上恢复天主教会正统性的“大一统”努力，也是现代欧洲第一波霸权觊觎者中的佼佼者。尼德兰及英国的权势结构与之截然不同，它们没有数量太大的陆军，对西班牙的陆上攻势只能靠资助另一个参战国家法国来完成；但英国政府扶持的私掠船和海盗有能力袭扰从殖民地返航的西班牙商船队，使腓力的财源大受影响。后者一旦察觉伦敦正在缔造遍布整个大陆的反西联盟，马上决定釜底抽薪，对英国本土发动直接远征。1588 年 5 月，西班牙“无敌舰队”(Spanish Armada)驶入英吉利海峡，但他们在较小的英国舰队的迎击下损失可观，随后因风暴大部沉没。到1598年腓力病逝时，西班牙在欧洲大陆的优势已经被逆转，且财政濒临破产，不复为一压倒性强权。英西战争也奠定了“哥伦布时代”海洋国家参与欧陆权势变动的基本模式——陆权强国以大一统为目标，试图在疆域上完成最大限度的集中；反之海洋国家扮演制衡者(Balancer)角色，以直接和间接方式反对此种集中。

西班牙帝国衰落后，有六十年左右欧洲大陆没有出现新的霸权觊觎者，围绕德意志主导权发生的战争虽极尽惨烈，在体系层面却乏善可陈。英国在此期间经历了两个意义深远的事件：一是清教革命，重新确定政体、决策模式和国家发展重心；二是与尼德兰开战，力图剥夺低地国家在全球贸易和海外殖民地方面的份额。两项工作到1660年代为止尚未竟全功，但基本趋势已经明朗：清教革命进一步促进了英国的海洋帝国主义趋势，1651年颁布的《航海条例》(Navigation Acts)及其后由政府推动的海上贸易强化确认和巩固了以商业—贸易为重心的经济结构；至于两次对荷战争(Anglo—Dutch War)，虽然因为斯图亚特王朝复辟和荷兰名将德·鲁伊特(Michiel de Ruyter)的帅才迭遭战术失败，但皇家海军在装备方面损失不大，官兵在恶战中积累了经验，还保持了一支由适于远洋航行的风帆战列舰(Ship-of-the-line)组成、吨位居欧洲之冠的主战舰队。

17世纪80年代出现了对英国具有决定性影响的变化：法王路易十四(Louis XIV)于1661年亲政后，开始有条不紊地追逐欧陆霸权。他任命能干的重商主义者科尔贝(Jean-Baptiste Colbert)为财政、航海、殖民地及贸易事务大臣，厉行改革，在大陆上执着于确立“自然疆界”，在全球层面则积极抢夺此前由荷兰和英国占据的远洋贸易份额。1665—1670 年，法国新建了 65 艘新战列舰，海军战列舰的吨位从 1665 年的 3.6 万吨激增到 1670 年的 11.4 万吨，比英国多 1/3。1672—1678 年路易对荷兰开战，使对手遭受惨重的经济和人口损失，荷兰—西班牙联合舰队也在 1676 年的巴勒莫海战中被歼灭。

法国在欧洲大陆崛起之际，统治英国的斯图亚特复辟王朝基于宗教原因，与其保持亲近；1685 年即位的詹姆斯二世(James II)甚至设想依靠法国支持，在英格兰和苏格兰复辟天主教。是故 1678—1688 年，英国罕见地对欧陆均势的崩塌无动于衷，使相对羸弱的荷兰成为反对法国霸权的领导者。1686 年，在荷兰执政奥兰治的威廉三世(William III)策划下，奥地利、西班牙、皮埃蒙特—萨伏伊和德意志诸邦在奥格斯堡缔结盟约，以法国为假想敌，路易十四遂于次年入侵德意志。当列强注意力集中于中欧时，反对天主教和亲法政策的英国贵族发动了“光荣革命”，驱逐詹姆斯二世，拥立其女婿奥兰治的威廉为新王，称英王威廉三世，与詹姆斯之女玛丽二世联合执政，时为 1688 年 11 月。威廉按 5∶3的比例将英荷海军编组为联合舰队，共同对抗一时豪强的法国。1689 年 5 月英国议会对法宣战，决定向欧陆反法国家提供津贴，并派陆军到欧洲参战；同时英格兰、苏格兰与荷兰正式加入奥格斯堡同盟。大同盟战争(九年战争)全面爆发。

战争初期，路易十四效仿西班牙故伎，企图跨海入侵英国。

但1692年5月底，驶入英吉利海峡争夺制海权的44艘法国战列舰遭优势英国舰队重创，损失过半，被迫放弃原计划。此后双方转为开展经济战：大同盟一方在大西洋、地中海以及北美封锁法国港口，拦截其商船；法国则派遣大批私掠船，对英国海外交通线和基地实施“巡航战”（Guerre de course）。不过到1695年，法国的军事经济和财政还是首先濒临崩溃，双方于1697年秋缔结和约。

大同盟战争期间，英国干预和塑造欧陆均势的经典模式已经成型，这就是后来利德尔·哈特（Sir. B. H. Liddell Hart）总结的“英国式战争方式”（The British Way of War）——主导性海上强国利用自海洋经济中获取的财政资源贴补和资助陆上盟国，使其充当陆上战事的先锋；海上强国本身则以封锁、登陆侧击等行动介入战争。该模式的实质是“使欧洲以外土地上日益增长的资源可以被用于反对欧洲内部超级强国的斗争”（路德维希·德约：《德国与20世纪世界政治》），暗示了全球大洋体系与欧陆均势的不可分割。就像路易十四的国务大臣舒瓦瑟尔公爵（Étienne-François, duc de Choiseul）指出的那样：“奥地利、俄国、普鲁士只能算是二等国家，因为他们若得不到贸易国家的辅助，就根本无力从事战争。”

同样在这次战争中定型的还有皇家海军的用兵思路和对海权建设至关重要的财政体制。针对法国的“巡航战”，英国把海军兵力分成两部分，较大、较集中者为战斗舰队，负责歼灭或封锁法军主力，控制本土与西欧海岸间的“窄海”；较小、较分散者为控制舰队，负责保卫己方贸易航线。若战斗舰队能以海战或封锁“榨干”敌方用于海上行动的兵力，“巡航战”甚至可能戛然而止：这也是日后马汉主张以海上决战夺取制海权的历史依据。财政方面，1693年伦敦开始发行国债，随后又建立英格兰银行，通过精细预算体制和拓展信贷保证海军建设的持续性。得益于此，1700年英国战列舰总吨位回升到17.4万吨，与之结盟的荷兰海军9.7万吨；法国海军则为17.6万吨，后劲已经不足。

1701年，为阻止“太阳王”之孙安茹公爵（Duc d'Anjou）继承西班牙王位，使法国的大陆优势和西班牙的海外殖民帝国结成一体，英国联合荷奥普等国再度对法、西开战，史称西班牙王位继承战争（War of the Spanish Succession）。这次战争期间，英荷联合舰队拿下了战略要地直布罗陀，建立起皇家海军对地中海的长期控制。1707年夏，英荷舰队更配合奥地利名将欧根亲王（François－Eugène，Prince of Savoy－Carignan）攻占法国地中海舰队基地土伦，迫使港内的46艘战列舰全部凿沉。到1713年签署《乌德勒支和约》时，法国在北美洲太平洋沿岸的大片殖民地以及在葡属、西属美洲的贸易特权全部落入英国手中，战列舰总吨位更暴跌至英国的1/3以下。

西班牙王位继承战争结束之际，英国的海上优势呈现一种奇怪的状态：一方面，它在舰艇数量、质量乃至战斗力方面已位居世界第一；另一方面，拥有更完备的全球基地体系、更庞大的殖民帝国和更广泛的贸易特权的却是衰落中的西班牙，这是伦敦亟须改变的。1739年，英西两国围绕加勒比海贸易权爆发“詹金斯耳朵战争”(War of Jenkins' Ear),这场海外冲突与法国对中欧领土的觊觎结合在一起,引发了1741—1755年的奥地利王位继承战争(War of the Austrian Succession)。1756年普鲁士也加入战团,成为英国的大陆盟友,使1756—1763年的战事成为规模更大的“七年战争”。根据由第一海务大臣安森(George Anson)制订、经下议院议长老皮特批准的作战方案,皇家海军对法国在地中海和大西洋的海岸线实施严密封锁,使从殖民地运回金银的敌方运输船不能入港,同时在海外实施频繁的两栖进攻战。到1762年,英国已经占领了路易斯堡、魁北克、马提尼克、瓜德罗普、多米尼加、本地治里、圣文森特和格林纳达;当主要参战国在1763年缔结《巴黎和约》时,英国获得了几乎整个法属加拿大、除几个沿海据点外的全部法属印度以及大半个法属西印度群岛,殖民帝国空前庞大。除去1778—1783年在北美遭遇的挫败,英国成为了真正意义上的海洋统治者,一线战列舰吨位已接近法国与西班牙之和。

这种业已确立的海上霸权,还须经受法国的最后一波挑战。1789年大革命爆发后,英国迅速窥见了法兰西共和国向西欧和中欧扩张、再度破坏均势的阴影,遂于1793年组织反法同盟,再度对法开战。同年8月,胡德子爵(Alexander Hood, 1st Viscount Bridport)的舰队占领土伦,使法国地中海舰队暂时丧失了战斗力;次年6月,豪伯爵(Earl Richard Howe)又在“光荣的六月一日”之战中给予法国大西洋舰队以重创。但因为欧洲第三大海军强国西班牙在1796年底与法国结盟,英国的重要盟友荷兰则为法军占领,伦敦已很难同时在地中海和大西洋保持优势。有鉴于此,皇家海军决定暂时放弃地中海,集中力量打垮大西洋方面的法西舰队。新崛起的法国军事统帅拿破仑察觉到这一趋势,决意反其道而行、经地中海出兵埃及,从陆路威胁英国最重要的殖民地印度。然而英国地中海舰队司令纳尔逊(Horatio Nelson)注意到他的动向,从直布罗陀尾随追击,于 1798 年 8 月 1 日在阿布基尔湾袭击了保障远征军补给线的法国舰队主力,取得大捷。埃及远征最终遭遇惨败,拿破仑仅以身免。

第一次与英国正面交锋失败后,拿破仑在 1800 年联络俄国沙皇保罗一世(Paul Ⅰ),请其与斯堪的纳维亚诸国组建"武装中立"同盟,牵制英国的注意力。但纳尔逊在 1801 年初孤军杀入波罗的海,摧毁了与俄国结盟的丹麦海军主力,加上不久后保罗一世遇刺,拿破仑的计划再度流产。1803 年战端重开后,他只能选择腓力二世和路易十四的老办法,准备跨海对英国本土实施远征。为获得数量优势并转移英方注意力,法西两国的地中海舰队将首先驶向西印度群岛,在那里等待法国大西洋舰队赶来会合,随后一齐向英吉利海峡前进。但因为英军在法国西海岸部署了监视部队,大西洋舰队根本没能出航,只有地中海舰队的 33 艘战列舰赶到了西印度群岛。拿破仑命令这支部队重新驶入地中海,在西班牙整补后开往布雷斯特,协助大西洋舰队驱散英方的监视。1805 年 10 月 21 日,当法舰航行至塔拉法尔加角附近时,纳尔逊指挥的 27 艘战列舰追赶上来,爆发了 1793—1815 年战争乃至整个风帆时代最具重要性的海战。法西联军的 33 艘战列舰有

1艘被焚毁、21艘被俘，死伤及被俘近1.4万人；英军仅伤亡1600余人，纳尔逊本人殉职。此役过后，英国本土再无安全忧患，法国作为英国海上霸权挑战者的地位则被永久性终结了。

到这时为止，拿破仑已无法指望在海上击败英国，他以一种典型的陆权战略作为替代：向被他击败的普奥等国颁布敕令，并与俄国媾和，构建一个大陆封锁体系。该体系的实质是使欧洲大陆这个最具分量的单一市场对英国关闭，令后者赖以生存的远洋贸易因缺乏市场而萎缩；大陆封锁同时还将切断英国最经济地获得某些战略性资源的通道，长此以往，英国的国民经济将会崩溃。但拿破仑忽略了一项关键要素：在关闭对英进出口通道的同时，法国本身并无能力为各国提供替代性产品，基本上只是一架军事动员机器的法兰西帝国也无法组织和运作如此庞大的封闭市场；各国为自利起见，势必对封锁令阳奉阴违。偏居一隅的俄国尤其令巴黎无法约束，到1812年，拿破仑最终决定入侵俄国，把俄国这个侧翼大陆强国拉到了舞台中央。英俄这两个武力和资源规模远超过欧陆“中等强国”的大国，与深受德意志民族主义影响的中欧各国联合起来，埋葬了拿破仑帝国，也结束了17世纪后半叶以来法国的霸权觊觎者地位。

到1815年维也纳体系和平建立之时，英国以海洋为基础的全球霸权地位已经牢固不可动摇，整个19世纪因此被冠以“不列颠治下的和平”(Pax Britannica)之名。这也是海权在历史中的鼎盛时代，马汉正是以1660—1812年英国海上力量的发展历程为佐证，提出了经典海权理论。按德约(Ludwig Dehio)名著《不稳靠的平衡》的概括，英国霸权包含两个层次：一是基于海洋经济（也就是马汉所说的生产、航运和殖民地）的全球性大洋体系，二是经典欧陆均势（Balance of Power），联结这两个体系、维持其开放性，并能使全球资源源源不断投入到恢复均势斗争中的则是不列颠的海上统治权。与法兰西等国设想的“海洋均势”不同，英国从一开始就力图获得垄断性海上优势，“使那些实力较弱的国家在至少获得该国许可之前，很难进行海上作战或贸易”（保罗·肯尼迪：《英国海上统治权的兴衰》），他们的确做到了。

二 陆上强国的反击，1815—1918

“不列颠治下的和平”持续到 1860 年，英国在贸易、金融、工业生产乃至世界领导力方面的优势已经达到了空前水平：它生产全世界 53％的铁、50％的煤和褐煤、将近一半的原煤；它的人口仅占世界的 2％、欧洲的 10％，却具有相当于世界潜力 40％—45％、欧洲潜力 55％—60％的现代工业能力。它单独占有世界商业的 1/5 和制成品贸易额的 2/5，全世界 1/3 以上的商船飘着英国旗。由于俄国在克里米亚战争后暂时丧失了对中西欧权势变动的影响，欧陆均势正处于稳固状态，英国自可保守其“光荣孤立”（Splendid Isolation），避免“介入尚未实际发生或并非即将发生之事”。

进入 1870 年代，太平梦始被两记重锤打破。中欧分裂的结束催生出德意志第二帝国这一新兴强权，它在人口、工业能力、军事实力、教育水准等指标上远远超过此前的任何中等强国，在事实上颠覆了构成18世纪均势基础的英法俄奥普五强格局。尽管俾斯麦领导下的德国在1890年之前尚节制对外投射权势，但这个庞然大物的存在势必导致英国操控均势时的运作空间缩水，需要投入的资源量也更大。但不列颠的工商业优势恰恰伴随着第二次工业革命在全球的扩散遭到侵蚀——“由于英国制造业者无意永远保持对竞争者的赶超、甚至也无意与竞争者平起平坐”（保罗·肯尼迪：《大国的兴衰》），自满和低效开始降低英国工业尤其是煤炭、纺织和钢铁制造业的增长速度，英国商品在本土和海外市场所占的份额稳步下降。1840—1870年，英国工业产量的年均增长率只有3%，1875—1894年更进一步下降为1.5%；1880年联合王国在世界制造业总产量中尚占有22.9%的比例，这一数字到1913年已减少为13.6%，落后于德国和美国；英国在世界贸易中所占的份额也从1880年的23.2%下降到1911—1913年间的14.1%。

1904年，麦金德（Sir. Halford J. Mackinder）在《历史的地理枢纽》中指出了这种变化的深刻意义：伴随铁路的机动性在第二次工业革命中得到开发，在“哥伦布时代”为海权国家所压制的陆上强国已经重新获得了资源动员以及财富积聚方面的优势。当一个控制着欧亚大陆“枢纽地带”的陆权国家将其势力范围内的资源充分开发出来，甚至依托大陆财富建立起舰队之后，海权的黄金时代将被彻底终结。而这种因技术变迁引发的经济增长模式和海陆间权势对比变化，意味着马汉海权论在事实上濒于破产——在马汉回顾的时代,“合理的使用和控制海洋是财富赖以积聚的交换链条上……核心的一环”,“绝大多数控制海洋的国家都因此致富了”。但经过第二次工业革命,技术已经取代贸易成为国家经济发展的主要动力,“比起单纯依托‘海运’这种运输方式创造的不稳定财富,‘海权’可能另有一个更加可靠的经济基础;那就是国家经济生活的活力……统治性的海上权力并不总与自身拥有最大商船队的国家相伴,而是为那些可以凭均衡的经济增长支撑其海上事业繁荣的国家所掌握”(J.J.克拉克:《商船与海军:马汉假设的一点注释》)。在资源和人口上占据优势的大陆强国(比如德国)显然具有更强劲的经济活力,这恰是不列颠的危机。

不仅如此,第二次工业革命带来的经济政治变化还导致了19世纪最后二十余年以建立和扩展独占性海外殖民地为内容的新帝国主义扩张浪潮。英国因为最早完成全球利益布局,伸展势力的可能方向最多,收获自然颇丰。从1870年到1899年,“日不落帝国”的海外领土增加了1100万平方公里,人口增加了6600万。但这种进账并未导向权势增长,因为在相当长时间内,维持千里之外的海外领土需要付出的成本远远大过它能带来的收益;而英国的势力范围分布又极分散,与其他所有强国都存在摩擦:它在西半球与鼓吹“门罗主义”的美国对立,在印度、近东和波斯湾受到俄国扩张的压力,在印度支那和缅甸面临法国的挑战,在中国则为一切后来者所忌恨。帝国陷入了过度扩张的困境。

进入20世纪第一个五年,构成不列颠海洋霸权基础的两大体系都已处在危机之中：德国正在形成足够同时战胜两个强国的经济和军事优势，俄奥对土耳其中南欧领土的瓜分则到了最后关头，任何一种趋势的发展都将彻底摧毁欧陆均势的可能性。在欧洲以外，英俄中亚“大角逐”形势不断恶化，法国在非洲虎视眈眈，历时近三年的第二次布尔战争更是带来了45000名官兵的伤亡和惊人的财政赤字。在财力吃紧、目标又如此宽泛的情况下，继续“光荣孤立”已无希望，伦敦必须在最短时间内明确核心利益，减少不必要的义务，尽可能地利用现有资源维持相对优势。

1904年见证了一场“外交革命”的开端：当年4月英法缔结协约，在协调海外利益的同时，暗示了对彼此的安保承诺；两年前和英国结盟的日本则在远东对俄开战，给予俄国这个扩张态势最激进的陆上强国以重创。在第一海务大臣费舍尔(John Fisher)的决断下，澳大利亚、中国和东印度舰队合并为东方舰队，南太平洋、北美和西非舰队合并为开普舰队，裁撤太平洋舰队；作为交换，皇家海军从北美撤出之后，美方同意代为守护英国利益。加上英法协约达成后地中海舰队一部回防本土，英国在北海的南北两个方向已经有了25艘战列舰，超过第二强的德国(19艘)。

决定性的一步在1907年迈出。这年元旦，英国外交部西方司高级书记官克劳(Sir. Eyre Crowe)提交了一份关于英法及英德关系现状的24页备忘录，指出了柏林作为英国主要敌人的必然性——德国“有意推行一种本质上反对英国核心利益的政策……有意建立德国霸权，首先是在欧洲，最终是在全世界”。它曾经依靠武力和领土扩张建立了一个“欧洲大陆上首屈一指的大国”，现在又尝试以惊人的野心、偏执和粗暴“在世界政治舞台中扮演更重大的支配性角色”。最重要的是，德国正在“尽己之力建立一支尽可能强大的海军力量”，试图剥夺不列颠海上霸权在全球大洋体系和欧陆均势之间的唯一中介者地位，这触到了英国的底线：“冯·提尔皮茨(Alfred von Tirpitz)敲进他那些军舰的每一颗铆钉，都在促使不列颠帝国每一行业、每一地域那成千上万最有能量的人在看法上统一起来”(丘吉尔:《世界危机》)。

《克劳备忘录》问世后8个月，英俄两国签署关于在波斯、阿富汗和中国西藏划分势力范围的协约，化解了引发“大角逐”的冲突因子。与此同时，德国正高调投入由英方主动掀起的无畏舰建造浪潮，但因为同时还须维持欧陆第一强陆军，柏林在海军竞赛中毫无胜利的希望——1906—1194年德国海军军费激增了105%(同期英国为28%)，至开战前共建成17艘无畏舰、5艘战列巡洋舰，同期英国建成24艘无畏舰、10艘战列巡洋舰，另有12艘无畏舰已经开工。奉马汉学说为圭臬的德国海军从一开始就丧失了按照经典制海权理论(强调主力舰数量优势)赢得海战的希望。

然而，1914年8月爆发的大战与英国战略规划者尤其是海陆军领导层预想和熟悉的战争模式截然不同。大舰队在战争初期即建立对北海的远程封锁，使德国所费不赀的公海舰队基本丧失了战略影响；英国陆军也按计划配合法军遏制了德方的第一波攻势。但中欧强国并未就此崩溃，他们利用内线位置、(德国的)工业优势和防御性武器稳住了阵脚，双方开始陷入旷日持久的堑壕战。这种主要取决于资源投入量的消耗战完全不同于伦敦熟悉的有限战争，德国向他们证明：一个拥有足够人口、丰富工矿资源(包括燃料)、高效动员体制和交通条件的陆上强国可以在相当长时间内实现自给自足，保持战争能力；一百年前困扰拿破仑的问题已经被化解。倘若英国按照过去的经验、把陆战完全委托给盟国，德军完全有能力对法俄两国各个击破；1915—1916 年失败的达达尼尔海峡作战则证明，协约国在实施海陆协同方面困难甚大，这类行动对全局也缺乏足够影响，这无疑是对“英国式战争方式”的重大否定。

最终，伦敦不得不依据一种反传统的战略对其海陆军进行调度：陆上作战的重心被确定在西线，目标为集中兵力击败德国，为此投入了史无前例的人力和装备；海军则要继续维持对北海的封锁，节制战意、避免风险过大的决战(1916 年的日德兰海战除外)，同时逐步完善对德国的全球性封锁。中欧集团在 1917 年 1 月发动的无限制潜艇战一度给英国商船造成重大损失，但在同年 5 月建立集中护航制度之后，损失得到了控制，德国则开始感受到经济封锁的压力。不过英国到最后也没能靠自己的力量、按自己的战略击败德国，决定大势的是 1917 年美国的参战——这个“区域外”大国第一次将其惊人的资源量投入到对欧亚大陆的干预，就决定了中欧集团的命运，并使英国转危为安。

就这样，到拿破仑帝国倾颓约一百年的时候，几项新变化对海权在历史中的作用造成了颠覆性影响。第二次工业革命引发的经济变迁使陆权恢复了活力，占据欧亚大陆“枢纽地带”(嗣后由麦金德进一步概括为“心脏地带”)、由铁路组织起来、具备可观人口和资源规模的陆上强国现在已经有能力抗衡仅仅以欧陆均势为基础的海上强权;以夺取窄海制海权和实施小范围直接干预为特征的“英国式战争方式”风光不再,海军必须像科贝特在《海上战略的若干原则》中指出的那样,与陆军“合二为一、形成统一的战争工具”。战略规划者必须“将海军战略与国家的整体战略有机结合起来”,在制订计划时“根据(海陆军)各自的功能和角色,为其合理分配任务……并使海军和陆军都能更好地认识到自身的优点和缺点,进而认识到一方必须为对方更高层次或更为紧迫的需要而做出让步的时机和方式”。在这样一种兼顾海陆的大战略下,依靠特拉法尔加式的海上决胜赢得战争的可能性变得微乎其微。美国在欧洲大陆的出现则把海陆斗争的规模提升到了空前水准,与西欧隔“窄海”相望的英国现在必须和背后的北美大陆乃至整个大洋结成一体,“在不断进步的现代世界,英国本身已经显得太过狭小了”(卡尔・施密特:《陆地与海洋》)。

三 海权与陆权的再平衡, 1918 年至今

排除海军技术在 1918—1939 年的具体变化不论,比如潜艇和航空兵的广泛运用使得“制海权”由水面控制延伸到了水下和空中,第二次世界大战最显著的宏观特征在于,它体现但又超出了麦金德关于外围海权国家和“心脏地带”陆权国家间长期斗争的学说,最终呈现的实际上是一个超级陆权(苏俄)与两个超级海

权(英美)携手对抗兼领海陆的德意日三国集团的情形,后者即斯皮克曼(Nicholas John Spykman)笔下的“边缘地带”。这也是第一次真正意义上的全球冲突,主战场从欧洲大陆和大西洋延伸至亚洲—太平洋,使亚洲最终成为整体性的欧亚大陆均势的有机组成部分。

经历过1914—1918年的冲击,英国对欧陆均势的修复能力大大弱化了。当德国审时度势、利用绥靖政策和“一战”后欧洲安全体制的漏洞迅速完成扩张布局后,英国被迫撤出大陆,局势遂又演化成1806年时的僵持:无足够传统海权的德国难以彻底征服英国,陆上盟友折损殆尽的英国亦无可能独立击败德国。所幸边缘地带强国向海洋的扩张有一种反弹效应,当其无功而返时,往往朝大陆腹地伸展以为补偿,于是希特勒竟也效拿破仑故伎,远征俄国这个侧翼大国。事实证明,洲级大国的战略纵深远超出第三帝国这种“超级中等国家”(本质上是西欧中等强国的最高版本)的控制力上限,但俄国因为经济基础和工业力量的缺陷,只有待美国援助物资到位,才能将海量人口及战争潜力完全开发出来。美国本身则要维护东亚大陆和西太平洋的“门户开放”,打破日本建立封闭性“共荣圈”的企图;它也是当时唯一能同时在欧亚两个方向投射军事力量的国家,并在战争过程中完成了对英国海上统治权的“接棒”。

但轴心国集团并非毫无胜算。就像斯皮克曼1944年在《和平地理学》中指出的那样:如果德日两国在1942年春天实现了会师,从地理上把中俄和外围的英美分割开来,那么美国面对的将是一个彻底破坏欧亚大陆均势，同时对战略性原材料实施独占性控制的劲敌，战而胜之的代价也会极其高昂。然而德日领导人缺乏如此宏大的视野，他们的思维不过是升级版拿破仑，认定较小的民族国家依然有机会借助拓展直接控制区来建立自给自足的帝国，这一奢望最终被美苏联手埋葬。后两者的人口、资源及领土规模优势远非中等强国可比，因而早在100余年前就被托克维尔视为世界的唯一控制者，而在战争最后阶段，美苏两国各自在欧洲和东亚建立了长期存在，海陆对抗的局面又一次出现了。

冷战时期的美苏对峙更接近麦金德设想的版本：位于欧亚大陆腹地的陆权强国控制着东欧"心脏地带"，依靠铁路、现代工业体系和充足的能源供应把资源潜力不断转化为现实权势，并向西欧、南亚和东北亚施加压力。外围海洋强国和相当一部分边缘地带国家则归属美国主导的自由主义贸易—金融体系旗下，由美国承担维护体系的主要成本，借由"马歇尔计划"得到复兴的中西欧则为遏制苏联的最前沿。鉴于苏联拥有极其强大的陆上武装，美国从一开始就在西欧、中东和亚洲—太平洋地区保持军事存在，最终形成了以"周线防御"为特征的军事遏制战略。

"周线防御"意味着要在苏联推进的每一个方向给予即时遏制，这往往导向对陆军和陆基航空兵的倚重（在西欧尤其明显），加之核武器及其远程载具的发展，在1950年代一度出现了对传统海上力量完全加以否定的学说。美苏两国海军也都曾为激进思想左右，设想裁撤大部分传统舰只，仅保留作为核武器发射平台的水面和水下舰艇。但1962年古巴导弹危机展现了一种令双方都感到意外的情况:核武器的杀伤力和政治风险是如此之大,以至于它在许多情况下反而不容易被使用;而由于核战争没有在第一时间爆发,缺乏传统水面控制能力的苏联不得不选择退让。海权作为国家力量投射工具的重要性得到了恢复,对美国而言,它意味着“穿越本国版图之内或本国与盟国之间的大海大洋,将己方的军队和商业力量投送出去”,以北美新大陆的资源持续操控欧亚旧大陆格局更大的均势;“在战时,这种投送可以直抵它需要介入的敌方领土……并阻止其对手掌握类似的能力”(赫伯特·里奇蒙德:《国务家与海权》),对莫斯科的任何扩张给予有力回应。至于苏联方面,麦金德设想的以大陆资源扶植的有力舰队无疑是最现实的选择,这便是戈尔什科夫元帅(Sergey Gorshkov)鼓吹的“均衡舰队”理论,它主张在以大量弹道导弹核潜艇形成“恐怖平衡”的前提下,依靠水面舰艇的保护扩大潜艇活动范围,最终模仿美国建成以航母和巡洋舰为核心的远洋舰队,突入公海。

从“冷战”的实际发展来看,双方最初设定的路线都不无偏颇。美国的问题在于,他们在 1969 年之前以一种更近似大陆国家的战略模式去实施对苏遏制,忽视海权最突出的机动性特征,却捆绑了大量陆上义务和前沿存在;最终不得不主动收缩,实现战略缓和与成本转移。苏联的困境则在于,他们在建设“恐怖平衡”的阶段即消耗了过多资源,后劲不足;偏偏斯大林体制虽能在一定时期维持资源供给,效率和持久性(因其缺乏降低或转嫁成本的手段)却令人诟病。到 1980 年代末莫斯科转入急剧收缩时,它仅仅建成了一支能使邻接大洋的边缘海进入争夺状态的“准远洋”舰队，核潜艇占据的比例依旧过大，既不均衡亦不持久，与华盛顿的优势不可同日而语。

后冷战时代，以进一步扩大的自由主义政治经济体系为基础的“美国优势”奠定了美国的单极霸权地位。华盛顿作为马克·布罗利(Mark Brawley)定义的“自由领导者”，把海洋经济、资本优势和对海上统治权的独占结合起来，开启了广泛的全球化进程。与此同时，美国依旧在西欧、中东和亚太保持政治、军事存在，并以海上优势巩固其即时干预能力。但在21世纪初因为迷恋单边主义，在中东背上战略包袱之后，美国目前正处在全球减负和“再平衡”(Rebalancing)的关键阶段，按照布热津斯基的看法，它最合适的国际角色是做“地区平衡者”，“帮助亚洲国家通过斡旋冲突来避免地区主导权的争夺，并抵消潜在竞争者之间的力量不平衡”，这意味着鼓励更多多边进程的出现。但多边框架至少在启动阶段仍然需要外部安全保障，需要美国充当后盾。故而在未来相当一段时间里，美国的独占性海上统治甚至会进一步强化。尽管海权早已不像马汉所言一般在影响世界事务方面比陆权拥有永恒的优势，但海上统治权依然和全球影响力直接相连，并将继续影响和塑造历史。

海陆两难：日本帝国的兴衰

刘　怡

1905年5月27日，东乡平八郎指挥的日本联合舰队在对马海峡与俄国波罗的海舰队遭遇，爆发了20世纪第一场大规模舰队会战。24个小时后，38艘舰船组成的俄国舰队从海面上消失了。经此一役，东京不仅胜利结束对俄战争，日本在西太平洋乃至整个亚洲大陆的特殊地位也得到奠定。

37年后的1942年，同样是5月27日，另一位海军大将山本五十六也指挥联合舰队驶离濑户内海，前往中途岛去和美国太平洋舰队做最后决战。然而中途岛之役却以惨败告终，日本帝国始于1941年12月的太平洋攻势戛然而止，转向他们懵然无所知的消耗战："大东亚共荣圈"的倾颓只是时间问题了。

两个5月27日的命运，很好地折射出旧日本帝国"其兴也勃，其亡也忽"的成长轨迹。这个欧亚大陆滨外岛在1867年被美国舰队叩开国门，随后采取和英国完全一致的路线来发展国家力量。创建海军不到三十年，日本就在甲午战争中击败传统的亚洲霸主清帝国,“在一个下午的时间里令全亚洲以中国为中心的秩序倒转”。接着它又冒险进攻占据欧亚大陆枢纽地带的沙皇俄国,在一场漫长的攻坚行动和一次特拉法尔加式海战中歼灭及俘获了对手的18艘战列舰,迫使这个庞然大物远离东亚舞台。

取代俄国成为世界第三大海军强国以后,东京迅速填补了卡尔·豪斯霍弗(Karl Haushofer)所言的“北太平洋真空”,与另一个新兴强国美国分庭抗礼。1941年底,日本正式开始向美国挑战,短短半年里就把盟国海上力量驱逐出了南海、印度洋以及大半个西太平洋,这一成果被保罗·肯尼迪称为“人类战争史上速度最快、范围最广的胜利之一”。

然而胜利之巅也是衰颓之始。以中途岛海战为标志,太平洋战争开始进入主动权易手阶段。东京发现它正在经历的是一场全新的总体战争,对清、对俄“有限战争”的经验于此毫无帮助。联合舰队一再取得战术胜利,却积小胜而成大败,将苦心积累的军事资源消耗殆尽。而美军活用快速航母编队和“双叉战略”,不仅使日方无法在选定的战区组织决战,甚至令残存的舰队在进入战场前就丧失了价值。当东京在1945年9月签署无条件投降书时,历史经历了一次轮回——以“黑船”开启一个国家的近代化之路,又以同一个国家的舰队终结这一切。

日本帝国悲剧的特殊性在于,作为现代化后发者,东京在建设海上力量乃至获取世界影响力方面忠实地模仿了既有的成例:最初四十年,它以英国为师,不仅在海权建设方面虔诚地学习皇家海军,其关注大陆事务、阻止强大的中国出现的政策也与英国塑造欧洲均势的手法颇有相似之处。至于日本在东亚大陆的特殊地位以及“大东亚共荣圈”，则是对美国先借门罗主义建立区域霸权、再以之为基础追求世界强国地位的学习。就连联合舰队在“二战”前草拟的一系列作战计划，也是对日清、日俄战争胜利路线的复制。然而这种亦步亦趋的效仿在全新的历史背景下产生了意外的效果：在东北亚，日本并没有成为如英国一般的离岸制衡者，而是因为独占性优势的诱惑，深深卷入大陆利益争夺，结果不独分散了提升海洋能力所需的资源，还激起美国这一外围强国的敌意。而美日两国因为经济形态、历史传统、核心利益乃至种族方面的差异，没有可能像 19 世纪的英美一样实现和平权益让渡。当日本在截然不同的环境中，指望靠模仿战略继续博取胜利时，失败的种子已悄然埋下。

一　以英为师：明治海军与军事扩张的发端

回顾一下麦金德在《历史的地理枢纽》中对海陆关系的描述：16 世纪以前的“前哥伦布时代”，海上力量（舰船）的机动性在影响世界事务方面作用并不显著；那一时期，游牧民族的骑兵和骆驼队从欧亚大陆中心出发，对围绕这一地带的大洲和近海岛屿构成威胁。日本作为东亚大陆边缘的岛国，虽然因大海之隔不易为游牧民族袭扰，但也曾遭遇元朝舰队跨海入侵的威胁。17 世纪初德川幕府颁布“锁国令”，限制对外贸易及民间对外交往，此际明帝国正陷于战乱，后继的清朝则是闭关政策的推崇者，日本乃意外地获得二百年太平。及至19世纪中叶,以海上力量机动性为表现形式的“哥伦布时代”已趋近尾声,欧美列强把近代国际体系扩张到了东方。1853年7月,美国东印度舰队司令佩里(Matthew Calbraith Perry)率4艘蒸汽动力的“黑船”驶抵江户湾,要求德川幕府开国通商;第二年3月,在7艘“黑船”的大炮威胁下,幕府被迫与美国签订《日美和亲条约》,嗣后又发展为对列强普遍开国的《安政五国条约》。

当代日本学者江畑谦介指出:“由于日本的领土100%为海洋所包围,不依赖海上交通就无法生存,日本之为海洋国家似乎是天经地义的事;但对于日本向海洋的开发到底到了什么程度,以及海洋与大陆究竟哪个才是日本的生命线,向来存在疑问。”这一描述概括了日本的两大地理特征:它既是海岛国家,又与东亚大陆有着千丝万缕的关联。麦金德在《历史的地理枢纽》中曾把日本定义成和英国具有相同属性的“滨外岛”(Offshore Island)。在《民主的理想与现实》中,他进一步认为:英日两个滨外岛和美国这个外围海上强国本质上属于同一集团,它们都反对像俄国这样的大陆强国独占欧亚大陆“世界岛”,所以日本天然地具有发展海上力量、成为海洋国家的倾向。

日本与海洋国家之间的亲近感不难解释:这个岛国虽然处于东亚大陆的“滨外”,但和陆地相隔尚远;整个日本东海岸只有少数平原,主要城市和大部分人口集中在面向太平洋的东侧。不过日本亦有自身的地理独特性:它的四个主岛绵延1932公里,相当于美国东海岸从北到南的全长;整个海岸线则长达27370公里,最远部分已靠近北回归线。换言之，日本需要防卫的海区相当于北大西洋、地中海和北海的总和。由东亚大陆延伸而出的朝鲜半岛向南突出，如一把匕首刺向日本的心脏。从消极（确保自身安全）和积极（发展国力）两方面，日本都无法忽视亚洲大陆内部的权势分布。这种介于海陆之间的战略位置和关注大陆事务的传统，为日本采取以英为师的海洋中心战略埋下了伏笔。

1868 年初，以萨摩、长州、肥前、土佐四藩为班底的激进派宣布“王政复古”，从幕府手中夺取了政权，拥戴明治天皇进行维新。明治政府颁布《五条誓文》，将“求知识于世界，大振皇基”作为基本国策。1872 年，以右大臣岩仓具视为首的使团遍访美、英、法、德等十余国，考察政治经济制度，为日本制订国家发展蓝图。使团成员不仅为正在进行的第二次工业革命所折服，更意识到现代化建设的效率与制度不可分割，是以不仅重器物引进，亦思考系统整合。

正是在“求知识于世界”的阶段，日本对英国的效仿开始发端。个中原因，可自曾任海军大学校长的肝付兼行 1896 年为菲利普·科隆布《海战论》日译版所作的序言中窥得。肝付感慨英国身为“欧洲西部一蕞尔岛国”，却能“称雄世界、经略宏图……益国威于世界，其势至今不衰”，这完全是因为英国能“唯水师论之真理，橐籥应用、微妙操纵”。对日本这样一个自然资源和人力贫乏、无从依靠原材料和国内市场实现现代化的国家来说，英国的范例极富吸引力。不仅如此，英国在历史上从来没有放松对大陆事务的关注，这也符合日本西窥东亚、不甘寂寞的传统。1870 年，在兵部省召开的兵制筹划研讨会上，一线军人一致赞同“海军英吉利式”的建设方针，“以英为师”遂成为圭臬。

同一时期，政府扶植的殖产兴业运动正在轰轰烈烈地展开，工部省将幕府创办的8座大型兵工厂交给陆军省和海军省管辖，其中横须贺制铁所、石川岛造船所、横滨制铁所等成为近代日本军火和舰船制造业的核心。1876年，日本自行建造的第一艘铁壳蒸汽炮舰“清辉”号在横须贺完工。1869年9月，明治政府还恢复了筑地海军操练所，后更名为海军兵学寮，即江田岛海校的前身。自1873年起，兵学寮延聘34名英国海军军官担任教师，这批顾问直到1890年才全部离开日本。海军还先后成立轮机、财会、炮术、水雷、通信、航海、工程等专业的机关学校（技术学院），1888年又仿照美国海军战争学院开办了研究战略问题、培养参谋和高级指挥人员的海军大学。1870—1887年，日本海军还先后派出53名留学生往英法美等国学习造船、航海、海战和国际法。

不妨把此际日本海上力量现代化的举措和晚清做一对比。中日建设近代海军几乎始于同一时期，起点也大致相仿，在购造舰船、开设学校、派遣留学生和聘请外籍教官方面举措一致。区别在于，日方有一个健全的中央政府掌控整个建设，确定每一阶段的目标并制定政策，对发展海权所需的资源也进行了有效整合。而中国的海防现代化相当程度上是地方主义的产物，李鸿章、左宗棠等督抚利用自己掌握的财源，在各自势力范围内自行其是地推动海防建设，既乏统筹，后劲亦不足，充斥着钩心斗角。清廷在太平天国战争后元气大伤，不足以成为海防事业的指导者,注重边患的传统更使其将可观的资源投入西北塞防,形成了战略双轨。结果中国之舰船国造、学生出洋、延聘洋员等事业每每半途而废,泱泱大国只以一支孤零零的北洋海军装点门面。

与海上力量的壮大相伴随,日本一直努力确定国家安全的阶段性目标。如同英国之以海立国以阻止欧洲大陆被单一强国侵占为基础,日本也担心东亚大陆为某一强国所控制。俄国显然是最危险的假想敌,不过1870年代圣彼得堡的主要精力还在中亚,东京遂决意首先消除东海方面的威胁,鼓吹控制朝鲜的"征韩论"就是在这一背景下发端的。

19世纪末日本在东亚的野心既有历史原因,也是基于现实的选择。一方面,历史上,朝鲜半岛不止一次成为大陆强国跨海进攻日本的跳板,历代日本统治者与朝鲜之间的关系也难称和睦。维新后的日本急欲确立在朝鲜半岛的特殊地位,使李氏王朝无法成为中俄两个大陆强国伸张海上力量的羽翼。另一方面,随着东方世界被纳入以欧洲为中心的世界体系,东亚以中国为中心的朝贡体制不复存在,在地区秩序的重构过程中,日本自认为应当凭借"文明国家"的优越地位去征服"未开化"地区。这种冲动被20世纪思想家竹内好概括为"优等生文化",即"我们之所以优秀,是因为接受了欧洲文化,因此落后的人民当然会接受我们的文化施舍,也必须接受"。这也是日后"大东亚共荣圈"的精神动力。

对日本建立东北亚霸权合理性的集中表述,体现在明治重臣山县有朋1890年在帝国议会第一次会议上所作的"外交政略论"演讲中。山县宣称:"盖国家独立自卫之道有二,一为守卫主权线;二为保护利益线。”所谓“利益线”,即“与邻国接壤并与我之主权安危紧密相关之区域”,如果别国侵入利益线,必须以“强力”排出之。东京将控制范围由主权线扩展到利益线,其势已成必然。

1874 年 5 月,日本以“牡丹社事件”为借口,遣海陆军 3600 人出征台湾,勒索清政府白银 50 万两方才罢兵;五年后,东京利用中方在《日清两国互换条约》中对琉球地位表述不清的漏洞,吞并了这个同时向中日进贡的小邦。1875 年,东京逼迫朝鲜签署修好条约,攫取了贸易和领事裁判等特权。1882 年朝鲜发生“壬午兵变”,明治政府派军舰驶往朝鲜西海岸,与赴朝弹压的北洋舰队对峙,日清矛盾乃上升为核心冲突。

二　陆海并进与“有限战争”:日清、日俄战争的取胜之道

日本海军的第一期对华战备计划自 1883 年开始实施,全周期共 8 年,耗资 2400 万日元。1884 年“甲申事变”后,海军省又高薪礼聘法国海军造舰局原局长白劳易(Louis－Émile Bertin),由他主持设计 3 艘专以抗衡北洋海军“定远”“镇远”铁甲舰的新锐军舰,即“三景舰”。为平衡新增费用,1886 年发行了总额 1700 万日元的新公债。对一个工业化刚刚起步、经济仍然靠农业和手工业支撑的小国来说,增长如此迅猛的海军军费已经影响到了财政安全。到 1889 年预算审议权由内阁转交国会时,海军年度预算已高达 930 万日元,占岁出的 11.7%。帝国议会因此于 1891—

1892年三度否决了第二期对华军备扩张案,酿成明治时代最严重的政治危机。

关键时刻,明治天皇在1893年2月10日亲自召见全体朝臣,发布了名为《和衷共同》的诏敕,谓“国家军防者事关重大,苟缓一日,或遗百年之悔”。为缓解财政压力,并显示重视海军建设的决心,天皇宣布未来六年每年将由皇室内库拨款30万日元作为造舰费,并要求文武官员在今后六年献出俸给的十分之一支持海军。一个月后,第二期对华军备扩张预算终于获得通过,于1893—1899年实施,拨款数额高达1808万日元,比原计划增加一倍。

不过1894年夏中日两国站在战争边缘时,日本海军尚未占据明显优势。此时日本可用的一线舰艇共计大中型军舰31艘、鱼雷艇24艘,合计61373吨;其中用于远洋作战的大中型军舰13艘,合计37200吨。而中国南北洋舰队和地方水师共辖大中型军舰82艘、鱼雷艇25艘,总吨位85000吨;其中北洋舰队有大中型军舰10艘,合计33500吨。但中国因为海防体制的桎梏和官场倾轧,无法动员全部舰艇投入战争,堪用的只有北洋一支舰队。而北洋海军的10艘军舰均系完工于1887年前,保养状况和训练水准堪忧。反观日方,“三景舰”和6艘主力巡洋舰全部完工于1886年后,技术方面领先中国约5年,设计航速比中方军舰平均快1.5—2节,新型速射炮的数量亦远远过之。更好的后勤系统和统帅体制也使日方能更持久、稳定地输出战斗力。

1894年6月,东京以东学党起义为借口发兵汉城,海军常备舰队主力合编为联合舰队，游弋于朝鲜西海岸。7 月 25 日，日舰在丰岛海面不宣而战，甲午战争爆发。9 月 16 日，北洋水师提督丁汝昌亲率包括“定”“镇”二舰在内的 10 艘主力舰护送运输船驶往鸭绿江口。次日中午，中国舰队在大东沟海面与求战的 12 艘日舰遭遇。联合舰队司令长官伊东祐亨首先以航速和火力占优的第一游击队分割围攻中国右翼的 2 艘弱舰，随后一游转向清舰左翼，与联合舰队本队包抄攻击“定”“镇”二舰。尽管中方官兵表现出相当高的斗志，“定”“镇”两舰也屹然不动，但伊东还是借助速射炮和航速优势，达成了尽量削弱中国舰队的目标。到傍晚日方撤出战斗时，北洋舰队已损失 5 艘巡洋舰，另有 1 艘丧失战斗力，2 艘铁甲舰也弹痕累累，伤亡 800 余人；日方“松岛”号丧失战斗力，4 舰重创，伤亡 300 余人。

由于维护和保障能力存在差距，日方战损舰在大东沟之战后两个月内陆续得到修复，北洋海军却丧失了出海能力，只能困守旅顺和威海，黄海、渤海制海权遂告易手。进入 10 月，日本陆军在海军支援下入侵辽东，清政府低效的军事机器只能徒劳地进行抵抗。1895 年初，日军兵临威海卫，以岸炮和鱼雷将北洋舰队残存的主力舰悉数击沉击伤。2 月 14 日，中国海陆军残部出降。4 月 17 日，李鸿章在马关签署《马头条约》（日方称《中日媾和条约》）：军事冒险取得了惊人的回报。

日清战争甫一结束，东京与俄国间的矛盾立即趋于显明。此时俄国已经开工建造世界第一长的横贯西伯利亚大铁路，一旦这条干线完工，从欧洲向远东调动部队的时间将从原有的一年半缩短到两个月之内，山县有朋不禁惊呼："这岂非正是对我国利益线最有激烈冲击之感者乎。"以旧武士阶层和亚细亚主义者为基干的军国主义组织"玄洋社""黑龙会"开始在满洲、朝鲜和西伯利亚活动，为对俄开战做准备；蓬勃发展中的工业巨头也觊觎满洲的市场和资源，不甘让俄国占据大头。1901 年 3 月，英国外交部助理次官伯蒂提交的备忘录明确指出："在日本有一种普遍的感觉：俄国的危险在很快地迫近，它不久就将冒天下之大不韪把满洲和朝鲜囊括到自己的势力范围之内……最好趁俄国的铁路尚未筑成之前就为满洲协定而进行战争。"

在日俄战争的酝酿阶段，来自伦敦的支持至关重要。在德国的野心日益彰显、全球战略重心面临调整的 19 世纪最后几年，英国在远东的唯一目标是阻止中国被某个单一强国独占，支持日本对抗俄国显然合于这一目标。伯蒂的备忘录看得清楚："如果我国不去鼓励日本把我们看作他们的盟友和反对俄法的可能结盟对象，那么就可能迫使日本采取下策，同俄国达成某种和解；如果它采用这样的下策，我们的利益就会受到损害。"通盘考虑之下，1902 年 1 月 30 日，两国达成《英日同盟协定》，对俄开战的最重要政治准备完成了。

与政治措施相比，军事尤其是海军领域的备战花去了更长时间。1896 年，日本海军启动为期十年的对俄军备扩张计划，总预算达 2.13 亿日元。1902 年该计划提前四年完成后，国会又通过了总额 9900 万日元的新海军预算。到 1904 年初，日本海军已经拥有一线舰艇 26 万吨，居世界第六，超过俄国在远东的海军兵力之和。

1903 年初，由于俄国拒绝从义和团战争期间进占的中国东北领土撤军，英日两国与圣彼得堡的矛盾迅速激化。当年 10 月日俄再度就满洲问题展开谈判，但分歧始终巨大。1904 年 2 月 4 日，明治天皇作出了断交开战的决策。2 月 8 日深夜，联合舰队再度不宣而战，向旅顺港内的俄国舰队发动偷袭：日俄战争爆发了。

与十年前的日清战争相比，对俄开战时的日本海军底气更加不足。联合舰队的总体实力虽然超过俄国太平洋舰队，但在技术上没有明显优势。后者龟缩于旅顺要塞岸炮射程内，使联合舰队司令长官东乡平八郎无可奈何。开战近半年，日本海军围绕旅顺港施展浑身解数，试验了从强攻、诱敌到阻塞在内的多种战术，始终未能摧毁俄舰。8 月 10 日，旅顺俄舰企图突围逃往符拉迪沃斯托克，在黄海遭日军拦截，主力退回母港。当年 10 月，尼古拉二世命令拥有 7 艘新型战列舰的波罗的海舰队从欧洲出发，绕道好望角前往远东增援。一旦该舰队与旅顺俄舰会合，俄日双方海军力量对比将变为 2∶1，日方再无获胜的可能。有鉴于此，东乡不得不向陆军求助。从 1904 年 8 月起，日本陆军先后调集 13.6 万兵力，对 5 万名俄军固守的旅顺要塞展开惨烈的强攻。在付出伤亡 6 万余人的代价后，1905 年 1 月初，旅顺终于被日军攻陷，港内残舰被架设在岸上的重炮悉数轰沉。现在，东乡可以集中力量准备决战了。

5 月 27 日，经过 28968 公里远航的波罗的海舰队在对马海峡与联合舰队遭遇，前者在大舰和重炮数量上占有优势，但军舰经过远航急需检修，官兵也已筋疲力尽，航速不到 12 节；日方的主战舰艇较少，但口径最大的 16 门 12 英寸炮基本为同一型号，适于统一观瞄和射击，官兵素质也较好，全队航速可达 16 节。为了取得有利战术位置，东乡命令舰队在俄军炮火覆盖下实施变向，利用速度优势占据 T 字横头阵位。完成转向后，各舰以齐整猛烈的炮火猛轰俄舰，到日落时分，俄舰大半已被击沉。此役俄舰损失超过 20 万吨，官兵战死、烧死和淹死近 5000 人，舰队司令以下 6000 余人被俘，而日军仅沉没 3 艘 100 余吨的鱼雷艇，伤亡约 700 人。

对马的惨败在俄国引发了惊人的政治狂澜。列宁评论说："大资产阶级和小资产阶级被侮辱的民族自尊心，军队的激昂的自豪感，为数十万年轻生命丧失在毫无意义的军事冒险中所产生的悲痛，对战争必然引起的财政破产和长期经济危机的忧虑，对可怕的人民革命的恐惧……使得人人都起来反对专制制度。"如果尼古拉二世继续战争，毁灭的将是罗曼诺夫王朝本身。而日本在满洲陷入了陆战僵局，军事动员能力已达极限，也不可能长期作战。美国借机出面调停，9 月 5 日，日俄代表在朴次茅斯海军造船厂大楼签署了和约，这是历史上第一次"有一个亚洲国家在一场较大的战争中证明(自己)胜过一个欧洲大国……它后来将改变历史的进程，并将影响这个世纪"(《剑桥世界近代史》)。

综观日本在日清、日俄战争中的胜利，最明智之处在于进行了资源投入集中、目标清晰的"有限战争"(Limited War)。首先，一举投入全部海军，在主要战区建立制海权，把注意力放在对敌方作战平台（舰队、要塞）、具有战略意义的地理要点（要港、前进基地）以及陆军登陆地带周边海域的有效控制上，摧毁敌方的作战舰队并封锁其口岸。继而利用此种制海权，以相对较少的地面力量占领重要的陆上目标，实现阶段性胜利。到这时，对手将面临战略两难：如果他们不计损耗、投入足够多的兵力和装备，也许还有希望在陆上逼退日军；但因为主力舰队已被消灭，无论如何都不可能实施跨海攻击，更不可能威胁日本本土，没有希望实现完全的胜利。这种情况下，假如对手急欲减少损失，最保险的方案是谈判媾和、接受日本方面的要价，日本则借此达成战前设定的目标。

以日清战争为例，丰岛海战后，大本营草拟了以争夺黄海制海权为主务、灵活机动的作战计划，预定以陆军在朝鲜进行牵制作战，联合舰队在海上寻机歼灭北洋海军，夺取黄海和渤海制海权。第二阶段作战视海战结果而定：如果海战胜利、取得制海权，就立即输送兵力在渤海湾登陆，在河北平原与中国陆军决战，攻占北京；如果未能取得制海权，但中国海军也不能控制日本近海，则派陆军击退朝鲜的中国军队，单独占领朝鲜；如果海战失败、制海权被中国夺得，则在朝鲜前线实施攻势防御，先取得战术胜利，再寻机将部队撤回国。联合舰队在大东沟海战中给予北洋海军重创，使后者丧失机动能力后，夺取制海权的目标宣告达成，陆军自可长驱直入。

日俄战争的局面更复杂一些。旅顺分舰队与东援的波罗的海舰队在规模上都与联合舰队相当，日方必须各个击破，抢在波罗的海舰队抵达前攻下旅顺。东乡在完成这项任务时表现平平，所幸俄方最富主动性的指挥官马卡洛夫在上任后不久触雷阵亡，此后旅顺俄舰一意龟缩，放弃了对战局施加影响的可能性。到日军拿下旅顺、在陆上又攻占奉天时，无论波罗的海舰队能否在海战中获胜，日本在满洲的局部胜利已是既成事实。经过漫长远航的俄国战舰需要休整和检修，即使它们成功穿越对马海峡，在抵达符拉迪沃斯托克后也会有相当长的时间不能出战；而只要日本本土与满洲之间的海上通道不被切断，胜利之神就将站在日本一方。

不过应当承认，对工业和军事实力方兴未艾的日本而言，即使是"有限战争"进行起来也相当吃力。日俄战争爆发前日本陆海军军费在岁出中占的比例从未低于 45%；到战争结束时，国债总额已经从 6 亿日元飙升到 24 亿日元。幸运之处在于，中国和俄国虽同为庞然大物，军事动员能力和战争效率却极其低下。甲午战争期间日方几乎只需与李鸿章的北洋舰队及淮军作战，其一线陆海军兵力一直与清方相差无几。日俄战争期间，俄方的数量优势本来很明显，但因为西伯利亚大铁路尚未全线贯通，中东铁路也是刚刚落成，军事机器的迟缓被后勤系统的混乱放大了。俄军时而集结过慢、时而逡巡避战，始终不能作为一个整体发挥作用；而日军虽也承受了旅顺、奉天等会战的重大伤亡，最终仍能以质量优势弥补数量之不足。海上胜利则更多托庇于旅顺俄舰的"要塞舰队"战术，这种策略被马汉批评为"严重限制了舰队的活动半径，桎梏机动自由，窒息了海军指挥官的主动性"，白白把战区制海权让给了东乡。倘若马卡洛夫没有早早战死，抑或战争转入长期化，则日方是否能收获胜局还未可知。

三 徘徊于海陆之间："亚洲门罗主义"的沉浮

早在维新之初，部分日本政治家和思想家就基于"海外雄飞"的观点，鼓吹对中国实施全面入侵。对比当时日本的主要模仿对象英国，这一做法似乎有些突兀。不过从历史看，英国可以施行离岸制衡之术的重要原因是大部分欧陆国家在疆域、人口乃至军事力量方面的相似性，这种格局下，西班牙、尼德兰、法国以至德国总是交替崛起。一段时间里，当一个中等强国开始对其他国家形成威胁时，英国可以从容地组建制衡联盟，对其进行遏制。而日本面对的东亚大陆在历史上始终由中国控制，它对自身安全的估计远比英国来得悲观，对肢解中国也有着更强的冲动。这种冲动与明治时代长州、萨摩两藩争夺中央控制权的斗争相夹杂（陆军首脑多系长州人士，鼓吹大陆扩张、建设陆军，海军将领辈出的萨摩政治家则重视海军建设和海上贸易），对日本的战略取向产生了重大影响。

1911年，海军大学教官佐藤铁太郎出版了一部900页的著作《帝国国防史论》，提出"疏远自卫，热衷侵略，必宽亡国之基"的主张。佐藤认为，最适合日本的国家战略是"海主陆从"，应当"节制扩充军备之费，将其用于致力生产事业之进步，所引致之资本增加自可维持国运之伸张"。这个思路实际上是对英国国家战略更高层次的模仿：停止耗费巨大的陆上扩张，把注意力放到发展海洋经济上，以发展海洋能力带动钢铁、机械、电气、通信各产业的进步，增进国家财富、提高人民收入。佐藤认为，日本没有必要保留过大的陆军，因为威胁国运的并非陆上入侵，而是海上封锁。东京可以效法“七年战争”时期的英国，资助中国在陆上抗衡俄国，实现海权与陆权的相互补充。

佐藤铁太郎的观点代表了明治以来政界和军界的和平扩张思想：他们希望把日本经济的基础转移到远洋贸易和商业开发上，借助在东亚的特殊地位，开发这一地区的资源和市场。但和平扩张在实施上有几大问题：作为后发国家，日本面对的亚洲在政治和经济上已经为欧洲帝国主义瓜分完毕，要在这样的格局中占据一席之地，就必须提升硬实力。而和平扩张的必要条件是充足的剩余资本、确实的原料产地和可观的市场，这在短期之内尚难获得，直接方法只有重新洗牌、依靠武力改变既有的势力范围分布。此外，日本所以能在日清、日俄战争中获胜，与英美两个海洋国家在财政和外交方面的支持不可分割，而这两个国家对亚洲秩序皆有独立的主张，尤其忌惮日本独霸中国的野心，无形中放大了冲突的可能，于是“海主陆从”可谓先天不足。

海主陆从论出台之际，正值美国极力鼓吹对华“门户开放”。围绕日美矛盾走向和1906年起草的《明治四十年国防方针》，日本军政两界爆发了激烈争论。最终出台的是一个妥协案：俄国和美国分别被设定为第一、第二假想敌，陆军扩充案以平时25个、战时50个师团为目标；海军则要建立相当于美国七成实力的一线舰队——8 艘战列舰加 8 艘装甲巡洋舰，俗称“八八舰队案”。“八八舰队案”是佐藤铁太郎和另一位海军战略家秋山真之通过计算导出的，他们认为：日本的财力不足以建设可以在整个太平洋对美国采取攻势的舰队，海军在冲突中应取守势，兵力以满足控制本土周边海域以及与大陆之间的交通线为限。美国海军分布在太平洋和大西洋，需要同时保有两支舰队，如果日本海军在规模上达到美国的七成，便足以战胜仅占总实力五成的美国太平洋舰队。但“八八舰队案”需要的资金也相当可观，山本权兵卫内阁刚刚在 1913 年底通过 1.54 亿日元的海军扩充案，就被陆军军人搞下了台，预算案也被废止。

与之相反，大陆扩张的拥护者在现实中获得了机会：1914 年第一次世界大战爆发后，日本对德宣战，不仅把这个重要的竞争者完全赶出了亚洲，而且利用英法忙于在欧洲厮杀的机会，取得了独占中国市场的地位。1917 年日本商品出口总额高达 10.88 亿日元，出超 6.15 亿元，外债由 19 亿日元降为 16 亿元，债权则由 8.1 亿日元猛增到 43.7 亿元。战前就已高度膨胀的大陆扩张主义受到刺激，发展得更加迅速了。1915 年 1 月，驻华公使日置益提出了旨在彻底控制中国的“二十一条”，并于 5 月 8 日得到北京政府承认，“大陆政策”达到了顶峰。

美国第一个站出来反对日本独霸中国的企图。1915 年，海军部长丹尼尔斯(Josephus Daniels)签署了一项总预算 5 亿美元、时长 5 年的海军扩充计划，后修改为著名的“三年造舰计划”，自 1919 年开始实施。三年计划的内容包含新建 10 艘超无畏战列舰和 6 艘战列巡洋舰，比当时日本拥有的新型主力舰多一倍。作为回应，1919 年日本国会正式通过了“八八舰队案”，计划在 1927 年之前建成，但它仅能保证海军实力在 1923 年左右与美国相当，之后差距将再度扩大。

1920 年，资本主义世界发生了战后第一次经济衰退，日本当年出口贸易即暴跌近 40%，而 1921 年度财政预算 15.34 亿日元中，仅军费就占到 49%，又回到了竭泽而渔的状态。美国经济受到的影响也很大，双方一致同意举行国际会议，重新商定远东—太平洋秩序和海军军备上限，这便是 1921 年华盛顿会议的初衷。这次会议上，反对大陆扩张主义的海军大臣加藤友三郎力排众议，接受了英美日主力舰总吨位为 5∶5∶3 的方案，换取英美承认日本在西太平洋的地位。1922 年初《华盛顿条约》达成，世界海军进入了长达十四年的“海军假日”。

“海军假日”初期是日本近代和平扩张主义占上风的少数时段。大陆政策的鼓吹者因为“一战”末期无功而返的西伯利亚远征处于蛰伏期，支持“政高于军”的加藤友三郎与出身民党的原敬、币原喜重郎等首相对外推行间接控制中国的协调路线，对内着重改善经济民生。明治时期充当军人势力后台的元老阶层此时日渐凋零，仅存者西园寺公望转而成为和平外交的代表人物。这一时期主要是由大正天皇统治，所以也称“大正德谟克拉西”时期。

“大正德谟克拉西”“海军假日”与协调外交为日本创造的是这样一种外部条件：它可以摒弃引发剧烈反弹的军事帝国主义，

以和平扩张的方式建立佐藤铁太郎所设想的海洋帝国。华盛顿体系在明确了“门户开放”的基础地位和大国间制衡关系的同时，依然给予日本相当大的行动自由；倘若日本愿意以间接和有弹性的方式在中国扩张商业级政治影响，华盛顿很难以激烈方式加以抵制。

但日本面临两个无法凭自身力量克服的困难，那就是经济衰退和在中国地位的下降。前者是由“一战”后世界范围内的生产过剩和贸易摩擦导致的，资本力量相对薄弱的日本只有劳动力价格这个单一优势，在竞争中处于劣势。从更大范围看，第二次工业革命后，殖民贸易已不复成为国家财富增长的主因，技术取代贸易成为了经济发展的主要动力，而日本作为一个工业化发端较晚，资源、市场和人口规模处于劣势的岛国，依旧在按 18 世纪的英国模式规划国家发展战略，这使得它不仅在经济扩张的速度上逊于一流强国，而且应对冲击的冗余度也较小。世界经济危机爆发后，日本 1931 年的国民生产总值较 1929 年降低了 10%，出口贸易减少 47%，农产品价格暴跌，774 家银行中有 100 多家破产或休业。由于关税壁垒和市场分割主义，东京几乎不可能借助商业手段从世界市场获取复苏的条件，鼓吹以武力获得独占性市场和原料的“亚洲门罗主义”再度抬头也就不足为奇了。

中国问题是“大陆政策”回潮的又一诱因。1920 年代日本暂停对华直接入侵的前提之一是中国的政治分裂，东京可以在各派军阀间合纵连横，最大限度地增加实利。但 1927 年后情况起了变化，日本被迫同时面对入江昭概括的四大挑战：在中国东北的政治和经济局势不断恶化,北京的外交攻势,民族主义者的北伐,国民党内部分化。一言以蔽之,中国可能在国民党领导下重新建立有效的中央政权,成为一个独立、亲美的强国,彻底排除日本的政治控制和经济蚕食。昔日“元寇”的记忆和对大陆利益的欲罢不能在这一刻同时被激发出来了。

于是,以 1928 年的“济南事件”为标志,日本抛弃了短命的和平扩张主义,重回大陆政策和武力侵略中国之路。反映在内政上,以出身农民家庭的陆军青年将校为骨干的军人法西斯组织纷纷成立,这些组织以右翼无产阶级思想为宗旨,策划发动武装政变、建立军部专政;反映在外交上,陆海军中的激进分子争相以“下克上”的方式变更昔年的和缓政策,鼓吹军备扩充和对外战争。“内诛国贼”与“海外雄飞”交相呼应,基层与上层的黩武情绪、对内“国家改造”的诉求与对外独霸亚洲的野心、军事利益集团与财阀之间形成了相互捧场。三菱、三井、住友、安田四大财阀本身就是“军财相拥”体制的受益者,对外侵略和殖民势必增加军事采购,有利于其扩张资本;日产、日窒、森等新兴康采恩也深盼从战争带动的产业扩张中分一杯羹,遂成为军事扩张的吹鼓手。

我们还可以从“对外政策第一”的角度审视日本由和平扩张转向军事帝国主义的内在逻辑。表面上看,“亚洲门罗主义”是对门罗主义的模仿,作为后者的首倡国,美国正是依据门罗主义首先在西半球建立霸权,再利用外部环境逐步将其扩展为超地区霸权的。但门罗主义的实现并没有那么顺埋成章——从它第一次提出的 1823 年起,将近七十年里“美洲是美洲人的美洲”不过是一句空话，美国既无军事和经济力量确保在西半球的优势，也无意挑战依然在美洲维持存在的英国海军。英美两国在西半球的权势让渡经历了复杂的过程：首先，双方的经济形态较为一致，都倾向于维持开放的国际政治经济体系；其次，美国海军的实力在1890年之前可以说微乎其微，它无意剥夺英国对维护开放经济体系的最有力工具（海上优势）的独占。只是到了1890年代末，当英国因为战略重心的调整需要向欧洲收缩之际，美国海军才以极快的速度开始膨胀，接替了皇家海军在西半球的警察职能。

上述两项条件在1930年代的美日之间并不存在：美国可以容忍1920年代那个以间接方式获取在华优势的日本，但绝无可能放任日本在1931年后独霸中国的企图；而美日在海上力量方面的冲突倾向，早在1907年就成为既成事实了。日本在1930年代的对华侵略，实际上更近似欧洲历史上的争霸者，比如路易十四—拿破仑法国和威廉二世—希特勒德国：它们首先在大陆上取得独占性市场和资源产地，随后以强大的舰队为投送工具，对主导性海洋国家进行挑战。这种情况下，当然不能指望美国人袖手旁观，坐视“共荣圈”在眼皮底下建立起来。

在军事帝国主义再度勃兴的过程中，日本海军所起的作用是令人失望的。秉承加藤友三郎遗志的“条约派”在1930年伦敦海军会议上接受了重巡洋舰吨位相当于美国六成、轻巡洋舰相当于美国七成的比例，但强硬的“舰队派”很快以“干犯统帅权”为名，将“条约派”人物从海军中清除出去：这意味着海军很难再扮演1920年代那种与和平扩张、商业福利主义为友的角色。在战略指导上，“直到1941年为止，日本的海军战略家们一直按照舰队的作用在于辅助地面作战来制定规划，没怎么研究舰队远离本国海域的大规模进攻作战”，成了陆军对外侵略的帮凶。

四 “复刻版”战略：日本海军的对美作战设计

从1918年第一次世界大战结束到1941年太平洋战争爆发，世界海军在技术和理论方面发生了日新月异的变化，日本海军却表现出一种奇特的状态：在对技术兵器和战术细节钻研到极致的同时，其总体用兵思路并不比1904年日俄战争爆发时更高明。1907年通过的《明治四十年用兵纲领》在此后30余年间始终是海军对美作战的基本指导。该纲领规定：一旦开战，本国海陆军应以迅雷不及掩耳之势攻占菲律宾，使美国在太平洋的前进基地体系瓦解。随后日方在小笠原群岛附近配备警戒部队，对前来救援菲律宾的美军主力作出预警；联合舰队主力则集结于奄美大岛附近。当警戒部队证实美军已逼近小笠原群岛时，主力即朝敌舰前进方向出击，全力以赴进行决战。

“海军假日”期间，日本海军主力舰吨位被限制为美国的六成，没有达到七成的预定比例，同时对德属太平洋岛屿的占领使得警戒线继续往前推进。面对此情况，海军大学和军令部作战部对之前的战术进行了调整，规定：开战时日本舰队应首先进攻远东的美国亚洲分舰队，夺取菲律宾和关岛。当美军主力前来增援时，日方将以前卫部队在航行途中实施遭遇战，令其逐渐消耗。

当美国舰队的实力已被削弱到日方的七成以下时，日本的主力舰队才正式出场，在菲律宾或本土近海进行决战。新方案被命名为“渐减邀击作战”，后来继续发展并细化为九个阶段，战列舰、岸基和海基航空兵、潜艇、鱼雷部队都将参战，决战则由战列舰部队承担。

当1940年日美关系区域恶化、政府决定开始“南进”时，“渐减邀击作战”依然是联合舰队的基本战争设计。它与日清、日俄战争的相同点不言而喻，依然是一种有限战争，目标在于征服荷属东印度群岛石油产地。一旦美国舰队在决战中被摧毁，日军并未打算出兵美国本土，他们想要的只是美方对既有占领区的承认，此后便可慢慢消化胜利果实。作战的具体步骤也是日俄战争进程的“复刻”：菲律宾相当于旅顺，美国亚洲分舰队就是俄国太平洋舰队，从大西洋赶来的美军主力舰队相当于波罗的海舰队，日方可以各个击破。

但对美作战与对俄作战毕竟存在明显差异，这一点首先体现在战场的空间跨度上。日清、日俄战争中，日方基本上只需要夺取某一窄海的制海权，海陆作战的方向也完全一致。但在对美战争初期，陆军的第一目标是夺取东印度群岛石油产地，海军应积极确保这一目标的实现；为防止以新加坡为基地的英国舰队介入，还有必要对马来半岛实施掩护打击。但海军本身的第一目标却是攻击菲律宾、使美军丧失介入能力，海陆军的目标存在显著的内在紧张。

山本五十六的珍珠港作战计划暂时解决了开战头半年的问

题。这位前驻美海军武官深知,日本的综合国力和军事潜力远不如美国,除了在开战初期尽量扩大战果、使美国转入守势,可以说别无他法。在1941年1月递交海相及川古志郎的意见书中,山本提出“要有在开战之初就决一胜负之思想准备”,不单要攻击以菲律宾为基地的美军,还要打上门去、摧毁美方在西太平洋最大的前进基地夏威夷,使其在短期内难以恢复。新锐的机动航空舰队(航母)将用于夏威夷作战,基地航空部队和水雷战部队则用于支援马来亚、菲律宾和荷属东印度群岛作战。倘无山本对海军航空兵作用的认知以及赌博心理,军令部无论如何都不会批准同时在多个战场出击。

1941年12月7日,日美战争在整个太平洋上爆发了。当时日军的作战方案如下:首先,进攻珍珠港、暹罗和马来亚北部,空袭吕宋岛各机场以及关岛、威克岛和吉尔伯特群岛,入侵香港并在菲律宾、婆罗洲登陆;其次,占领马来亚全境、新加坡、俾斯麦群岛、缅甸南部以及荷属东印度的战略要塞;最后一阶段行动则要攻占荷属东印度群岛全部,并取得缅甸全境和印度洋上的某些岛屿。大本营计划耗时150天完成以上动作,随后建立起稳固的防御圈,等待美方援军前来决战。实际上,他们的运气比自己预想的还要好:珍珠港一役,日军以微弱损失击沉击毁美军战列舰5艘、击伤3艘;三天后,基地航空队又在马来海面击沉了英国Z舰队的主力。1942年2月15日,新加坡守军投降;3月9日,荷属东印度陷落;5月6日,菲律宾唯一还在抵抗的巴丹半岛也放下了武器。而东京为取得上述战果付出的代价,仅仅是伤亡15000人、损失 380 架飞机和 4 艘驱逐舰而已。

饶是如此,山本五十六的作战设计依然没有脱出“有限战争”窠臼。他深知“那种要在大于欧洲数倍之战场上,通过持久战,自己独立维持十几年之想法是非常靠不住的”,所以对美作战宜速不宜缓。但山本恰恰相信存在一种虚妄的政治前景:完成第一阶段作战后,日本可以挟新胜之威与美国停战,回避长期消耗战和最终的正面对决。如果说这种可能性在 1940 年还勉强存在,那么在日本偷袭珍珠港之后,已经没有任何一个美国公众人物敢谈论对日讲和了:即使是山本这样的“美国通”,对美国国民性的估计也未免太主观了。

五 “有限战争”失能:太平洋战争的日本战略

斯皮克曼在《和平地理学》中指出:作为一个巨型滨外岛,美国最担心的不是本土遭到入侵,而是在缺乏海外盟友的情况下独自对抗一个足以破坏欧亚大陆均势的强国。一个统一的海陆“边缘地带”国家将使美国面临真正意义上的包围,一旦出现这种威胁,美国别无选择,只有拼尽全力为生存而战。他所担忧的这种“被包围”,刚好是 1942 年春天日本面临的战略机遇——结束在东南亚的行动后,日军有足够的兵力朝印度洋和波斯湾挺进。当日本舰队在 1942 年 3 月直趋锡兰岛时,英国东方舰队放弃了作战,撤退到 2000 海里外的东非。但日本的“西进”也就此止步。

倘若日军大本营下决心以大部分兵力向西进攻,即使无法在陆上与德国会师，也有希望切断盟军在印度洋的交通线。这样一来就会出现斯皮克曼后来担忧的情况：在欧亚大陆枢纽地带，俄国和中国这两个丧失了海岸线的同盟国被轴心国军队完全封锁，外围的英美两个海上国家无法经海路对其输送物资和装备，也无从开发中俄在领土纵深和人口规模上的潜能。德日同盟迫使中俄媾和、说服英属印度退出战争、截断英联邦来自波斯湾的能源通道的可能性将会大增，美国将面临它的开国者们最恐惧的情况：由于自由政体在世界其他地区被消灭，它在美国也无法维持。

然而东京放弃了这种可能。除去日德两国在战略层面缺乏配合外，西进战略最大的问题在于：它将彻底背离"有限战争"路线，把原定用于第二阶段防御战的兵力扩散到印度洋，从而可能冒丧失第一阶段胜果的风险，这是大本营所不能接受的。由于没有全面地经历第一次世界大战，日本人对"总体战"知之甚少，他们坚持的依然是一种独立而有限的纯军事战略，这在一场性质、规模和空间方面已经大大更新的世界战争中显然是不够用的。

最终，军令部决定实施"澳北遮断作战"，阻止盟国将澳大利亚发展为反攻太平洋的基地。这一行动在当时极有必要，但执行过程过于谨慎：日方本可利用海空优势，弃新几内亚不取、直接攻占守备空虚的澳洲防御中心莫尔兹比港，但陆军坚持稳扎稳打的路线，战机遂被白白浪费。当日军在 1942 年 5 月初恢复向莫尔兹比港进军时，盟军已做好了防备，遂有珊瑚海的遭遇战。

珊瑚海海战后，山本五十六决意提前进行决战，以进攻中途岛为契机，诱出美国太平洋舰队残部加以歼灭。但中途岛作战设计之复杂、日军兵力之分散，弊端已很显著：由于珊瑚海之战未能获胜，机动部队有 1/3 的航母需要维修或整补，无法用于中途岛。作战本身的布局也拉得太开，角田部队在远隔千里的阿留申群岛发起佯攻，主战场中的南云部队则要同时执行空袭中途岛和迎战美军航母两项任务，这是仅剩 4 艘航母的南云无法妥善完成的。除去美军在密码破译方面的成效，这种计划上的不完备要算日军战败的最重要原因。

在中途岛损失了 4 艘主力航母后，日军开始转入战前筹划已久的相持阶段，开端便是所罗门—新几内亚拉锯战。依然是受“有限战争”思维影响，日军在燃料、兵力的集结和运输能力方面准备有限，无法一次性投入占绝对优势的力量去改变战局，只能零敲碎打地把部队调往前线。海陆军之间的隔阂更抵冲了增援的有效性，造成资源配置不经济和效率低下。战前按精兵战略培养的少量优秀飞行员在旷日持久的战事中被陆续消耗掉，战略指导的陈腐，对关键性技术因素（如电子战和情报战）的忽视，用兵、用人方面的种种失误却日益暴露。按照“决战主义”方针编成的联合舰队拥有强大的火力和攻击意志，却缺乏相应的补给和保障措施，也不重视对敌方类似目标的打击。结果作战时间越长，美军补充和增长得越快，日军兵力却始终处于不断地萎缩之中。

1943 年 2 月，在损失了 24 艘军舰、16 艘运输船、892 架飞机以及 4 万余名海陆军官兵之后，大本营决定撤出鏖战半年的瓜达尔卡纳尔岛，集中力量稳定东南战线。同年 4 月，山本五十六遭美军战斗机伏击，当场毙命。这种背景下，1943 年 9 月底御前会议通过了《今后应采用之战争指导大纲》，决心着手建立"绝对国防圈"，以应付美军反攻的高潮。在"国防圈"内，日方既要保持内线打击敌人的自由，又要阻止敌军空袭防卫圈内重要的资源产地和交通线，至少维持一到两年。两年后，当海空力量已经恢复到足以发动反攻的程度时，再相机选取地点进行战略决战。

问题在于，日本政府采纳"绝对国防圈"建议之时，美军的反攻已经开始了一年多，势头越来越猛。"国防圈"的建成和巩固需要两年时间，以日本捉襟见肘的国力，要在如此长的时间内维持住防线，并拒绝与美军进行消耗战，无异于痴人说梦。况且美方已经开发出三种摧毁日本帝国的武器——快速航母特混舰队(FCTF)、"双叉战略"和潜艇封锁。FCTF 是一支拥有近 20 艘航母、载机量超过 900 架的超级舰队，由战列舰和后勤、补给、维修舰艇伴随，可以不间断地在海上活动大半年，其航空兵力超过日本在任何一个据点集结的力量。西南太平洋和中太平洋美军还设定了两条独立的反攻路线：麦克阿瑟(Douglas MacArthur)的陆军在岸基航空兵配合下沿新几内亚岛东岸西进，指向东印度群岛和菲律宾；尼米兹(Chester William Nimitz)的海军从珍珠港出发，运用 FCTF 沿中太平洋岛屿北进。而"绝对国防圈"囿于"有限战争"思维，只够抵挡一个方向的进攻，当麦克阿瑟和尼米兹开足马力，在两个方向同时发动进攻时，东京只能疲于奔命。

在海军战前的设计中，美日舰队决战应当在日方选定的区域进行。但在美军按照"双叉战略"交替进攻的情况下，日方不仅来不及完成预定的飞机增产和船舶征用工作，而且无法判断究竟哪个方向才是适宜的决战地。到了1944年6月，美军兵发马里亚纳群岛，大本营突然发现：若不能立即投入现有兵力迎战，攻占马里亚纳群岛的美军仅凭B—29远程轰炸机就可以摧毁日本本土，决战只能在不得已的情况下进行。

发生在马里亚纳海面的“阿号作战”（美方称菲律宾海海战）是太平洋战争中最后一次真正意义上的舰队会战，日本海军投入了大部分残余的航母飞行队和基地航空部队。但因为在所罗门—新几内亚战线的两年苦战中损失了大部分精英飞行员，参战的日军航空人员大部分只有200—300小时的飞行经验，不及美军的1/5。小泽治三郎中将以9艘航母、439架飞机的兵力对抗斯普鲁恩斯上将(Raymond Ames Spruance)的15艘航母、891架飞机，不到40小时就损失了400架飞机，还有3艘航母被击沉。这次惨败证明：即使是在计划完备、战术合理、握有先发制人优势的情况下，联合舰队的装备和人员也不足以赢得一场决战了。从这个角度说，“阿号作战”可谓第二个对马，只不过乘兴而来、凄惨而归的换成了日本人。

菲律宾海之战失利后，日本海军已经进入垂死挣扎阶段。10月底莱特湾之战中，保存尚称完好的战列舰部队也被大本营投入战场，在缺乏航空掩护的情况下扑向登陆场，不出意外招来美军舰载机的围攻，损失大半。此后日军水面舰艇的行动基本停止，仅以“神风特攻队”自杀飞机进行步步为营的抵抗，屡战屡败。1945年8月27日晚，23艘美军航母、12艘战列舰、20艘巡洋舰、116艘驱逐舰和护卫舰、12艘潜艇、157艘辅助舰只以及28艘水雷舰艇涌入东京湾;9 月 2 日,日本政府和大本营代表在“密苏里”号上签署了无条件投降书。

1945 年 11 月 30 日,根据盟军总司令部布告和第 680 号敕令,日本海军省的编制被废止。开战时拥有 254 艘舰只、总吨位达 106.8 万吨的联合舰队,此时只剩下了 168 艘中小舰艇,排水量约 32 万吨。第二天清早,在霞关海军省大楼的门口,日本国民熟知的“海军省”牌子被摘下,挂上了“第二复原省”的木牌,残存舰艇则按盟国要求分批缴械拆毁。到 1947 年 1 月 1 日,当和平的新年曙光时隔十五年后再度降临日本列岛上空时,辽阔的太平洋上已经没有一艘日本军舰了。

一战前德国“大海军”建设的源起与理论

徐弃郁①

一　德国海军观念的转变及原因

传统上普鲁士/德国并不是一个重视海上力量的国家。由于陆上强国环伺，普鲁士一直将陆军放在首要位置，而且统一之前德国的海岸线分别属于不同的邦，分散的海岸线和港口资源使建立一支强大的海军更加不可能。德国统一以后，随着德国海外贸易和殖民地利益的急剧扩大，扩建海军的问题也提上了日程。然而在俾斯麦掌权时期，德国对于海军并不重视。这一方面是决策者对陆权优先于海权的根深蒂固的认识，比如陆军元帅曼陀菲尔在 1883 年给陆军内阁长官阿尔伯蒂尔的信就反映了这种普遍态度："我也属于腓特烈威廉一世国王那些没文化的支持者之列，就

① 徐弃郁，北京大学国际关系学院战略研究中心特约研究员。

是会卖掉他最后一艘军舰来增加一个新的营。”[①]另一方面，俾斯麦本人的立场也十分重要。与他认为德国不应努力寻求权力最大化的思路相一致，[②]俾斯麦认为，德国在拥有世界第一的陆军后再进一步扩大海军实力将引起英、法、俄等大国的紧张并刺激其形成反德联盟，因此过分强调发展海军来保卫海上利益是一种“绝对安全”的思路，即有害又不现实。针对要求扩建海军以防止英国危害德国海外利益的呼声，他指出德国防止英国滥用其海上霸权相对有效的方式是与二流海军强国组成“武装中立同盟”，因为 1856 年的《巴黎宣言》就表明这类国家决心保卫自己的海上航行权利，德国组成这类同盟是完全可行的。他承认，这种方式只能保证相对安全，但他警告说，对于德国的商业利益和海外殖民地来说不存在绝对安全，因为任何试图使德国海军力量赶上英国的努力都会被英法海军之间的联合所抵消。[③] 正是在这两种主流认识的影响下，德国海军在俾斯麦时期保持了较低的发展水平，在战略上则着眼于近海防御。

然而，到 19 世纪 90 年代，德国对海军的态度发生了巨大的变化，建立一支实力强大的、主要用于远洋作战的“大海军”(Großflotten)成为一个明确的战略目标。更引人注目的是，德国

---

① Holger H. Herwig, “*Luxury*” *Fleet*: *The Imperial German Navy*, 1888—1918, London: The Ashfield Press, 1980, p.16.

② 参见徐弃郁《脆弱的崛起》第二章第一节《大思路的设计——基辛根口述备忘录》，北京：新华出版社，2011 年，第 40 页。

③ 而对于蒂尔皮茨提出的德国发展大海军的计划，俾斯麦认为其中包含了对英国作战的企图，既荒谬又十分危险。见 Rolf Hobson, *Imperialism at Sea*: *Naval Strategic Thought*, *The Ideology of Sea Power and the Tirpitz Plan*, 1875—1914, Boston/Leiden: Brill Academic Publishers, Inc., 2002, pp.297—299。

一扫历史上漠视海上力量的传统，以极大的热情投入到经略海洋、扩建海军的巨大工程之中，支持建设“大海军”成为一种席卷全国的、几乎是全民性的热潮。从某种意义上说，这种巨大的转变已经不再是历史的延续，而是历史的一种“断裂”，其背后有着十分复杂而强大的动力，[①]主要包括：

一是“海军主义”的泛滥。19 世纪末，随着帝国主义海外扩张浪潮的高涨，海军的重要性被抬到一个前所未有的高度。“海军主义”与社会达尔文主义等社会思潮一样，也在各大国中普遍盛行起来，而美国人马汉的著作则是这股潮流的真正起点。从 1890 年开始，马汉先后出版了《海权对历史的影响（1660—1783）》（1890 年出版）、《海权对法国大革命和帝国的影响（1793—1812）》（1892 年出版）、《海权的影响与 1812 年战争的关系》（1905 年出版）等一系列著作，不仅提出了一套以主力舰和夺取制海权为核心的海军战略理论，还将海上力量的发展提高到了历史哲学的层面，使海上力量与国家的兴衰紧密地结合起来，形成了一种抽象的、带有普遍性的模式。而当时英国的海上霸权和美国在美西战争中的胜利则为此提供了强有力的实例。[②] 在其影响下，英、法、

---

① 不少人用海外贸易增长来解释德国 19 世纪末开始“大海军”建设，蒂尔皮茨本人在国会讲演时也这样表示。但这种解释说服力不强，因为威廉二世时期不少决策者对海军的考虑早就开始了，蒂尔皮茨本人的主要观念更是早在 1871 年就已经形成，参见 Patrick J. Kelly, “Strategy, Tactics and Turf Wars: Tirpitz and the Oberkommando der Marine, 1892—1895”, *The Journal of Military History*, vol.66, no.4, (Oct, 2002), pp. 1049 1050。

② Patrick J. Kelly, “Strategy, Tactics and Turf Wars: Tirpitz and the Oberkommando der Marine, 1892—1895”, *The Journal of Military History*, vol.66, no.4, (Oct, 2002), pp.154—155.

俄、美等大国都掀起了一股扩建海军的浪潮，甚至包括一些中等实力的国家也加入其中（比如葡萄牙、荷兰、墨西哥、西班牙等），[①] 使“海军主义”在理念上和实践上都成为一种强大的国际潮流。而对德国这样一个正在迅速崛起的大国来说，这种直接与世界权力相关的、高度简化的理论更加具有吸引力。相当多的德国人将一支大海军视为德国通往未来世界大国地位的便捷之路，也是必由之路。1897 年底，德国宰相霍恩洛埃在帝国国会讲演时就指出：“我们要奉行一种和平的政策，我们就必须努力将我们的舰队建得十分强大，以使它在我们的朋友和敌人眼中都具有必要的分量……在涉及海洋的问题上，德国必须能够说一种温和的，但首先是纯粹德国的语言。”[②]

二是适应德国社会需求。统一以后的德国社会结构属于一种充满矛盾和各种张力的结构。到 19 世纪 90 年代，德国工商业资产阶级有了进一步的发展，并且形成了一个庞大的中产阶级。然而德国的国内权力分配却仍然由传统的容克地主阶层把持（19 世纪 70 年代以后重工业资产阶级也分得一杯羹），中产阶级的社会地位始终难有改变。这一点在军队人员的构成中体现得十分充分。在德国这样一个军队拥有特殊地位的国家里，参军，特别是成为军官，是中产阶级家庭提高门第的主要途径之一。但是陆军（主体是普鲁士陆军）坚持以传统的容克阶层作为军官的主要

① 葡萄牙于 1895 年通过了造舰 5 年计划，荷兰在 1900 年通过了 10 年期的造舰计划，墨西哥于 1901 年通过了一项造舰计划，西班牙在 1908 年 1 月通过了长远的造舰计划。

② Jonathan Steinberg, *Yesterday's Deterrent: Tirpitz and the Birth of the German Battle Fleet*, New York: Macmillan, 1965, p.164.

来源，不愿向中产阶级开放。在1890—1914年期间，陆军军官中贵族的比例虽有减少，但在1913年时仍然达到30%，而在高级军官中贵族的比例更高，在1900年时，上校以上的军官中有60%是贵族，1913年，这一比例仍达53%。[①] 相形之下，海军在军官的录用方面则打破了门第之规，几乎完全向中产阶级敞开大门。1898年，在帝国海军办公室的32名现役军官中只有5名出身贵族，从1899年到1918年期间，海军总参谋部的10任参谋长中只有一名是有头衔的贵族，同期担任参谋部部门领导的48名军官中，有5名是贵族出身，其中只有2名是真正有头衔的贵族。[②] 所以，海军的迅速扩大符合了德国中低阶层要求改变政治地位的需要，[③]很容易形成强大的社会基础。

三是安全判断的变化。到19世纪90年代后期，德国的海外利益进一步扩展。在1873年到1895年间，德国的商船总吨位增长了150%，海外进出口贸易增长了200%，更重要的是德国开始部分地依赖海外的食物供应。[④] 与此同时，德国与海上霸主——英国的关系却不断恶化。在这种情况下，越来越多的德国人开始

---

① Martin Kitchen, *The German Officer Corps*, 1890－1914, Oxford: Clarendon, 1968, p.5, p.22, p.24.

② Jonathan Steinberg, "The Kaiser's Navy and German Society", in *Past and Present*, no.28 (July 1964), pp.105－106.

③ 用今天的话来说就是"社会流动"的需要。另外，中产阶级和自由派知识分子也把德国的海军视为德国统一的象征和自由主义理想的历史体现。这主要因为1848年欧洲革命时，德国自由派为主体的法兰克福议会在其所作的为数不多的决议中，就有一个建立"德国海军"的决议。而且，德国的海军从一开始就是全德国的，不像陆军在平时仍归各邦君主，只有在战时才统一交由德意志皇帝兼普鲁士国王统一指挥。

④ William L. Langer, *The Diplomacy of Imperialism* 1890－1902, vol. 1, New York & London: Alfred. A. Knopf, 1935, p.429.

担心英国会切断其海上交通线。1898 年美西战争爆发以后，西班牙的败绩更是刺激了德国，宰相霍恩洛埃就认为：“我们必须避免让自己在英国那里遭到西班牙在美国那里遭受的命运，很清楚，英国人正等待机会打击我们。”[①]而英国对德国的强硬态度也加速了德国这种安全判断的变化。自从 1896 年“克鲁格电报”引起英德关系恶化以后，英国国内报纸多次鼓吹要用海军优势来教训德国。1897 年 9 月 11 日，英国报纸《星期六评论》发表了一篇著名的反德文章，其在谈了一通英德商业竞争后指出：“如果德国明天消失了，世界上所有的英国人都会变得更富有一些。国家之间曾为了一个城市或继承权而进行几年的战争，它们难道不会为每年 2.5 亿英镑的贸易而开战吗？……英国是列强中唯一不用冒大的风险且满有把握地与德作战的国家……德国舰队的扩充只会使英国对它们的打击更为沉重，他们的舰只将很快沉入海底，或者被拖到英国海港。汉堡、不来梅、基尔运河和所有波罗的海港口都将处于英国的炮口之下，直到战争赔偿事项被确定下来……我们可以对法俄说：‘找一些补偿吧。在德国你们想要什么就能得到什么。’”[②]在实际行动中，英国的所作所为也是十分霸道的。1900 年，英国皇家海军在对南非布尔人共和国进行封锁时就无端扣押了德国的邮轮，称船上载有违禁品，最后在查无实据的情况下将德国邮轮释放。英国的这些举动对于德国的民族感情是一

① William L. Langer, *The Diplomacy of Imperialism* 1890—1902, vol. 1, New York & London: Alfred. A. Knopf, 1935, p.656.

② William L. Langer, *The Diplomacy of Imperialism* 1890—1902, vol. 1, New York & London: Alfred. A. Knopf, 1935, pp.437—438.

种严重的伤害,为德国扩建海军提供了更加强大的动力。

四是决策者的个人影响。德皇威廉二世本人就是一个海军迷,外号"舰队皇帝"。早在年轻时,他就对英国的海上霸权羡慕不已。1894年读了马汉的《海权对历史的影响》后,他对海军特别是海权的兴趣进一步上升,称自己"不是在读,而是在吞咽马汉上校的书。我努力要把它背下来"[①]。威廉二世对海军的痴迷还体现在他对海军头衔和制服的喜好上。除了"德意志帝国海军元帅"这一头衔,他还是俄罗斯帝国海军,英国皇家海军,瑞典、挪威、丹麦的海军上将,也是希腊皇家海军的荣誉海军上将。他喜欢在公开场合穿海军制服,而且立下规定不允许其他王室成员穿现役海军制服,从而使其变成他个人的特权。其中,"英国海军上将"这一头衔是1889年威廉二世的外祖母——英国维多利亚女王授予的,威廉二世对此似乎最为中意,有时甚至穿着英国海军上将的制服会见英国大使。对海军的激情似乎还使威廉二世找到了一种作为君主的使命感。1900年1月1日,在向柏林卫戍部队的军官祝贺新世纪到来时,他宣布:"就像我的祖父对陆军所做的那样,我也会以同样的态度,不折不扣地完成对海军的重组工作。这样,海军也可以像陆军那样获得一种平等的地位,而德国也可以通过它的海军获得一种前所未有的地位。"[②]

更关键的是,随着威廉二世日益专注于海军力量,他对于德国外部环境和对外关系的看法也越来越化约为一种非常简单的

① Ivo Nikolai Lambi, *The Navy and German Power Politics*, 1862—1914, Boston: Allen & Unwin, 1984, p.34.

② Holger H. Herwig, *"Luxury" Fleet: The Imperial German Navy*, 1888—1918, p.17.

模式：实力是第一位，如果德国有事干不成的话，那就是实力不行；而实力中以海军实力为第一，如果德国有事干不成的话，那就是海军实力不行。比如，1897 年 3 月，威廉二世就把德国未能有效向希腊施加压力归因于海军实力不足；把在中国占的贸易份额“太少”也归因于海军实力不足；把英德贸易谈判（商贸条约）失败也归因于海军实力不足，因为不能赢得英国的足够尊重。在 1897 年 11 月，威廉二世更是明确提出要用海军来对付英国的“利己主义”：“面对这样的利己主义，除了支持自己要求的实力，什么都没有用。如果一个国家不能进行威胁并由此引起（对方）恐惧外，所有外交技巧都是没用的。这就自然地得出结论：要加强德国的舰队，不仅为了保护德国的海上贸易（虽然这也很重要），而且更重要的是要在北海－波罗的海的保护下，依托赫尔果兰岛（它的战略价值还没有被认识到），有效集中起一支装甲舰队，从而能在任何时候从这一有利位置出发冲向英吉利海峡并威胁英国沿岸城市。而此时英国的舰队则在地中海被法国拖住，或者（也许是同时）在东亚海域被俄国拖住……只有当这样的铁拳举在他面前的时候，英国雄狮才会缩起它的尾巴，就像它最近在面对美国威胁时那样。”①

二 蒂尔皮茨的努力与理论

而把上述四个主要动因充分调动起来，并使德国真正向世界

① Ivo Nikolai Lambi, *The Navy and German Power Politics*, 1862－1914, pp.35－36.

海军大国地位冲击的，则是德国海军建设的具体规划和组织者，尤其是1897年出任海军国务秘书的阿尔弗雷德·冯·蒂尔皮茨。[①] 此人极富组织能力，同时又深谙德国的国内政治运作，可以说是德国海军力量扩建过程中的灵魂人物。他把德皇威廉二世对于海军的激情转变为切实可行的、精心设计的长远规划，并且在各种政治势力之间争取支持。在1896年时，威廉二世希望大幅度提高海军预算，但这种想法在当时德国国内政治形势下明显不切实际。结果威廉二世一度打算干脆解散国会，而这就有可能引发一场大的国内政治危机。[②] 蒂尔皮茨的做法则完全不同。出任海军办公厅的长官——海军国务秘书一职后，他坚持不与国会搞对抗，而是采取广泛动员民众这种"迂回"的方式来对国会施加影响和压力。蒂尔皮茨在大众宣传方面下了很大功夫：把海军的出版刊物从技术性杂志变为普及性杂志，使民众可以广泛了解海军；在海军办公厅内部又增设了新闻署，负责对各种报刊施加影响；组织专门人员翻译马汉的《海权对历史的影响》，付印了8000多本进行免费发放，并且组织一些德国刊物进行连载。同时，蒂尔皮茨还争取了许多学术界的著名人物，据统计有270名著名的大学教授直接为海军的宣传提供过支持，其中包括汉斯·德尔布

---

① 在1897年之前，对德皇影响最大的海军军官是海军内阁长官古斯塔夫·弗莱亨·冯·桑顿－比伯兰(Gustav Freiherr von Senden－Bibran，1889—1906年在任)海军上将。他认为，德国必须拥有一支以主力舰为主的大海军，而且还向威廉二世反复强调必须进行大规模的宣传来加强民众对海军的兴趣与热情。在蒂尔皮茨出任海军国务秘书后，桑顿在德国海军扩建中继续扮演重要的政治推手。

② Jonathan Steinberg, *Yesterday's Deterrent: Tirpitz and the Birth of the German Battle Fleet*, p.89－90.

吕克、马克斯·韦伯等世界级学者。用一位历史学家的话来说，这一“舰队教授”的名单就像是德国知识界的“名人录”。[①] 另外，他还加大了对政界和商界的公关力度，许多要人都被邀请来参观海军，与新闻界、出版界的联系也得到了极大的加强。1898 年，在他的支持下成立了民间组织“海军协会”，旨在“通过激发人们对一项伟大民族事业的热情而将社会的一大部分从政党纷争中解放出来”。协会刊物——《舰队》的发行量很快就上升到 75 万份，成员从 1898 年的 78652 人增加到 1914 年的 1108106 人。[②] 这一组织为“大海军”的宣传造势起到了重要作用。

蒂尔皮茨宣传战的核心，就是将德国的海军建设与德国海外利益挂钩。正如他本人在帝国国会讲演时所指出的：“自从帝国成立以来，德国的海上利益异乎寻常地增长了。对德国来说，保护这些海上利益已经成了生死攸关的问题。如果这些海上利益遇到阻碍或者受到严重的损害，国家必然首先陷入经济衰退，然后陷入政治衰退。不论你们拿什么来说：比如，为了维护德国的政治威信……在战时保护对德国至关重要的海上交通命脉；保护在遥远国家的德国臣民；或者保护在那里的德国贸易利益和代表机构等等——所有这些利益只能依靠德国海军来保护。”[③]进而他又将海外利益与大国地位联系在一起：“德国在下个世纪会迅速地从强国位置上跌落下来，除非它现在起就系统地、不浪费时间

---

① Jonathan Steinberg, *Yesterday's Deterrent: Tirpitz and the Birth of the German Battle Fleet*, p.41.

② Holger H. Herwig, *"Luxury" Fleet: The Imperial German Navy*, 1888—1918, p.40.

③ [苏]B.M.赫沃斯托夫编:《外交史》，第二卷(上)，高长荣等译，北京：生活·读书·新知三联书店，1979 年，第 491—492 页。

地扩展它的海外利益。""因为海权是在最狭义的范畴(即舰队)中建立并得到保持的,也因为权力自身的重要性,德国必须保持它的人口并进一步将自己发展为一个世界性的工业大国和商业大国。在这种商业和工业的发展中,与其他国家的接触与冲突将上升。德国如果不想失败,海权就是根本性问题。"[①]很快,"大海军=海外利益=世界大国"这种高度简化的模式在民众宣传中收到了非常好的效果。群众发现,自己不需要怎么思考就掌握了真理,而且是可以帮助自己国家进一步强大的真理,全国性的扩建海军热情就此燃起。

除了组织能力,蒂尔皮茨的规划能力也非常突出,对于德国"大海军"建设有着一套完整的、长远的构想。可以说,德意志帝国在 1897 年到 1914 年间的海军扩建和海军战略都体现了他的思路。其中最突出的,就是他对德国海军发展目标的设定。在蒂尔皮茨的主持下,德国海军扩建从一开始就针对当时的海上霸权——英国。在 1897 年蒂尔皮茨到任帝国海军办公厅之前,威廉二世曾迫不及待地责令当时的代理海军国务秘书草拟了一份备忘录,其目标针对法俄同盟。但蒂尔皮茨到任后,马上否定了这一文件。1897 年 6 月,蒂尔皮茨向德皇提交了著名的《蒂尔皮茨备忘录》,明确指出:"当前德国最危险的海上敌人就是英国",同时"也正是为了对付这个敌人,我们急需一定规模的海军力量来作为一种政治权力因素"。[②] 而将英国作为首要敌手的原因,

① Ivo Nikolai Lambi, *The Navy and German Power Politics*, 1862—1914, p.139.

② Jonathan Steinberg, *Yesterday's Deterrent: Tirpitz and the Birth of the German Battle Fleet*, p.209.

则是他认为德国是英国最大的商业竞争者，英德之间的冲突不可避免：“毫无疑问，在下个世纪我们必然会与英国在地球的某个地方发生冲突，不管它是因为经济竞争还是殖民地争夺引起的。”①

在力量发展的重点上，蒂尔皮茨则鼓吹通过海上“决战”(Entscheidungsschlacht)来获得制海权，因此高度重视发展主力舰。然而他并不重视其他舰只的作用，特别是对一些强调建造和运用巡洋舰(速度和作战半径强于主力舰，但装甲与火力逊于主力舰)的海军将领们打压得很厉害。他认为巡洋舰能解决殖民地争端和镇压当地人起义，但永远不能带给德国对海洋的控制权。对于潜艇，他更是持否定态度。1904年他宣称潜艇只能用于局部地区，是“二等武器”，潜艇部队只是“试验品博物馆”，而运用潜艇进行的海战也只能是“不足道的小型战争”。②

但是，他希望通过用主力舰为核心的海军来挑战英国海上霸权的想法直接带来了两个问题：(1)面对英国的海上霸权，德国是否可能赶上？(2)既然德国海军扩建针对英国，那么这种扩建必然增加英国对德国先发制人的可能性，德国如何应对？

对此，蒂尔皮茨有一套自成体系的说法。首先，他认为德国海军的实力并不需要完全与英国平起平坐。只要德国海军强大到一定程度，③英国皇家海军虽然可以打垮德国海军，但所遭损失使其无力应对法俄海军的挑战，从而丧失海上霸权。这样的高风

---

① Ivo Nikolai Lambi, *The Navy and German Power Politics*, 1862—1914, p.142.

② Holger H. Herwig, *"Luxury" Fleet: The Imperial German Navy*, 1888—1918, p.38.

③ 按蒂尔皮茨的估计，德国海军只需在北海海域与英国海军达到2:3的比例即可。见Rolf Hobson, *Imperialism at Sea: Naval Strategic Thought, The Ideology of Sea Power and the Tirpitz Plan*, 1875—1914, pp.254—255。

险将慑止英国对德国的先发制人战争。这就是他著名的“风险理论”(Risikogedanke)。其次,德国享有集中兵力带来的优势。蒂尔皮茨一开始就否定了与英国全面争夺海上霸权的想法。在1897年的备忘录中,他明确提出德国海军要集中在“赫尔果兰岛(德国在北海的海军基地)和泰晤士河之间”。他认为,英国海军实力虽然居世界第一,但其舰队分散在世界各主要海域,在英国本土海域,特别是北海海域的海军力量并不十分强大,德国集中起来的海军力量则可以形成局部优势并威胁英国本土:“世界政策的杠杆在北海,我们用不着在其他任何地方直接投入力量,它就能影响全球。”[①]再次,战术层次也有助于德国海军抵消英国海军的优势。从历史上看,英国海军惯用的战法是近岸封锁,海军名将德雷克和纳尔逊都使用这一战术。而在19世纪末,鱼雷和水雷等海军武器装备已经有了很大发展。蒂尔皮茨相信,这些技术进步有助于德国海军在近海抵消英国舰队的优势,加之北海的有利地形,德国海军可以在未来的冲突中对英国实施近岸封锁的舰队实施沉重打击,从而很快改变海上力量对比。最后,德国在海军实力上完全赶上英国也是可能的。德国内部有人认为,英国决不会拱手让出海上霸权,一旦开始军备竞赛,英国的海军力量将始终领先于德国。蒂尔皮茨完全不同意这种说法。他的理由是英国可以在造舰方面领先于德国,但是英国并不实行普遍兵役制,最终将没有足够的人手来操作那些新造的军舰。“无论它(英

---

① Paul M. Kennedy, *Strategy and Diplomacy* 1870—1945, Boston: George Allen & Unwin, 1983, pp.133.

国)建造多少艘军舰,却没有新的人手。而我们则恰恰相反,可以通过每年征召2万人进入海军服役来形成强大的后备力量,最终可以有足够的人员来操作与英国一样强大的舰队。”[①]

当然,蒂尔皮茨也承认,在德国海军真正强大起来之前有这么一段“危险地带”,即德国的海军实力发展已经刺激了英国,但还不足以抵御其进攻,而英国为确保自己的海上霸权,则很有可能采取先发制人的打击,将正在扩建的德国海军消灭在摇篮中。蒂尔皮茨认为,这种将德国海军“哥本哈根化”[②]的危险将一直持续到1914—1915年左右,而高危期则在1905—1906年左右。为此,他提出德国在扩建海军时要尽量保持低调,尽可能不惊动英国,在舰队的最终规模和使命方面,“我们可以想,有时也必须想,但不能写下来”。[③] 此外,海军的军备扩张还要求外交的大力帮助,即外交必须小心地保持与英国的良好关系,直到德国海军安全渡过“危险地带”,形成对英国的有效威慑,甚至发展出一支与英国皇家海军旗鼓相当的海上力量。对此,时任外交国务秘书、后来任宰相的毕洛夫完全领会:“考虑到我们海军处于弱势,我们的行动必须十分小心,就像在蜕变成蝴蝶之前的毛虫一样。”[④]

---

① 这个理由最初来自1897年8月19日德国驻伦敦海军武官的报告,但他根本没有去进一步核实它,只是用它来作打击政治对手的“炮弹”。Ivo Nikolai Lambi, *The Navy and German Power Politics*, 1862—1914, p.145.

② 1807年英国海军未经宣战的情况下突然袭击丹麦首都哥本哈根并俘获其全部舰队,这种模式就是所谓“哥本哈根化”。

③ Holger H. Herwig, “*Luxury*” *Fleet*: *The Imperial German Navy*, 1888—1918, p.37.

④ Paul M. Kennedy, *Strategy and Diplomacy* 1870—1945, p.132.

三 蒂尔皮茨理论的谬误与德国海军的“先天不足”

表面上看，蒂尔皮茨的理论或者说计划环环相扣，十分严密。但如果仔细推敲一下，可以发现其中存在一些重大失误，甚至犯了战略上的大忌，主要有以下几点：

第一，该计划充分体现了“绝对安全”的思路。如本节一开始所说，这种思路恰恰是俾斯麦所反对的。作为一个崛起的大国，追求“绝对安全”的结果往往是绝对的不安全。德国在拥有世界第一的陆军以后，进一步追求一支大海军的努力无疑会引起英、法、俄的担心，并刺激这些国家采取反措施，最终促成了一个强大的反德联合。

第二，无视德国自身的地缘特征。德国地处欧洲中部，陆地上与法、俄、奥三个大国接壤，北部又濒临海洋。这种典型的陆海双重地缘身份决定了德国必须同时应对来自陆地和海洋的威胁，难以集中力量争夺海权。而且，德国濒临的海洋并不是一个开阔水域，在其海军的前出方向上存在海峡、岛链等自然障碍，战时很容易被敌方海军实施封锁。实际上，马汉在他的书中已经明确指出：“如果一个国家所处位置，既不靠陆路去保卫自己，也不靠陆路去扩张其领土，而完全把目标指向海洋，那么这个国家就比一个以大陆为界的国家具有更有利的地理位置。”[①]相反，德国海军

① ［美］A. T. 马汉：《海权对历史的影响(1660—1783)》，安常容、成忠勤译，北京：解放军出版社，1998年，第29页。

的作战对象——英国却是拥有这种地理位置的国家。马汉本人曾对比过英国和德国的海洋条件，指出英德之间的海洋地理条件使德国的战略地位更加不利："英国的两难在于，控制一些海域是维持其作为一流大国的生存所必需的，但只要这样做它就会主宰通往德国的海上通道……对德国来说，海上防御除非延伸到英吉利海峡并迫使英国将海军力量移向大西洋，否则这种防御就是不充分的。这是德国天生的位置缺陷，要克服这一点只能靠充分的数量优势。"[①]从这一角度来看，蒂尔皮茨等人尽管大张旗鼓地宣扬马汉的理论，但他们有意无意地忽略了马汉海权论中的限定性条件，在很大程度上只是将其作为一种宣传工具。[②]

第三，形势判断过于一厢情愿。战略是一局由多个棋手同时博弈的棋，需要在互动中把握，但在蒂尔皮茨那里却成了单向的、静态的数字运算。他甚至没有想到英国会很快与德国展开海军军备竞赛。他也完全低估了英国在海权问题上的决心和敏感性，认为用一些策略性的手法就可以"不惊动"英国，从而使德国顺利

① A. T. Mahan, "Considerations governing the dispositions of navies", 转引自 Paul M. Kennedy, *The Rise of the Anglo－German Antagonism* 1860－1914, p.421。

② 关于马汉对德国海军的影响程度主要有两种观点。一种是认为马汉的学说构成了德国发展大海军的理论基础，Volder R. Berghahn, *Der Tirpitz Plan: Genesis und Verfall einer innenpolitischen Krisenstrategie unter Wilhelm II*, Düsseldorf: Droste Verlag, 1971，(《蒂尔皮茨计划：威廉二世时期国内政治危机战略的源起与衰落》，杜森道尔夫1971年出版)p.145, p.421。另一种认为影响并不大，指出德国人误读了马汉，威廉二世和蒂尔皮茨只是按自己的需要来裁剪马汉的学说，而忽略了他真正的思想内核。Holger Herwig, "The Failure of German Sea Power, 1914－1915: Mahan, Tirpitz, and Raeder Reconsidered", in *International History Review*, no. X, 1988, pp.68－105.本文倾向于后者，马汉更多地只是他们用以扩大宣传的一种工具，是"大海军论"意识形态的理论部分。因为如果蒂尔皮茨等人真的读懂了马汉，那他们就知道在海上挑战英国是没有结果的。

渡过"危险地带"。另外，蒂尔皮茨一直相信德国可以和俄国保持友好关系，甚至可以和法国重新和好。从某种程度上说，他与威廉二世一样相信可以建立一个由德、法、俄组成的大陆联盟，而这些正是他所谓"风险理论"的前提条件。宰相毕洛夫后来指出，蒂尔皮茨缺乏政治眼光，也不能理解国际事务中的微妙之处，这些"使他不时对俄国，甚至法国抱有幻想，认为可以从这些国家寻求支持以反对英国"①。

正是由于存在这些"先天性"重大失误，蒂尔皮茨计划本身的命运基本上已经注定。在某种意义上，德国崛起的命运也被决定了。不论德国决策者愿意与否，蒂尔皮茨计划必然推动德国向着历史上一再上演的、崛起国与霸权国之间的"决战"冲去。而且，德国的海军扩建越成功，这种风险反而越大。

① W. L. Langer, *The Diplomacy of Imperialism*, vol.2, p.435.

威廉二世时代德国海权发展的困境

——以麦金德为视角

郑　凡[1]

1919年,在美国总统威尔逊试图以"国联"理想取代均势格局重构战后国际格局之时,英国地理学家麦金德撰写了《民主的理想与现实》一书。[2] 战后秩序亦是麦金德本书的关怀,"民主的理想"即"国际联盟的海市蜃楼,在遥远的战争沙漠上空蛊惑我们西方人民"(147页),麦金德忧虑的则是战败的德国所具备的地理与经济能力的现实,在他看来,地理现实所提供的战略机会将是恒久的。

本文将依循麦金德的视角,从威廉二世时代德国的地理与经济现实出发,分析德国海权发展的动力与道路选择上的困境。为了这个目的,则还需结合史实补充国际关系的现实,这是与道路

① 郑凡,上海交通大学凯原法学院博士研究生。

② [英]麦金德:《民主的理想与现实》,武原译,北京:商务印书馆,1965年。由于本文以麦金德此书为视角,引用较多,故引文页码以文内注标出。

选择相交织的另一层困境。

一 德国的统一与俾斯麦的外交

俾斯麦以三场短暂战争的铁与血建立了普鲁士领导下的德意志帝国，这场在德国民众看来轰轰烈烈的统一运动，在国内压制了1848年的民主宪政呼声，唤起了德意志民族的民族感情。在外交方面，这场统一运动却十分微妙。

俾斯麦的政治生涯开始于梅特涅体系最蓬勃的时代。当时欧洲的国际秩序包括三个要素：欧洲均势；德意志内部普奥相安无事；因保守理念而结合的联盟体系，即神圣同盟。[①] 俾斯麦在均势的大原则下，巧妙地破坏了后两个因素。从现实政治的实力衡量出发，俾斯麦决意要将奥地利排除在德意志之外。奥地利与普鲁士联手就石勒苏益格—赫尔斯泰因问题与丹麦开战，反倒促使了普鲁士与奥地利摊牌。梅特涅体系旨在孤立法国，俾斯麦利用拿破仑三世想要冲破梅特涅体系的意图，确保法国在普奥战争保持中立。战后法国才恍然大悟：普鲁士领导德意志的形势将使自黎塞留以降分裂中欧的政策作古。法国想以一战力挽这一局面，但战争的结果却把欧洲从受法国支配的阴影下解放了出来。英国在比利时的安全得到保证的情况下乐于见到这一结果。奥地利与俄国也认为德国战胜有利于均势。奥地利人被排除在德意志之外后，只能向巴尔干发展，因而希望德国在近东方面给予支

① ［美］基辛格：《大外交》，顾淑馨、林添贵译，海口：海南出版社，2010年，第111页。

持;俄国则盘算一个愤懑的法国将遏制德国。[①] 在俾斯麦的纵横捭阖之下,保守主义已不再是国际关系的原则,但俾斯麦仍试图在德意志统一后保持这一外貌。1873 年俾斯麦使奥匈帝国、德国和俄国一同加入三皇同盟。表面上,这是一个保守势力的神圣同盟,矛头指向社会主义运动,俾斯麦的目的则是孤立法国。

此外,俾斯麦利用“欧洲协调”搞起了会议外交,并以这种方式左右了欧洲局势,如麦金德所言,“有一段时期他统治了欧洲,而他的方法不只是尽量利用军事上的威望”(26 页)。在 1878 年处理俄土战争的柏林会议上,他帮助奥地利获得了觊觎已久的波斯尼亚和黑塞哥维那。此举加深了奥地利与俄国在巴尔干的争执,俾斯麦担心俄国可能不信守三皇同盟,德奥于 1879 年签订针对俄国的攻守同盟,并在 1882 年利用意大利与法国在突尼斯的冲突,将意大利拉进同盟,结成三国同盟。至此,俾斯麦以三国同盟和三皇同盟束缚住了欧陆各国的手脚,没有他的认可,谁也无法妄自行动。麦金德评价俾斯麦道:“从来没有一个政治家比俾斯麦更善于判断如何把战争和政策结合起来。”(26 页)俾斯麦以其巧妙的手段在统一德国的同时维持住了欧洲均势。

而欧洲均势这一国际关系上的现实则又决定了俾斯麦的殖民政策。在欧洲陷入僵持之后,各国均将力量投向了殖民事业。但俾斯麦则表示德国已知足。从 1883 年起,欧洲列强的殖民事业引发了英国和法国(由于苏丹)以及英国和俄国(由于阿富汗)

---

① [英]F.H.欣斯利编:《新编剑桥世界近代史》,第 11 卷,中国社会科学院历史研究所组译,北京:中国社会科学出版社,1999 年,第 701 页。

之间严重的紧张局势。正当英国处于孤立之中,忙于应对同法国与俄国的矛盾之时,德国也开始其在非洲的殖民活动。俾斯麦使帝国的职责仅限于对拥有殖民地的贸易公司进行保护。[①] 当英国在苏丹遭受挫折,并于 1885 年与俄国在阿富汗边界上达成一致时,德国便丧失了支持殖民活动的先决条件。俾斯麦也停止了对殖民活动的支持。[②] 他知道欧洲均势是德国殖民政策在国际关系上的现实,他不愿他的欧洲帝国卷入任何国际纠葛,更不愿意在殖民问题上与英国发生摩擦。

二 威廉二世的“世界政策”与海权建设

1890 年,即威廉二世登基两年后,俾斯麦被免去了首相职务。从俾斯麦下台到一战结束君主制倾覆这段时期的帝国,通常被称为“威廉二世时代的德国”。虽然是内政事务致使皇帝与首相矛盾公开化,但导致俾斯麦下台的是两人在外交政策上的分歧。如麦金德的评论,“在把舵 30 年之后,这个老领航员在 1890 年被一个想要行劫的新船长辞退了,但这是由于他的谨慎所致,不是由于他的飞扬跋扈的雄心”(26 页)。俾斯麦谨慎对待的即欧洲均势这一国际关系上的现实。1888 年 12 月他对研究非洲问题的专家和殖民政策政治家欧根·沃尔夫说道:“您的非洲地图的确是很

① 这一时期德国的海外殖民与海军活动,参见[美]劳伦斯·桑德豪斯《德国海军的崛起》,NAVAL＋译,北京:北京艺术与科学电子出版社,2013 年,第 146－150 页。

② [德]卡尔·艾利希·博恩、马克思·布劳等:《德意志史》,第三卷,张载扬等译,北京:商务印书馆,1991 年,第 369－371 页。

美的，可是我的非洲地图在欧洲。这里是俄国，这里是法国，而我们在当中，这就是我的非洲地图。”[①]

随着俾斯麦去职，德国的外交政策发生了改变，威廉二世与他的大臣没有能力继续俾斯麦复杂的外交手段，也无意继续，他们执意进行“简化”的“新方针”。俄国谋求延长 1887 年的再保险条约遭到拒绝便是这种“简化”的标志。在拒绝与俄国签订再保险条约之后，德国与英国在 1890 年就非洲殖民地的划分签订了《赫尔戈兰—桑给巴尔条约》，传递出与英国亲善的信息。这种方针直接促使与德、英均有矛盾的法国和俄国在外交上接近。虽然法俄间的谈判进展缓慢，但 1895 年法国总统已直接提到“同盟”一词，沙皇则在 1897 年公开承认这个同盟。这样一来，俾斯麦苦心经营的孤立法国的体系濒临破产。

另外，威廉二世急切渴望国际承认德国有权获得与其实力相符的世界大国地位。麦金德曾在《历史的地理枢纽》(1904)开篇指出，以欧洲几乎在没有抵抗的情况下进行扩张为特征的“哥伦布时代”行将结束，因为世界上已几乎没有无主之地。威廉二世企图以“世界政策”赶在这个时代行将结束之际令德国走向海外，在世界各地获取殖民地。熟读马汉的威廉二世了解建立殖民帝国即意味着海权。

如马汉指出的海权三环节：生产、海运、殖民地，“生产，是交换产品所必需的；海运，是用来进行不断交换的；殖民地是促进和

① [德]卡尔·艾利希·博恩、马克思·布劳等：《德意志史》，第三卷，第 371 页。

扩大海运活动，并通过不断增加安全的据点来保护海运”。[1] 生产与贸易是海权发展的动力，德国无疑已经具备了这样的条件。并且，渴望原料与市场的新兴工业贵族已和旧的农村贵族结为联盟，成为主导德国的政治力量与舆论力量。

在1887到1912年这二十五年里，德国进出口贸易的增长遥遥领先各国，增幅为214.7%，其次是美国(173.3%)、英国(113.1%)、法国(98.1%)。但进出口出现了逆差，因此，使对外贸易出现顺差便成为了德国经济政策的主要任务。对于德国的经济现实，麦金德称，“德国对市场的饥饿已成为世界上最恐怖的现实之一”(128页)。德国的贸易成就令德国商人相信德国作为首屈一指的工业国将会取代英国，因而应获得一个与其经济潜力相称的殖民帝国。1880至1912年间德国对外贸易的另一变化也加强了获取殖民地的需求：1880年，德国80%的出口销往英、法和东南欧国家，德国77%的进口也来自欧洲国家；1913年，德国从欧洲的进口额却下降了三分之一。海外越来越明显地成为了德国的原料供应者。[2]

德国当局以李斯特式的“新重商主义”支持德国企业将手伸向世界各地，同时严格保护关税，奖励出口。德意志银行的组建为工商界提供了资本支持，令德国经济全面繁荣：综合发展钢铁业和采矿业，建立新式化学工业，电气工业和光学工业，以及相应

① [美]A. T.马汉：《海权对历史的影响(1660—1783)》，安常容、成忠勤译，北京：解放军出版社，1998年，第29页。

② [德]弗里茨·费舍尔：《争雄世界：德意志帝国1914—1918年战争目标政策》，何江、李世隆等译，北京：商务印书馆，1987年，第14－15页。

的纺织工业。[①] 再加上这一时期人口的迅猛增长,德国举国上下都充满了冲向世界的动力与知识界所谓的权力意志。

随着对外贸易的增长,航运业也迅速发展。1888 年,德国商船队还主要是由帆船组成的,注册吨位为一百二十万吨。1913 年,这支商船队已全部改装为轮船,注册吨位为三百一十万吨。建造商船队与扩建不来梅港和汉堡港这两个重要远洋海港同时进行。[②] 这一时期汉堡的海港运输量已仅次于纽约和安特卫普,超过伦敦、利物浦和马赛。[③] 同时,造船工业的发展又是建造海军的前提。在德国的对外贸易已仅次于英国而居欧洲第二位时,德国的海军远远落后于英国,也落后于法国、俄国和意大利。

按照美国人马汉的海权逻辑,下一步便是建造与海运相辅相成的海军。在这一时期,不列颠海外帝国与海权间的关系已由马汉等人揭示,而甲午战争(1894 年)、美西战争(1898 年)、布尔战争(1899—1902 年)则似乎无可争辩地佐证了海军是获取世界强国地位的先决条件。在工业界和海军协会等团体的大规模新式宣传的煽动下,建立一支强大的舰队逐渐成为了德国人民的普遍愿望。正是海军建设对国际关系的影响凸显了德国海权发展的困境。

1897 年,德国获得中国的胶州湾是"世界政策"首次表现。同年,威廉二世任命阿尔弗雷德·冯·蒂尔皮茨为帝国海军部国务秘书,主持海军建设。翌年,第一个海军法案通过了为期 6 年的

① 麦金德对德国经济政策的评述,见[英]麦金德《民主的理想与现实》,第 125—128 页。
② [德]弗里茨·费舍尔:《争雄世界:德意志帝国 1914—918 年战争目标政策》,第 19 页。
③ [德]卡尔·艾利希·博恩、马克思·布劳等:《德意志史》,第三卷,第 687 页。

建造计划，为海军制定了长期预算。根据这个计划，将建设各有 8 艘战列舰的两支分舰队。蒂尔皮茨在呈交威廉二世的备忘录中，将英国作为最危险的敌人，以此作为建设海军的理由。但是英国尚未对自身安全感到担忧，只是认为德国的海军计划将激发欧洲的第二和第三海军强国，即法、俄，加速其军舰建设。① 在甲午战争后的这一时期，远东的“中国问题”加深了英国对俄国的忧惧，“这个问题本质上是：究竟中国是否将继续在政治上作为一个独立的主权国家，抑或被几个主要强国所瓜分”②。英国政府中以张伯伦为代表主张走出“光荣孤立”，与德国结成针对俄国的同盟。德国此时犹豫含糊的态度是耐人寻味的，因为“德国正在试图使自己既成为一个欧洲强国、又成为一个世界强国。它在欧洲的安全要靠同俄国保持良好关系；它的殖民地和海外贸易要靠英国的善意”③。因此，德国一方面对英国采取拖延，另一方面则向法俄试探建立“大陆同盟”。

1900 年通过的附加法案则显露了德国谋求世界海军强国地位的面目。帝国海军部坚持要建立 4 个分舰队，每个分舰队有 8 艘战列舰、2 艘旗舰、8 艘大型巡洋舰和 24 艘小型巡洋舰，还要建立一支由 3 艘大型巡洋舰和 10 艘小型巡洋舰组成的驻扎海外的巡洋舰队。④ 德国海军的迅猛发展直接冲击了英国在海军上的

---

① [美]罗伦斯·桑德豪斯：《德国海军的崛起》，第 209 页。

② [英]菲利普·约瑟夫：《列强对华外交》，胡滨译，北京：商务印书馆，1959 年，第 38 页。

③ [英]A.J.P.泰勒：《争夺欧洲霸权的斗争》，沈苏儒译，北京：商务印书馆，1987 年，第 444 页。

④ [德]汉斯一乌尔里希·韦勒：《德意志帝国》，邢来顺译，西宁：青海人民出版社，2009 年，第 147 页。

“两强标准”，亦即英国判断自身安全的标准，促使英德之间展开海军军备竞赛，进而冲击了欧洲均势。在德国知识界的宣传之下，如下观念逐渐深入人心：正如过去普鲁士在同奥地利的斗争中上升为德意志大国，同法国的斗争中上升为欧洲大国一样，现在的德国在同英国的竞争中也应上升为世界强国。[①]

值得注意的是，在这个帝国主义时代，欧洲列强间的边界已不仅存在于欧洲版图，而是在世界范围内以殖民地、势力范围的形式犬牙交错。因而，“欧洲均势”也朝着全球均势的方向发展，对于不列颠帝国尤其如此，外海帝国的安全甚至反过来影响了英国对欧陆的政策。英国从“光荣孤立”中走入的条约体系实际发轫于欧洲以外。1902 年，英日协定签订，规定任何一方在远东受到其他国家攻击时要相互援助。具体说来，这一方面意味着日本可以对抗俄国，而不必害怕遭到法国海军的袭击；另一方面则意味着英国在远东的压力减轻。日俄战争中日本出人意料的胜利改变了远东的格局，英国已无需再就远东问题寻求与德国结盟。日俄战争后不久，英法协约（1904 年 4 月 8 日）用事实给德国政府证明，英国完全有可能同它的老对头法国就摩洛哥问题达成和解，德国人认为英国依赖德国的看法是错误的。1906 年在就摩洛哥问题召开的阿尔赫拉西斯会议上，德国的孤立状态已尽现无疑。但德国仍在海军政策上横冲直撞，认为建设更强大的海军可

① [德]卡尔·艾利希·博恩、马克思·布劳等：《德意志史》，第三卷，426 页。在世界各地寻觅机会的德国已在海外与英国发生了一系列摩擦：1889 年英国阻碍德国获取萨摩亚，1894 年德国阻碍英国通过刚果建设从开普敦至开罗的铁路计划，两国在南非的布尔人问题上的对抗状态。

逼迫英国与德国结盟。1906年,英国第一艘无畏舰下水,英国企图以技术上的优势结束同德的海军竞赛。但1905年至1906年的德国第二个海军附加法案扩建基尔运河和威廉港的船坞,准备建造无畏舰。1907年,英国外交部司长艾尔·克劳在其著名的备忘录中明确指出德国在谋求霸权地位,从而威胁大英帝国,因此遏制德国的扩张必然成为英国的政策目标。[①] 同年,按照英法条约的先例,英国与俄国就近东与远东的势力范围达成和解。德国的孤立地位就此确定。虽然欧陆上有德、奥、意三国同盟,但面对英、法、俄、日之间覆盖东、西半球的诸协定,只是使德国进一步与奥地利在巴尔干的利益捆绑在一起。

1912年,德国准备出台第四个海军附加法案,批准再建设3艘无畏舰与2艘小型巡洋舰。此举确实使英国人坐到了谈判桌上,但鉴于英国与法、俄的关系,英方已无法同意以德方放弃海军法案为代价缔结中立条约。至此,德国的"世界政策"已将欧洲的外交带入牵一发动全身的僵局。同时,我们可以看到,德国海权发展的困境之一就在于欧洲均势这一国际关系的现实。

通过与美国海权的发展作简略的比较,能让我们更清楚地看到这一点。在马汉倡导美国发展海权的时代,就经济现实而言,美国与德国的起步条件是相仿的。马汉在《海权对历史的影响》中写道,"美国政府从内战起直到现在,只将其活动有效地致力于所谓构成海权的第一个环节上",即生产。"它缺少殖民地,同样也缺少作为中间环节的平时海运,和与海运有关的各种行为。简

① [德]卡尔·艾利希·博恩、马克思·布劳等:《德意志史》,第三卷,第460页。

言之，三个环节，美国现在只有一个。”若要复兴航运，则自然要建立保护航运的海军。[①] 两国不同的是国际关系的现实，美国一方面以门罗主义将均势排除在美洲之外，另一方面则坐收欧洲均势之利。如麦金德提及的，美西战争中，当德国舰队可能在马尼拉湾进行干涉之时，英国舰队支援了美国人。“这次战争使美国在大西洋和太平洋都有了和别处不连接的土地，使美国进行建筑巴拿马运河，以便美国船只的动员可以利用岛国的有利条件。因此这是使英美言归于好、同心协力的第一个步骤。此外，对南美而言，门罗主义得到了支持。”(61—62 页)马汉在《美国在国际环境中的利益》(1910)中已将德国视为对均势的威胁，并指出，“显然，随着欧洲紧张局势的延续，无论德国或英国都无法将太多力量转向太平洋”，[②]这为美国在太平洋的发展提供了便利。关于英美关系，马汉认为美国在发展海权上可能会与英国冲突，但是基于两国相似的“岛”的地缘，两国可通过海权合作谋得共同利益，一方面是门户开放带来的经济利益，另一方面是在以海权维持全球均势时，英国可将力量集中于大西洋，而美国集中于太平洋。[③]

反观，德国在欧洲均势的格局下则举步维艰，德国没有像美国兼并夏威夷这样的地缘与契机，除非以战争冲破均势。虽然在无畏舰的建造上迎头赶上，但德国还没有成为地地道道的海上强

---

① [美]A. T.马汉：《海权对历史的影响》，第 80－83 页。

② A. T. Mahan, *The Interest of America in International Conditions*, Little, Brown, and company, 1910, p.197.

③ A. T. Mahan, "Possibilities of an Anglo－American Reunion", *The Interest of America in Sea Power, Present and Future*, Tutis Digital Publishing Private Limited, 2008, pp. 44－45.

国。它缺少有利的地理位置:绕过英国北端通往大西洋大航道的海路较远,超过了德国战舰的续航距离。一战中,德国舰队没能发挥实质作用,在海上德国只能将希望寄托于孤注一掷的无限制潜艇战。

三 德国的地理现实与战略机会

在维多利亚时代,德国统一对均势的威胁是逐渐显露出来的,英国长期视俄国为最大威胁。当英国的船队在向东方扩展贸易与殖民地的同时,俄国的哥萨克骑兵也在所向披靡的向东扩展疆域。英国的海权与俄国的陆权在近东的黎凡特地区与远东的中国展开较量。英俄之间的"长竞争",为马汉与麦金德这样的地缘战略家展现了海权与陆权相冲突的图景。马汉在《亚洲问题及其对国际政治的影响》中,同样认识到俄国的"中心地带"——阿富汗山脉和突厥斯坦与蒙古东部的沙漠——是海权无法触及的地方,可谓坚不可摧;[①]并且,从俄国历史与其显而易见的自然条件来估计,其利益在于"最广泛和最自由地进入海洋:在东部抵达中国海岸线,在西部朝着两个方向进攻,即经由波斯抵达波斯湾,经由黑海或小亚细亚进攻地中海"[②],即试图沿两翼获得不冻港接近海洋。在海权与陆权的关系上,马汉指出,在海洋与陆地接触的地方,陆地会给海洋造成极大的影响,海权为了保障航道畅通,

---

① [美]马汉:《亚洲问题及其对国际政治的影响》,范祥涛译,上海三联书店,2007年,第16页。

② [美]马汉:《亚洲问题及其对国际政治的影响》,第31页。

在这里就不仅仅意味着海上优势，还需要控制沿岸，需要获得港口与扼守航道的基地。[①] 在马汉看来，海权较之陆权的优势在于海运的机动性，在于有利于扩展贸易。

麦金德继《历史的地理枢纽》一文提出了古之马和骆驼、今之铁路在陆上心脏地带的机动性可与海运匹敌，并将世界划分为“枢纽地区”“内部或边缘新月形地区”“外部或岛状的新月形地区”之后，在《民主的理想与现实》中进一步阐发陆权与海权的关系，以及建立在欧亚大陆上之陆权国家的战略机会。

通过回顾历史上海权国家与陆权国家间的较量，麦金德看到，陆权国家可以凭借更广袤、更富有人力（即包括人口与生产力）的基地剥夺海权国家的基地，使海洋国家活动的水域成为内海，从而取得胜利。如马其顿人之于希腊人与腓尼基人，罗马人之于地中海各海权国家。“我们可以大谈船只的机动性，舰队之便于远征，但是，归根到底，海上强国基本上取决于适当的基地，物产丰富而又安全的基地。”（43 页）对于英国的海权，麦金德写道，“历史上英国作为海上强国的真正基地是我们的英格兰平原——肥沃而与别处隔绝，后来再加上从平原边缘上发掘出来的煤与铁”，这个内部团结、物产丰富、有安全保障的本土基地是英国在与西欧其他海权国家（荷兰、法国）竞争中取胜的关键。麦金德告诫道：“英国海上力量的效果如此显赫，也许就会出现一种倾向，它忽视历史上的警告，并笼统地认为：由于海洋是一体的，海上强国在与陆上强国争锋时，无可避免地就会取得最后胜利。”

① [美]马汉：《亚洲问题及其对国际政治的影响》，第 23 页。

(61 页)

在人们普遍认识到海洋是一体的，并由马汉等人指出了海权之重要性的同时，“由于现代陆上和空中的交通方式，我们目前这一代正进行着类似的革命，使人迅速认识到大陆是个整体”(71 页)。“现在，欧、非三洲合一的大陆，不仅在理论上而且在实质上是个岛。”(63 页)麦金德将之称为“世界岛”。

在首先给出大陆“心脏地带”的概念时，麦金德的说法与马汉指出的“中心地带”十分相似，其首要特点是从海上无法到达。“这整个一片，从西伯利亚冰冻的、平坦的海岸，一直伸展到俾路支斯坦和波斯的酷热的、陡立的海岸，从海上不能到达那里。用铁路来使它和外界相通——因为以前几乎什么路都没有——和在不久将来建立航空线，将造成人同世界巨大地理现实的关系的革命。让我们把这一大区域称为‘大陆的心脏地带’。”(73 页)与这一北方的地带相对，“我们或可把撒哈拉以南的非洲内陆看成是第二个心脏地带。让我们称之为‘南心脏地带’，以有别于欧亚的‘北心脏地带’”(79 页)。

通过对阿拉伯帝国的回顾，麦金德指出，陆上强国能够以整个北心脏地带为支持，占领了连接两个心脏地带间的通道即巴勒斯坦建立起一个世界帝国，“这个陆上强国的帝国像一头巨鹰，从阿拉伯中央地区伸展两翼，一翼覆盖‘北心脏地带’，远达亚洲内陆；另一翼覆盖‘南心脏地带’，对等地远达非洲内陆。”(89 页)

这时，陆上强国获得了一个无可匹敌的基地，可将之作为海权的基地转而发展海权。“阿拉伯的独桅船就此勾划出一个海上帝国,从直布罗陀海峡伸展至马六甲海峡,从大西洋的大门伸展到太平洋的大门”(89 页)。

阿拉伯帝国的失败在于游牧民族人力的匮乏,当俄罗斯的哥萨克骑兵获得了种田人作后盾,“19 世纪时,俄罗斯沙皇帝国的势力在广大的‘心脏地带’中蒸蒸日上,像是要威胁欧亚边缘上所有的地区”(101 页)。

较之马汉从贸易交通线视角考虑的“中心地带”,麦金德以战略视角补充了人力之于基地的价值,并进而扩大了心脏地带的范围。“我们原来是依照江河的流域划定‘心脏地带’的。但是在这样重温历史之后,从战略思想上考虑,是否应当把它的范围多少扩大一些?……既然陆上强国今天能封锁黑海,那么这海的整个流域显然一定要看作属于‘心脏地带’。……为了从战略思想上考虑,‘心脏地带’应包括波罗的海、多瑙河可以航行的中游和下游、黑海、小亚细亚、亚美尼亚、波斯、西藏和蒙古。因此,‘心脏地带’内有俄罗斯、布兰登堡—普鲁士和奥匈帝国三处合一的广大的人力基地,这是历史上骑马的人所没有过的。”(100—101 页)

在 1904 年的《历史的地理枢纽》中,麦金德还认为俄国占领了原由德国掌握的在欧洲的中心战略地位。[①] 1919 年,麦金德已看清了德国在东欧与俄国的竞争中占有优势,并将获得俄国之于世界的战略位置。

对于俾斯麦建立起的德意志帝国,麦金德写道,“他决定不把日耳曼的统一建筑在法兰克福的和西方的理想主义上,而是建筑

① [英]麦金德:《历史的地理枢纽》,林尔蔚、陈江译,北京:商务印书馆,2010 年,第 68 页。

在柏林和东欧的组织上。……他要一个在普鲁士控制下的团结一致的东欧,却要一个四分五裂的西欧”(112—113 页)。东西欧的分界线在战略上就等于心脏地带与沿海地区的分界线。

心脏地带的地理机会,加之德国的经济现实,让麦金德看到了德国获得心脏地带,以欧亚大陆为海权基地,建立起世界帝国的可能,即那个著名的公式:“谁统治了东欧谁便控制了‘心脏地带’;谁统治了‘心脏地带’谁便控制了‘世界岛’;谁统治了‘世界岛’谁便控制了世界。”(134 页)

四 一战所凸显的困境

尽管有种种迹象,如德国希望在中非即“南心脏地带”谋求连成一片的殖民地,修筑巴格达铁路进入近东这“世界的十字路口”,以及组建中欧经济体以稳固在中欧的地位,但我们没有足够证据说德国在一战前就已经有如麦金德所指出的世界帝国战略。[①] 不过,在麦金德看来,地理提供的战略机会是确凿的事实。[②]

一战集中凸显了德国海权发展在两方面的困境,一是欧洲均势这一国际关系现实造成的困境,二是在海权发展道路上由地理现实造成的困境。

史学家们已证明了一战是德国世界政策的延续。虽然德国有意将战争表现为对俄国的防御战,期望将是一场局部的、短暂

① 在一战前,德国的舆论确实存在“东进”与海权的分野。参见[英]杰弗里·帕克《地缘政治学:过去、现在和将来》,刘从德译,北京:新华出版社,2003 年,第 38 页。

② 通过豪斯霍费尔,麦金德的洞见对纳粹德国的战略产生了影响。

的战争,从而诱使英国保持中立,但欧洲均势与俄法协约的现实都使得这场战争势必演变为世界大战。德军方的"施利芬计划"预先就拟定了两线作战的计划:在西线,德军在进军穿过中立的比利时后,以闪电战在几星期内用迂回大包围给法军和可能的英远征军以毁灭打击,在击败法国并将英国赶出大陆之后,再将军队调往东线对付有纵深的俄国。[1] 相应的,在首相贝特曼·霍尔维格 1914 年的战争目标纲要中,西线有明确的目标,而东线的目标还没有具体化:在西线至少要获得法国的沿海地区与比利时、荷兰的海军基地,并使两国在经济上依附于德国。[2] 即便在西线战事吃紧之后,对比利时这一海权基地、挑战英国海权之跳板的要求也是德国拒不让步的和谈条件。而在东线,随着将奥斯曼帝国揽入联盟,以及革命化战略成功削弱俄国,德国在东线的目标也越来越大。从将波兰归入中欧,以图建立起世界政策的坚实基地,到企图从土耳其出发攻击英国世界帝国最致命的部分即印度和埃及,再到全面削弱俄国,令俄国波罗的海整个边陲脱离俄国,将之赶回彼得一世时的疆界。即一步步从"中欧"走向"东欧"走向欧亚大陆的"心脏地带"。

对于德国东西两线作战这一导致其战败的"错误",麦金德指出,在西线德国"以为自己看到了一条达到这目的的捷径,不走通过'心脏地带'的较长道路,只要剥夺了岛国人在法国的'桥头堡','心脏地带'便必然归它控制。但它这样做另有一个更有力

① [德]弗里茨·费舍尔:《争雄世界:德意志帝国 1914—1918 年战争目标政策》,第 90 页。

② [德]弗里茨·费舍尔:《争雄世界:德意志帝国 1914—1918 年战争目标政策》,第 99—101 页。

的原因：它听任经济命运的支配。……它把汉堡建设起来了，充分发挥汉堡在向海外冒险和国内工业方面的作用。汉堡有其本身动量，这动量并不向东”（136—137 页）。换言之，向西是德国发展自身海权以挑战英国海权的捷径，走这条路线的动力与世界政策的动力一样，是德国的经济现实。而在向东这条道路上德国将“在比历史上任何时期都广阔的基地上，实际上在无可再广阔的基地上建立它的海上力量”（63 页），“在一下次战争中用来和英美作战”（109 页）。在这两条道路上，“柏林并没有确定其政治目标——汉堡和海外统治呢，还是巴格达和‘心脏地带’——因此它的战略目的也是举棋不定的”（137 页）。用麦金德的术语来说，德国在发展海权道路上的困境在于以“海上人的视角”还是以“陆上人的视角”看待海洋与大陆。

简言之，在威廉二世时代，推动德国发展海权的动力是经济现实，但欧洲均势的格局阻碍德国的海权发展，要冲破这一现实是德国面对的第一个困境。在海权发展的道路上，经济现实的动力是向西直接走向海洋，但德国的地理现实提供的战略机会却是向东首先发展陆权，以获得无可匹敌的海权基地，这是德国面对的第二个困境。

英格兰金融革命与英帝国的扩张

杨　顺

一　导言

钱是战争的支柱，战争是对参战国财力与融资能力的真正考验，战争与金融天生是一对孪生兄弟。自 17 世纪末期开始，一国的财力最终决定了战争历时的长短和规模大小，一个不能诱使或迫使其公民把财富输入国库并机智巧妙地解决偿债困境的政府将无法在大战中立足。“凡想求得生存的国家都必须加强征集能力，以获得征募的和职业的陆军与海军，以此保卫自己的领土疆界。凡没有这样做的国家都在战争上遭到惨败，从而被其他国家吞灭。没有一个欧洲国家能永远高枕无忧。”[①]1688 年至 1757 年，英法大战断断续续进行了半个多世纪，目的是争取海上霸权与殖民地市场。英格兰凭借这段时期发展起来的公共借贷系统

① [英]迈克尔·曼：《社会权力的来源》(第一卷)，上海：上海世纪出版集团，2007 年，第 601 页。

成为帝国扩张的最后胜出者。此前的战争资金通常完全依赖税收，而税收根本无法满足当时的战争需求，这迫使英格兰为承担战争高额费用在这一时期发展出一套公共借贷系统，凭借英格兰银行、东印度公司以及南海公司三大金融机构的协助充分吸收国内外公共资金，因而较之法国能将更多的资源投入战争，得以摆脱因税收资金有限难以进行大规模持久性战争的窘境，继而成为欧洲与殖民地战场的主导，最终在“七年战争”中大获全胜。这场发生在英格兰的以公共借贷系统为标志的金融革新被称作“金融革命”，①它指 1688 年至 1757 年英法大战中财政体制的大变革，集中表现为政府财政收支机构的变化与政府债务管理方面的创造，尤其是为树立政府信用而在政府债务管理方面进行的艰难而富有成效的探索，最终发展出一套高效稳定的融资系统。战争催发的大量融资需求不仅仅限于英格兰，无论在战争资源、人口、武器装备等各个方面都远在英格兰之上的法国也绞尽脑汁为战争筹款，却不幸造成 18 世纪的财政灾难。法国政府出售官职并奉行包税制，设立法庭，将财政收支当作行政与金融官员的私人领地，成为个人牟利的手段，由此引发的金融困境导致了战场上的致命后果。从这一角度看，战争的胜负在战场下已经明了。

---

① P.G.M. Dickson: *The Financial Revolution in England*: 1688－1756, New York: St Martin's Press, 1967. P.9.

二 英格兰的对外扩张

战争与对外贸易是这个时代的主旋律，这与十六七世纪欧洲疆界打破之后国际贸易的兴起密切相关。葡萄牙的航海革命移动了世界的中心，“地中海变成了一个内湖，不再是一个贸易通道，而大西洋沿岸国家恰逢扩张的良机”[①]。就地缘政治而言，欧洲的扩张促进了权力的西移。在这一时期，贸易是一种比工业更为强大的力量，技术进步与交通状况决定了工业必须适应商业关系的状况。“在大工业时代以前，一个国家的商业势力绝不依据它的工业重要性。”[②]芒图研究工业革命的著作故意跳过了工业革命之前的对外贸易，因为此时的主角不是工业，而是战争与贸易——一场觊觎“商业霸权”，切望“海上霸权”的殖民扩张大战[③]。海权以一种与对外商业贸易密不可分的姿态进入那个时代的政治家视野当中。国际贸易随着航海技术的提升在大西洋沿岸国家兴起，然而，由于尚未形成贸易秩序，它严重依赖于国家，确切地说，依赖于国家的军事力量。对外贸易的突飞猛进对军事扩张形成极大刺激，从经济层面来看，殖民扩张为拓展贸易冲破了关口。英格兰因其岛国的优良地理位置立即融入对外贸易与殖民

---

① [英]迈克尔·曼:《社会权力的来源》(第一卷)，第581页。

② [法]保尔·芒图:《十八世纪产业革命——英国近代大工业初期的状况》，杨人楩等译，北京:商务印书馆，1983年，第68页。芒图作为经济史学家，敏锐地感觉到此时与工业相分离的商业贸易与其说是一种经济力量，宁勿说已经融入政治权力的扩张之中，因而将英国此时的扩张目的定义为“赢得海权和海上贸易”，得出结论，“七年战争”后英国在战争与外交上的胜利“助长了英国商业的自发进步并为商业在今后的发展开辟着一条广阔的出路”。参见氏著，第74页。

③ [法]保尔·芒图:《十八世纪产业革命——英国近代大工业初期的状况》，第75页。

战争的潮流，大西洋沿岸的大国为争夺殖民地而进行的角逐不可避免。

流行的社会思潮不遗余力为殖民扩张造势。早已出现的重商主义此时风行于世，这种哲学设定“世界财富是一个定数，因此它的分配是一个零和游戏。有秩序地分配内部（即国家的）资源，对外实行保护政策，就能导致繁荣。如果内部井然有序，那么甲国只能靠减少乙国的财富来增加自己的财富”①。重商主义理所当然的结论便是在国内消除地方封建特权和关税，对外则发展贸易，维持出口顺差。在重商主义者看来，按照早期制造业的需求征服国外市场，在很大程度上是靠损害邻国而实现的，然而，此时的欧洲强国都有相当实力，有一种权力均势在阻止霸权的出现，通过损害邻国提升贸易受到阻碍，因而被迫转向国外，各国都在一个明确划分的非欧洲殖民势力范围内谋求各自的市场。按照重商主义的说法，“国外贸易是一国的大财源，特许公司的成立、政治家对航海事业的大加鼓励以及用征服来支援贸易，都是为了国外贸易这一目的”②。换言之，重商主义是在为殖民战争以及欧洲内部的相互厮杀正名。正是由于这些原因，芒图才得出如下结论：“英国政策在十八世纪的胜利同时也是重商主义的胜利。”③

---

① ［英］迈克尔·曼：《社会权力的来源》（第一卷），第582页。迈克尔·曼以多种权力结构来考察这一时期的国际贸易，对外贸易不仅导致了商业阶层同国家军事力量愈益紧密联系在一起，同时也加强了经济活动的民族化，即所谓的经济活动的“国家限定性”。换言之，对外经济扩张有助于明确国家身份，增强民族国家的意识，而民族国家本身的诞生以及兴起的过程从来没有与战争脱离干系。

② ［法］保尔·芒图：《十八世纪产业革命——英国近代大工业初期的状况》，第74页。

③ ［法］保尔·芒图：《十八世纪产业革命——英国近代大工业初期的状况》，第74页。

我们考察的这段历史无论如何都与民族国家的兴起脱不了关系,17 世纪下半叶至 18 世纪前半段的时间里,对外贸易与战争都是以民族国家为主体展开。民族国家的产生与发展或许不能用单一力量来解释,就如熊彼特所说:"无论是这些国家的出现还是这些国家的行为(即'政策'),都不单纯是资本主义进化的表现形式。不管我们愿意不愿意,我们都不得不面对这样一个事实,即这些国家是环境结合的产物,而这种结合,从资本主义过程来看,应当看作是偶然的。"[①]在这里,我们又看到了所谓的"历史的偶然暴力"再次施展力量。就 17 世纪、18 世纪而言,对外扩张是民族国家所处的最为显著的外在"环境",而民族国家本身所具有的侵略本性却能够为催发金融革命的扩张战争提供一种解释。贵族统治的延续以及中世纪超政治权力的崩溃导致新兴民族国家无时无刻不处于无秩序与混乱当中,加之常年征战带来的贫穷,诱使他们竞相去征服与掠夺。与此同时,政府具有自己的经济力量无法实现的政治野心,于是便努力开发和利用自身资源,这体现为金融技术的较量,英格兰以公共借贷为核心的金融革命便是受此种政治野心刺激而发生的。英格兰由于其有利的岛国位置本可避免近距离的掠夺与厮杀,但它当时毕竟处于"帝国主义的海盗阶段"[②],外部环境与内部野心均有力地将它推向殖民战争战场。

---

① [美]约瑟夫·熊彼特:《经济分析史》(第一卷),朱泱等译,北京:商务印书馆,2005 年,第 228 页。

② [美]约瑟夫·熊彼特:《经济分析史》(第一卷),第 234 页。

三　战争金融

发生在英格兰的这场金融革命自始至终未有半刻离开过战争,金融革新就是战争的直接产物。自 1688 年到 1756 年同法国的“七年战争”爆发,其间历时 66 年,英格兰在这六十多年的时间里经历“九年战争”(1688—1697 年)、“西班牙王位继承战争”(1702—1713 年)以及“奥地利王位继承战争”(1739—1748 年)几场大战,伴随这些大规模冲突的还有数次小范围战斗[①]。就规模以及激烈程度而论,这些大战对于英格兰来说都是史无前例的,而战争所需的人力与物资资源空前庞大,对英格兰融资能力的挑战也是前所未有的。

英格兰最主要的对手是法国,“九年战争”与“西班牙王位继承战争”使英国卷入大陆战场,同时也卷入了与法国争夺殖民地的战争,“从整个战略的角度看,英国要竭力反对路易十四在低地国家的扩张主义政策,防止西班牙与法兰西王国合并建立起一个新的强大的波旁帝国,以前需要保护以免受荷兰经济发展威胁的英国的商业利益,此时也采取进攻的姿态来对抗法国的更为持久的竞争,特别是提出了即使不占领西班牙帝国的领土也要分享贸易的权利”[②]。法国人本来对胜利充满信心,它的资源、人口以及军事组织方面都远远优越于英格兰。然而,最后的胜出者是英格

① 熊彼特生动地描述了常年战争的情形:“在当时动乱不安的世界上,和平只不过是休战,战争是医治政治不平衡的一般方法,就像原始人那样,外国人实际上就是敌人。”参见《经济分析史》(第一卷),第 232 页。

② [英]肯尼斯·O.摩根:《牛津英国通史》,王觉非等译,北京:商务印书馆,1993 年,第 376 页。

兰而非法国，尽管在这段时期的大部分时间里英格兰都处于资源弱势地位。

英格兰显然无法单独将强大的法国击败，良好的外部环境与富有远见的外交政策为英格兰赢得先机。三次"英荷大战"的硝烟渐渐散去，英格兰得以从英荷大战中抽身，集中有限资源对战法国。在这场耗时六十余年的拉锯战中，英格兰的盟友不可谓不强大：战争初期的荷兰①、奥匈帝国以及"七年战争"中的普鲁士都发挥了重要作用。然而，较之同盟力量更为重要的则是在此一时期前半段所发展起来的公共借贷系统，这一系统使得英格兰有能力在战争花费方面远远超出税收比例，由此而能够将较之法国及其盟国更多的船只和人员投入战争②。英格兰在这一阶段的早期实行包税制，国家通过包税制往往不能最大限度取得税金③，更为重要的是，新时期战争的规模远远超出了直接税与间接税所能承担的程度，国家按照旧有的融资方式深陷债务漩涡无法自拔。战争逼迫政府通过一种组织良好的政府长期借贷系统最大限度吸收国民储蓄，弥补税收的不足，为战争提供持久动力。英格兰

① 1689年到1713年的一系列战争中，英格兰的盟友荷兰提供了十万人的军队以及一支可在欧洲位列第三的舰队，参见P.G.M. Dickson: *The Financial Revolution in England*: 1688－1756, New York: St Martin's Press, 1967. P.9。

② W.H.B.考特说明了这场金融革新纯军事的性质，国债融资的目的仅在于为战争提供资金，并不是作为一种工业融资手段为早期工业革命提供助力，尽管以英格兰银行为核心的金融体系完全可能以国家投资的形式为工业腾飞注入资金。这其中原因在于，对外扩张（贸易与殖民地）在这一时期较之工业发展是一种更具决定性的力量。"国债仅用于支撑战争，国家投资对于我们所知道的工业革命贡献极小。"参见氏著《简明英国经济史》，方廷钰等译，北京·商务印书馆，1992年，第94页。

③ [美]查尔斯·金德尔伯格：《西欧金融史》（第二版），徐子健等译，北京：中国金融出版社，2010年，第173页。

显然在这方面获得了成功，但不乏艰险与危机，不过正是这套借贷系统为战争融集大量资金，成为英格兰取胜的关键。

英格兰金融革命从17世纪末延续到18世纪上半叶，此时工业革命尚未进入正轨，对财政的影响还不明显，因而通过英国财政开支状况可窥见这一金融革新的全貌。英国财政规模在半个世纪内大幅扩大，并且呈现出起伏不定之势，通常在两种情况下出现峰值：一是战争，二是偿还国债。每次战争爆发之时，军事开支立即大幅增长，财政支出骤然陡增。而金融革命期间发展起来的公共借贷系统完全是为战争筹措资金，因此在战争结束之时还债开支上涨，并且在和平时期的几年居高不下。“每次战争结束不久，还债曲线上升，与下降的军事开支曲线交叉后每一次都稍稍超过后者。这是逐渐消除战争的结果。”[①]由此可知，英格兰金融革命首先以前所未有的融资能力为帝国扩张战争提供资金，但债务偿还丝毫不比战争来得容易，公共借贷与清偿国债相互交替成为金融革命的主角。

在这个乱世之秋，英格兰出现了戈尔多芬（Sidney Godolphin，1645—1712）、沃尔波以及佩尔海姆这些杰出的政治家，他们精熟金融知识，意志坚强；面对脱离往昔轨道的国家事务，他们

---

① [英]迈克尔·曼：《社会权力的来源》（第一卷），第594页。迈克尔·曼将1688—1815年这段时间进行战争的各国定义为“恒常战争状态的国家”，其特点是国家财政受对外战争支配，突出表现为一个“军事国家”的性质，这无疑是英格兰金融革命最为关键的背景。战争刺激了英国国债的产生，而和平时期的债务偿还与管理是这场金融革新及其关键的部分，这一切都源自战争。迈克尔·曼还敏锐地发现，战争以及金融革命（公共借贷与债务偿还）扩大了国家，换言之，在战争的刺激下，通过金融手段的变革，英国的财力、物力以及战斗力量得到充分挖掘，国家力量在外界刺激下变得愈发强大。

举步维艰却总能扭转乾坤;他们就像大船的舵手,指引着英格兰乘风破浪,步步逼近英国的帝国梦。

(一)"九年战争"与国债融资的开端

英格兰金融革命以长期贷款供应战争资金为最显著的标志,但金融变革的初期却主要依靠短期贷款为战争融资,长期贷款的状况可用混乱来形容,它尚处在实验阶段。同时,英格兰银行的建立作为政府战时融资计划的组成部分开始启动。短期贷款是"九年战争"时期英国最主要的战争融资手段,包括年度税收预期贷款、陆海军货物和劳务赊购。在这一融资手段当中,金融公司的协助不可或缺:东印度公司一直就是一个出众的短期借款人,而英格兰银行甚至帮助政府度过了因财政符木①过量发行引发的1696—1697年金融危机。从政府的立场来看,超越定期清偿能力发行短期债券以获得更多资金乃一种恒久且无法阻挡的诱惑。1690年代的英格兰同样没有摆脱这种诱人的做法,幸好精明的财政领袖在英格兰踏入沼泽地不久后就及时将它拽了回来,而法国却没有这么走运。为应付庞大的战争开支,英格兰政府必须为财政收入注入新的元素,"财政符木"与"财政债券"适时登上新时期战争融资的舞台,部门债券、金融公司债券则为这场金融大戏增添了不少精彩的戏份。

1.财政符木与1696—1697年经济危机

1688年,刚经过政治革新的英国财政制度较之法国与荷兰相

① 符木是一种中世纪遗留下来的账目清算凭证。它是一根刻有凹口的木棒,财政部接受资金后符木分成两半,由放款人保留较大的一半,财政部保留较小的一半。清偿时双方将出示符木,比对吻合即可完成偿付。在某些情况下财政符木也可用作支付手段。

当落后，英国财政的平时收入只能达到法国的五分之一，同时缺乏在法国与荷兰早已发展起来的长期借款机制。“九年战争”初期，战争主要依托于税收，土地税、关税以及消费税三大税种在这一时期不同程度大幅提升，但相对而言税收僵化而无伸缩性，面对猛然陡增的战争费用，政府根本无法再在税收上做文章，借款成为政府最佳的选择。英国政府在 1689 年的信贷只限于用预期税收清偿的贷款，即所谓预付款贷款，同时靠出售王室土地及地租获得大笔资金应对意外的大额开支。战争的连续性超过决策者的想象，后一种方法因其竭泽而渔的性质立马遭到淘汰。

英国政府转而通过扩大财政符木的发行进行融资。财政部以某种赋税作为担保筹措款项，接受贷款时发给放款人半根符木以及一张可转让的支付令，同时可获得事前约定的利息。

以预期税收作为清偿担保安全性很高，因为税收是非常稳定的，但议会对税收的估计往往过高，以至于税赋征收完毕时它所担保的贷款尚未清偿完毕，这种状况无疑会对政府信用造成重大损害，甚至切断其进行长时期借贷的道路，其严重性危及整个战争的进行。与此同时，财政符木的发行程序自身就带有很大金融风险，对政府超越定期清偿能力过量发行起到了推波助澜的作用。连续性大战爆发之前，财政部发行符木相当谨慎，接收到借款的同时发行符木，通常不会出现过量发行的状况，但可吸收到的贷款也非常有限。1689 年“九年战争”对财力的冲击打破了这一安全而保守的发行程序，英国政府被迫采取更加冒险的方法以获得更多资金。加之时任财政大臣的查尔斯·蒙塔古在 1692 年推行的“唐提养老保险贷款”遭遇失败，长期贷款未能大规模兴起，发行财政符木便成为这一阶段英国政府推进战争最为主要的财力支撑。此时的财政符木不再与放款人提供的款项一一对应，财政部以过高估计的税收作为担保发行大量符木，致使符木数量远远超过预期税收形成的偿付能力。财政部将符木发给政府部门出纳员，符木上刻有出纳员的名字，造成后者曾向政府提供过贷款的假象，因而被称为“虚拟财政符木”。部门出纳员将财政符木引入流通流域，直接用以支付政府债权人或将符木贴现，财政符木由此成为支付手段。政府大量发行财政符木对由战争形成的政府债权人进行支付，为“九年战争”的财力消耗买单，以保证战争机器继续运转，但是，财政部将符木直接发给部门出纳员并由后者将其用作货币进行流通的做法无异于“强制贷款”：缺乏认购程序，未征得放款人——即接受“财政符木”的人——的同意，以至于符木的发行数量完全由财政部掌控，并缺乏对财政符木总数以及贴现率的控制。最终财政符木以 10％以上的贴现率泛滥成灾，证明财政部单方独掌发行权必定会毫无顾忌地释放自身的财政野心，即便是作为担保的固定税收也无法阻挡这种莽撞的行为。

1696—1697 年，战争耗尽了参战国的财富，英国、荷兰共和国与法国在财政方面都已枯竭。在英国，财政危机尤其严重，海军与陆军士兵甚至屡屡举行兵变。英国在 1696—1697 年这段时期经历的经济危机主要是因为战争的强大资金需求逼迫政府不顾代价地过量发行财政符木。过高估计的税收此时远远不能对流通中的符木形成全额支付,1696 年以新币换旧币的“重新铸币”行动导致的通货紧缩加剧了这一危机。政府信用跌到谷底,进一步借款严重受阻,政府的承包商拒绝贴现率过高的财政符木,并声称得到清偿以前拒绝履行合同,战争所依靠的基本物资受到供应不足的危险,英格兰面临着不战而败的可怕境地。政府由于在财政符木发行上的灾难性失误已经失去了应对危机的能力,此时,作为政府特许公司的英格兰银行第一次显现出它的巨大价值,此后英国的历史再也无法离开这一力量无穷的金融机构。就如一位经济史学家所评论的,“鉴于它对国家财政稳定的贡献以及其成立的那年起对改进公共借款的贡献,很难不同意这样一个结论:没有一个其他机构对革命后的稳定作出过更大贡献,或更有效地保证了英国人在 18 世纪所享受的自由”①。

财政危机的症结在于流通的财政符木过多,贴现率高,信用低。较合理的应对方案是将符木部分抽离流通领域以使其与担保税收基本持平,由此恢复票面价值,换回政府信用的颓势。财政部为摆脱经济危机与英格兰银行进行了协商,最后英格兰银行同意在 1697 年 4 月发行新股票,可通过符木与现金认购,前者所占比例为五分之四,后者五分之一。与此同时议会决议指定 8 种关税和消费税对尚未清偿的符木形成偿付,包括英格兰银行发行股票后持有的符木。新股票最终的认购额超过 100 万磅,大量财政符木流向英格兰银行从而退出流通,加上财政部的支付保证,

① [英]J.S.布朗伯利编:《新编剑桥世界近代史》,第 6 卷,北京:中国社会科学出版社,2008 年,第 393 页。

财政符木立刻恢复生气，并在1700年的时候重新与票面价值相等。[①] 英格兰银行发行新股票相当于将财政符木转化为银行股票，政府的债权人由持有符木的公众转化为英格兰银行，银行名义资本伴随着新股票的认购大幅增加。在不久之后发生的债券大规模转化为南海公司股票的金融活动中，我们可依稀看到英格兰银行此次行动的影子。与此同时，“九年战争”走到了终点，《里斯威克和约》的签订结束了战争，也就意味着结束了庞大的战争花费，已经为英国政府制造了足够大麻烦的财政符木终于可以停下来了，1696—1697年的经济危机在英格兰银行的帮助下有惊无险地度过了，成为一段启发后来者的历史。各国财政制度在规模空前的大战冲击下早已残破不堪，短暂的和平允许交战各方继续探索新的融资方式以应对未来更为耗钱的争战，英国经历危机之后无疑更加审慎且对新方法充满渴望，最后，一种新的短期融资登上历史舞台，并逐渐形成取代财政符木之势，它就是经济危机催生出的财政债券。

2.长期国债的起步

英荷大战期间，英格兰主要依靠直接税辅之以关税、消费税冲抵战争开销，虽捉襟见肘，但尚且还可应付，战争结束后随着国内外贸易增长以及管理体制日趋合理，英格兰的财政收入甚至达到历史最高峰值。到1688年一系列大战拉开序幕的时候，英国还未像法国与荷兰一样已经发展出一套长期借贷体系，在后两个国家，唐提式养老金贷款以及终身年金贷款的运行已日趋成熟。

① ［英］J.S.布朗伯利编：《新编剑桥世界近代史》，第6卷，第394页。

总体而言,长期借贷在我们考察的这一阶段之前几乎没有在英格兰现身,英格兰的金融始终仍以短期为基础运行,落后于其他金融强国,但1689年爆发的"九年战争"将见证英格兰长期借贷体系的起步。

1689年,英格兰对法国宣战,为了对战争提供支持,议会进行了有关长期贷款问题的辩论[①],最终决定以筹集长期借款,利息由议会担保,放款人可将利息权益转让给第三人。1692年的议案践行了上述决议,决定发行数额为1 000 000磅的长期贷款,同时以唐提式贷款与终身年金两种方式运行,以为期39年的消费税作担保,认购者最初将会获得10%的利率,1700年后减为7%。首先以唐提式贷款运行,到1693年5月1日未足额认购的其余部分通过发行利率为14%的终身年金补足,两种方式享有的利息收益均可转让。最终长期贷款的首次尝试未能获得足额认购,政府通过出售高利率年金填补了118 506磅的空缺。1694年4月,议会再次授权发行了一笔数额为300 000磅年金贷款。首次发行的长期贷款数额不大,代价颇高,与其说是对战争形成了重要支持,毋宁说贷款发行本身为英国打开了另一扇为战争融资的大门。在下一次战争的时候,长期借贷的优势随着战争的持续愈加突出地显现出来。

长期借贷在"九年战争"当中尚未成为主角。究其原因,主要是政府对战争持续时间过于乐观,总是以短期战争的预期作为拟

---

① P.G.M. Dickson: *The Financial Revolution in England*: 1688－1756, New York: St Martin's Press, 1967. P.68.

定财政政策的前提，事实证明这是不明智的，只会导致短期债务大幅膨胀、贴现率在过高的水平上运行的不利后果。当各国政府意识到已经陷入持续性大战中时，便开始将国家收入的某些部分永久性地作为支付利息的保证，并致力于将成本过高的短期债务转化为长期债务，长期借贷由此逐渐成为最为重要的融资手段。英格兰正是凭借着在长期借贷中的突出表现获得财力优势，最终成为战争的赢家，而英国最大的对手法国却在这一点上陷入泥潭无法自拔，可以说，英国战胜法国是融资手段的胜利。同时我们也必须认识到，短期融资需求并没有同长期贷款发生冲突，因为这两者是密切相关的。

（二）"西班牙王位继承战争"与长期国债的兴起

1.财政债券

这一时期的经济思潮以及金融实验都在催生财政债券的创设，1696 年国家土地银行的失败为第一批财政债券的发行提供了契机。授权成立土地银行的法令同时规定，一旦银行承诺的 2 564 000磅贷款认购失败，将发行同等额度的短期贷款，其中 1 500 000磅将采取财政债券的形式，其余部分沿用财政符木方式补足。时任财政大臣蒙塔古对于第一批财政债券的成功发行可谓功不可没，他尝试接触各个地方最有实力的人物，以求他们襄助，确保他们接纳债券，保证认购顺利完成。但是，首次尝试不可避免会出现漏洞。财政部规定，1696 年发行的第一批财政债券不能用以支付税收，导致最后只发行了授权额度的十分之一左右。1697 年 1 月的再次尝试同样因操作技术的不娴熟未见起色。此后情况有所好转，财政部方面采取了重大步骤以改善债券。财政部深谙债券的运行法则，债券的成功完全取决于持有人不会将债券拿去兑现，而充足的预付资金相当于给持有人打了一针镇静剂。同年 4 月，财政部与私人金融家协商，为债券的兑现提供预付资金支持，以此提高债券信用。凭借着金融财团强力助阵，此时发行的2 700 000磅债券绝大部分得以成功认购，清偿虽有波澜，但总体来说比较平稳。因此，诞生于经济危机中的财政债券已经开始对“九年战争”形成了支持，并成为政府应对险恶金融形势的解决方案的重要部分，英格兰银行接受财政债券的运行之后，它的能力将会在下一阶段的战争中完全爆发出来。

颇具风险的财政符木融资在西班牙王位继承战争中退隐，政府在短期借贷方面开始倚重政府债券，经历起步阶段的生疏与失误之后，政府债券开始全面铺开。而此时英格兰银行开始打理债券的发行与清偿，政府债券由此以更加高效与科学的方式高速运转，将大笔资金投入战场，其威力丝毫不逊于真枪实弹。战争的强大压力导致 1707 年、1709 年和 1713 年发行的财政债券总额达到2 500 000磅，数额之大让此前蒙塔古诉诸的金融财团也感到力不从心，无法提供支付保证。此时唯一可求助的就只有英格兰银行。英格兰银行于 1707 年第一次承购财政债券，额度为1 500 000磅，银行承诺在债券要求承兑时当场兑现，或者在 24 小时之内兑现。英格兰银行成为政府的依靠，它拥有良好的信誉，金融实力强劲，帮助政府将“公共财政由不稳定状态转为固定国债”①。戈多尔芬在1709年的时候与英格兰银行董事会达成协议，以延长银行特许状为条件，英格兰银行负责承兑新发行的数额为2 500 000磅的债券，并负责新债券的流通，政府设立关税事务部以及“普遍基金”对进行支付，并向银行提供“流通津贴”作为回报。因为有实力强大的英格兰银行作为兑现机构，新债券的发行大获成功，财政债券由此成为了“西班牙王位继承战争”的有力后盾。在战争结束的时候，英国的财政债券已经达到平价水平，其良好声誉得到维持，其中英格兰银行可谓功不可没。对英格兰银行自身而言，凭借其在债券流通中的核心地位，对短期证券市场形成了垄断，并提升了公司资本，自身实力得到巩固。

英国政府发行财政债券的尝试无疑是成功的。凭借着英格兰银行的协助，财政债券为战争融集了大量资金，对长期借贷融资形成了有力补充。与财政符木不同，财政债券并没有引发金融动荡，而是相当平稳地结束自身使命，自始至终保持了良好信用。同样作为短期借贷手段，无论就融资能力还是安全性而言，财政债券何以能优于财政符木呢？首先，发行财政符木是财政部的单方行为，不考虑接收人意愿，具有“强制贷款”性质，因而一旦作为担保的税收出现问题极容易导致贴现率飙升，而财政部在缺乏认购人限制的情况下易于冲破税收的限制过量发行符木，这最终导致了经济波动。而财政债券的发行需要认购，贷款成为双方行

① [英]E.E.理奇、C.H.威尔逊主编：《剑桥欧洲经济史》(第五卷)，高德步等译，北京：经济科学出版社，2002年，第323页。

为，认购数量与意愿对发行状况形成了理所当然的限制，可避免肆无忌惮地发行债券。其次，财政符木以税收作为担保在数额上受到严格限制，即便政府对税收进行高估，其融资能力也无法与潜力巨大的政府债券相比，因为从理论上说，只要政府信用足够高，债券的发行可以不受限制。再次，英格兰银行打理财政债券引入了更加高效的管理体制，没有英格兰银行作为后盾对财政债券形成支持，财政债券不可能获得成功。

2.长期借贷的兴起

“九年战争”中英国凭借财政符木有惊无险地维持了金融机器地运转，但事实证明符木无法支撑规模更大历时更长的战争，“西班牙王位继承战争”逼迫英国政府竭尽全力挖掘融资能力更为强大的金融手段——长期借贷。在庞大的战争开支逼迫下，长期贷款开始大规模运行，三分之一的战争开销全有赖于此。与此同时，戈多尔芬对政府信贷实施了严厉得多的控制，短期借贷已经退出危险区域，同时也确认了英格兰银行在其中的分量。“九年战争”使得决策者明白这场大战必将长时间持续，战争给政府财政带来的压力迟迟不会消散，因而转变了之前倚重短期借贷的思路，全面推行长期借贷。短期借款无法维持持久战，遭遇临时冲突使用长期借贷又会因利率方面的高代价而变得不可取，因而直到“西班牙王位继承战争”时期，长期借贷体系才开始兴起。对于政府而言，推行长期借贷最为重要的就是降低利率，并尽量减少不可赎回债券，以摆脱沉重的利息负担。伴随着英国战时长期借款体系的成型，所谓的“英格兰金融革命”开始走向高潮。

1702年戈多尔芬担任财政大臣，开启了英格兰金融管理体制的新时代，此人对财政符木进行了严格限制，提高长期贷款比重，并通过发行博彩等方式拓宽长期融资渠道。他在1710年改变长期贷款策略，在1697年麦芽糖博彩失败之后重新引入博彩，辅之以32年期的长期年金，利率为9%，英格兰银行首次以受托人的身份接纳了这两笔贷款。随着戈多尔芬将战争融资手段引向长期年金以及博彩，长期借贷体系逐渐成形，运作程序也愈加完善。值得注意的是，戈多尔芬恢复博彩后效果良好，以至于其继任者哈莱于1711年至1712年期间发起了四次大规模博彩贷款，将博彩融资数额提升至与年金持平的水平。关键问题在于利率，长期借贷利率高达8%到9%，政府借款成本不可不谓空前昂贵，英格兰就是在这样的情形中同法国进行战争的。不过这种策略本身可以说是成功的，当然很可能也是正确的，因为它的结果是军事上的胜利，相形之下，法国的信用因一系列军事失败而受到削弱，最终在战场与金融领域都遭受失败。

“西班牙王位继承战争”期间，年金与博彩融资数额达到了短期债务的两倍还多，一举取代政府符木与债券成为最为重要的战时融资手段。英国政府在经历两次大战后意识到，在欧洲扩张势力并非几场短暂战争便可完成的，面对强大的法国，发生在欧洲的霸权角逐必定是耗时耗力的长期大战。短期借贷根本无法承受持久战施加的金融压力，英国政府适时转而发展长期借贷体系。长期贷款还款时间充裕，通常可避免在战争急需资金的时候同时遭遇清偿困难，即便是短期年金的期限通常也为32年，完全能够覆盖一场大战的时间段，这成为英国争夺欧洲霸权的金融技术资本。然而，长期贷款同时就意味着利息偿还的时间漫长，加之战争压力迫使利率持续运行在较高水平，借款成本昂贵。两次大战结束之后，解决战争遗留的金融问题成为下一阶段的主要任务。战场上的胜负通常是和平时期积蓄力量的结果，“奥地利王位继承战争”以及规模空前的“七年战争”之前这段和平时期内，英国较为合理地管理国债对此后的胜利起到了至关重要的作用。

（三）和平时期与国债清偿

英格兰在金融领域的成功首先依赖于新型融资手段爆发出的力量，同时也在于国债产生后的清偿与管理，英国政府在后一方面的探索艰辛而历经波折，却保证了国债相对平稳的运行，以持续不断地将资金输入战场。长期债务发展到这一阶段已经有一段时间了，两场大战将债务的数目扩展至让人望而止步的境地，对于政府而言，清偿战争留下的庞大债务是最为头痛的问题，甚至可以说是无法解决的。在偿债压力与日俱增的情况下，有关长期贷款的观念已经发生了变化。对于沃尔波而言，“从政府的立场看，重要的是债务的利息支付，而不是这些债务的名义资本量，当然，条件是政府债权人方面不存在提起法律诉讼要回本金的可能性”[①]。依据这种思路，政府对待长期债务的有益做法重要的不是清偿，而是将其转化为可以清偿但不必清偿的普通股票，通过支付利息减小甚至取消清偿压力。1720 年南海危机后，绝大

---

① P.G.M. Dickson: *The Financial Revolution in England*: 1688－1756, New York: St. Martin's Press, 1967. P.88.

部分具有自我清偿性质的定期年金都转化为利率更低的普通股票。

1.南海泡沫之前的国债管理与清偿

“西班牙王位继承战争”结束之时，英格兰政府承担的债务数额不可谓不庞大，财政形势危急。据统计，“西班牙王位继承战争”使其在已有的总额为34 900 000磅债务上，又平添了负担：8 200 000磅长期年金、2 400 000 短期年金、11 170 000 磅博彩、1 600 000磅英格兰银行和东印度公司贷款，以及 19 000 000 磅短期债务。[①] 清偿或简化债务成为英国政府此时面临的最为严峻的任务，这种性质的活动在战争进行期间已经开始，初步阶段留下的隐患甚至在几年后演变成一场空前的金融灾难。在南海泡沫之前，国债的管理与清偿通常是与英格兰银行和南海公司密切相关的。就如前文已经指出的，财政符木最终能平稳退出流通领域全依仗英格兰银行的介入，而政府债券与长期年金清偿都是在南海公司身上做足了文章。

清偿短期债务的尝试在“西班牙王位继承战争”进行过程当中已经开始。1711 年的时候，离开财政大臣职位的戈尔多芬留给继任者接近 10 000 000 磅的流动债务，时任财政大臣哈莱明白无法以现金形式形成支付，因而提案通过一项建立南海公司的法令，该法令于 1711 年 6 月获王权批准，总额度差不多为9 000 000磅的债券持有人作为董事组建“大不列颠南海和美洲其他地区贸

---

① P.G.M. Dickson：*The Financial Revolution in England*：1688－1756，New York：St. Martin's Press，1967. P.82.

易公司”，通过高盈利的预期诱惑政府短期债权人将债券转为南海公司股票。经过这种转化，政府债权人由不定的公众转变为南海公司，而公司凭借短期债券转化获得了公司资本，并据此发行股票，这一过程相当于将短期债务变为投资资金流入金融领域。英国政府由此摆脱了流动债务的纠缠，但公司资本几乎完全是虚拟的，完全由转化为南海股票的债务构成，这一模式为此后的南海泡沫埋下伏笔。

1715 年，沃尔波接替卡利莱斯成为财政大臣。沃尔波目标明确，他的举措在于削减债务利息并对其形成清偿。1717 年 7 月王座批准的议案顺着沃尔波提出的偿债思路，但避开了年金问题。国债转化法案的总体思路是将债务按一定利率(通常是财政部能够接受的较低利率)转化为英格兰银行与南海公司股票。法令规定将 1711—1712 年博彩的未清偿本金以 5%的利率转化为英格兰银行打理的股票。同时与英格兰银行和南海公司达成协议，削减政府欠款利息。转化法令将短期债务控制在适度规模，同时扔掉了彩票支付的压力，并建立起清偿国债的沉淀基金，可以说在一定程度上摆脱了战争遗留下来的主要问题，但并未触及长期年金的高额利息，后者无疑才是最为沉重的财政负担。年金持有者因有高利息收入的预期不愿将年金转化为股票，除非股票红利收入达到足够高的水平，这需要等到几年后的南海公司股票飙升的时候。一系列战争的间歇期将见证这一金融灾难，英国政府经受住了空前的金融危机的考验，最为可贵的是它在应对危机的同时还摆脱了债务难题。

2.南海泡沫

“西班牙王位继承战争”之后各国迎来了时间相对较长的和平，各主要交战国都在抓住时机舔舐自己的伤口。就金融领域而言，解决战争留下的资金问题迫不及待，英国政府此时认识到，战时融资手段愈是发达，吸收公共资金的能力愈是强大，国债清偿所面临的压力就愈是沉重。此时，法国国债清偿计划已经启动，其指挥者是来自苏格兰的流亡者约翰·劳，他通过鼓励债券所有人将手中的债券转化为迅速升值的印度公司股票，以此达到清偿法国的全部政府债务的目的。新股份可以随心所欲地创造，以满足人们的需求。约翰·劳在初期的成功刺激南海公司在1719年也推出了国债清偿计划。而1717年的转化法案的实践已经为大规模国债融入南海公司股票做好铺垫。南海公司自成立之日起便陷入贫困境地，而推行减债计划似乎成了公司获得巨大利润并在金融界树立威望的大好机会。南海公司董事与财政部官员密切交往，最终得以在竞标中战胜英格兰银行从而独揽这项计划的实施，作为回报，南海公司需要向政府提供一笔约7 500 000镑的款项。

南海规划旨在一举清偿政府的全部国债，将其一并纳入公司新发行的股票，这些债务包括各种流动债务，转化法案未曾触动的长期年金是本次清偿计划的核心。政府对英格兰银行以及东印度公司欠下的债务由于两家公司的抵制未能纳入规划之中。政府对南海规划表示欢迎，却对背后隐藏的危机视而不见。在英国政府看来，通过将各类国债融入南海股票，政府便能对长期年金形成消解，从而摆脱不堪重负的昂贵利息，不可赎回债务问题也随之得以解决。当然，政府会因此增加对南海公司的债务，其额度相当于转化为南海股票的政府债券，但利率将远远低于长期年金，同时还款的压力也会减小，这是朝着简化债务迈出的最为重要的一步。转化为公司股票的债券数额将成为公司的名义资本，而公司盈利点在于股票价格上扬形成的对债券面额的差价，同时还要除去向政府支付的款项，因而股票价格持续上扬是保持债券转化具有吸引力与公司盈利的唯一途径，而一旦公众公司的股票信心受挫导致价格偏低，那么整个规划就将面临崩盘的危险，因此支撑南海计划的实则是股票投机。1720 年 4 月，南海计划获得王座批准，南海法令得以通过。但就在这年的夏季，宏大的南海规划立即坠入臭名昭著的崩盘泥潭。英格兰金融领域经历的南海泡沫并不是独立的，荷兰、法国等战争参战国都未能幸免，这一气势恢宏的金融“海市蜃楼”乃 1689—1713 年两场大战催生而形成的：隐藏在金融投机背后的是政府在和平时期清偿战争债务的渴望。

3.金融救济与国债管理

南海公司在泡沫之后立即实施意在安抚债权人的自救，但已无力回天，英格兰银行独自的救助行动也归于失败，直到议会介入，促成英格兰银行与南海公司于 1722 年达成“银行条约”。英格兰银行实施了一系列救助措施，南海公司资本最后分割为两部分：南海年金与贸易股票。股东的债券安全由此得到保障，而放弃了随公司贸易发展获得的红利。南海泡沫以及相关的救济措施暴露了英国在金融领域的莽撞与欲望，但对于国债而言，债务清偿的难题在危机过后却自动显露出一条通向成功的轨迹，剩下的只需要沃尔波以及佩尔海姆这样的顶尖金融决策者将英帝国引向更为成熟的国债体系，最终在丘吉尔称之为“第一次世界性战争”的“七年战争”中爆发出力量[①]，为英帝国的扩张剪除最为强劲的对手。一方面，南海泡沫改变了国债结构。大部分政府债权人手中的定期年金转化为南海股票，政府债权人由公众转变为南海公司大大减轻了债务清偿以及利息支付的压力，并为佩尔海姆时期债务本金及利息的削减铺就了道路。另一方面，南海公司在年金转化之后股东数量变得异常庞大，由此改变了自身性质，成为财政部的代理人。这一转变促使公司将一半的资本转化为享受固定利息的年金，此后又将大部分剩余资本转化为固定利息的年金，最终在 1750 年的时候放弃了贸易。从长期年金转化为南海股票，再经由南海股票转化为南海年金，经过两次转化之后政府脱离了公众债务人的地位，转而成为南海公司债务人。南海泡沫使得转化过程中虚增的收益化为泡影，甚至缩减了之前的收益数额，政府债务随之减少。

“西班牙王位继承战争”与“奥地利王位继承战争”之间间隔的时间相对较长，进一步的长期借贷可以维持在较小规模上，利率对政府也非常有利，这成为大规模债务清偿行动的前提。政府此时税收充足，加之南海泡沫对债务结构的调整更利于政府，这一切都为沃尔波完成大规模国债清偿提供了相对宽松的环境。

---

① 丘吉尔:《英语民族史》,第三卷,第 705 页。

沃尔波首先削减了南海公司的膨胀资本，额度达到三分之二，并进一步将贸易资本转化为利率为4%的“南海新年金”，同时对英格兰银行的债务形成大量支付，甚至通过与英格兰银行建立更为密切的联系为短期贷款的运行提供了信任度更高的金融氛围。沃尔波致使国债得到大规模削减，完成了这一时期最为紧迫的任务。这是一个战争的时代，和平的间隙必须较为妥善地处理战争遗留问题，此时国债清偿无疑位列这些问题之首。半世纪的时间里战争断断续续未曾真正停歇，英格兰首先在融资领域内凭借新近发展起来的公共借贷系统抢得先机，为战争提供大量款项，同时在国债清偿方面克服南海泡沫的灾难性冲击，巧妙地将危机转为利于解决债务难题的契机，为下一阶段进一步削减国债提供了合理的金融策略。

（四）“七年战争”前夕的战争与和平——公共借贷系统的成熟

英格兰金融革命历经半个世纪，到这场变革的后期，公共借贷系统渐趋成熟，但更为可贵的是国债清偿几经波折最后趋于平稳，未向政府施加不可承负的压力。“七年战争”作为英法两国争夺海上霸权最后的大战，不仅武力对抗达到最大规模，同时也是金融能力比拼的顶峰。经历南海泡沫的英国决策层对金融操作日趋熟练并发展出合理高效的融资以及偿债体系，这一体系在经历“七年战争”之前长达十几年的战争与和平时期逐渐走向成熟，其中最为突出的特征便是英格兰银行全面接管国债以及认购清单制度的确立，凭借着这些日趋完善的金融制度英格兰最终在英法七年大战中一举超过法国的财政体系，英国在欧洲以及世界范围内的扩张最为根本的物质资源得到保障。

1.金融技术的成熟

1744年，法国对英宣战，分散在欧洲各处的局部冲突立即转入大规模战争。经过沃尔波的努力，战前英国政府的长期贷款都维持在较小规模上，而债券利率通常也只有3%，债券价格长久以来维持在平价水平。但英法一开战，长期贷款规模突增，债券价位也开始猛跌，新一轮的贷款与清偿再次展开。英格兰银行与东印度公司为延长公司章程提供了新贷款，到1746年为止，战时融资的增额一度超过28 000 000磅，加上年金发行额度，几乎占95 000 000磅战争总开销的三分之一。[①] “奥地利王位继承战争”开始的时候英国国债发展已历时半个世纪，英格兰银行自始至终扮演着重要角色，管理的国债份额也日趋庞大，此时，几乎全部公共贷款项目都由英格兰银行全权管理，英国国债系统也因银行高效合理的管理方式而变得更加稳定并爆发出更为强大的力量。这一发展的结果是国债体系绕过了财政部的繁杂程序，英格兰银行成为国债的实际管理者。

1746年，詹姆斯二世党人入侵，金融领域随着政局的动荡立即乌云密布，信贷紧缩，财政债券市价下沉，新发起的贷款遭遇认购失利，新一轮的金融危机浮出水面。此时，财政部最值得信赖的依靠——英格兰银行再次救险，准备向政府提供以土地税和麦

---

① P.G.M. Dickson: *The Financial Revolution in England*: 1688—1756, New York: St. Martin's Press, 1967. P.217.

芽税为担保的一百万磅贷款，同时为财政债券的发行提供986000磅的准备金。但高度紧缩的信贷资金使得新债券未获满额认购，尽管数额不大，此时，一位金融界的重要人物萨松·基德昂利用自身经济实力使得债券认购顺利完成。基德昂是伦敦最为出众的国债承购人，展示出伦敦金融界的强劲力量。随着詹姆斯二世党人的失败，这一年的金融危机平稳度过。这一过程中值得我们仔细回味的是更为稳健的贷款认购制度，基德昂作为金融人士帮助政府解决认购难题便是最明显的例子。早在公共贷款起步之时，蒙塔古为确保贷款获得满额认购就积极与伦敦金融圈子接洽，获得认购保证，而这一先例最终在1740年代的时候获得确立，国债的认购对公众不稳定的投资兴趣的依赖由此大为削减，但同时也表明，公共借贷体系主要的依靠是伦敦金融界，长期大战的结果是英国成为伦敦金融界的债务人。财政部慢慢发现，获得满额认购的最佳办法就是事先同伦敦城中的重要金融团体协商贷款条款，大致确定每人承担的认购数额，以确保认购开始时能顺利获得满额认购。金融家通常利用自身的人脉资源，动员他们一起认购，所有这些人就形成了该金融家的“认购清单”。当然，财政部也会提供包括政府官员在内的“财政部清单”，这一可靠的操作办法定型之后，公共借贷开始在一种更加稳定的轨道上运行。利用“认购清单”融资无论其规模和效率都远胜于向公众公开筹钱，“七年战争”期间，这种筹资方式得到普遍使用。

2.国债减息

1748年，战争告一段落，国债清偿问题再次成为财政部的当务之急,1714 年"西班牙王位继承战争"结束后英国政府面临着同样的问题——历史就是一出不断重演的木偶剧。然而,此时的英国政府在金融领域方面已经摆脱了稚气与莽撞,在"七年战争"之前短短十年时间里不仅完成了部分债务的清偿,更为重要的是对国债进行了大规模的减息,当然,取得如此成就,财政大臣佩尔海姆的精明与胆识是不可或缺的。战争结束之时,国债总额达到68 000 000磅,新增长期贷款超过25 000 000磅,债务总额度中有54 000 000磅利率为 4%,其余利率是 3%。佩尔海姆首先着力削减短期证券的规模与利息。1749 年,海军及军械债券以 4%的利率发行,由此使得利率为 3%的政府债券达到溢价水平,紧接着,财政部与东印度公司达成协议,将公司债券利率削减为 3%。此举使得金融形势大为明朗,更重要的是为接下来一系列减息措施作了铺垫。1749 年,议会通过了佩尔海姆提出的议案,从 1750 年圣诞节开始,4%利率债务削减至 3.5%,七年期结束之时进一步削减至 3%,七年期间这部分债券是不可赎回的。议案等待公共债权人进行赞同与否的表示。减息方案能够成功取决于大公司股东,因为他们是政府债权人的代表。南海公司股东大会首先表示拒不接受减息方案,东印度公司步其后尘,英格兰银行也跟随他们的脚步:减息方法面临着胎死腹中的窘境。佩尔海姆再次求助于金融界,基德昂与巴纳德这两个死对头此时都成为财政大臣的盟友,前者在短时间内扭转了英格兰银行股东的态度,转而赞同削减债券利息,而后者开始为减息方案摇旗呐喊,其金融界崇高的声望立即对公共债权人产生影响,认购活动顺利启动,南海年金也完成了利息削减。与此同时，政府软硬兼施，东印度公司与南海公司也表示同意。

1754年，减息工作趋近结束之时，佩尔海姆去世，留给英格兰的是一个成熟并且简化的公共借贷机制，以及利率低至3%的国债。佩尔海姆抓住和平时机，对债务发起了减息运动，并统一现存的政府股票，由此为“七年战争”时期的巨额贷款做了铺垫，“七年战争”时期的贷款同前次战时融资采取了类似形式。

四　结语

英格兰公共借贷系统从诞生到成长直至佩尔海姆完成国债减息之后呈现出稳定成熟之相，财政符木、财政债券、长期年金以及部门债券等融资手段的创生与调整为一系列战争提供大量资金，而和平时期的国债清偿历经波折后平稳运行，使得进一步的公共借贷成为可能。其间，英国财政部与英格兰银行成为金融革新的支点。当这一系列旨在争夺海上霸权、扩张殖民贸易的战争达到高潮时，英国已经作好了准备：日益成熟的公共借贷系统将继续为帝国的扩张提供资金。正是凭借着这套日趋完善的借贷体系以及国债清偿机制，英格兰在对帝国扩张格局具有决定意义的“七年战争”中一举战胜法国，在历时数十年的持久战中笑到了最后。

帝国扩张战争催生了英格兰金融革命，而后者仅以支撑战争为目的发挥自身力量。“战争是历史的老师”，历史跨入近现代之后，战争的教导不局限于正义、勇气以及美德，更重要的是获得比敌人更为强大的物质力量：技术与资金。大英帝国在帝国雏形刚刚形成之时便经历了一场旨在筹集战争资金的金融革命，无疑掌握了帝国扩张战争最为重要的武器，凭借着金融变革在政治、经济领域产生的一系列根本革新，英国获得了建立帝国的力量，在接下来的一个多世纪的时间内，这些力量最终成功塑造了“日不落帝国”。

浅论“美国例外论”的海洋气质

戴鹏飞①

“这个民族是人类的希望。它可能会成为典范。它应当用事实向世界表明:人是能够既自由而又和平的,可以把各种各样的暴君和恶棍借口公共利益而擅加在他们身上的锁链解除掉。美国人应成为政治、宗教、商业和工业等方面的自由的一个榜样。他们向每个国家的被压迫者所提供的避难所,他们所开发的逃亡之路,将迫使各国政府变得公正而开明;世上所有的人在适当的时机,将会识破那些据以制定政策的空洞幻象。”②

早在1778年,杜尔哥(Anne Robert Jacques Turgot,1727—1781)就曾先知般地这样写道。这位著名的法国财政大臣期待刚刚独立的美国能够建立起自由的体制,成为被压迫者的避难所。在他看来,欧洲旧大陆充满暴政与压迫,而美洲新大陆则应例外

① 戴鹏飞,上海交通大学凯原法学院博士研究生。

② [美]莫里森等:《美利坚共和国的成长》,上卷,南开大学历史系美国研究室译,天津:天津人民出版社,1980年,第358页。

于欧洲，成为政治、宗教、商业和工业等方面自由的榜样。这可算是对“美国例外论”最早的预言。诚如杜尔哥所言，历史充满了“暴君与恶棍”，而美洲人民要做的就是通过政治技艺变得“自由而又和平”，成为一个自由的民族，使美洲独立于过去的历史与旧大陆。这一新与旧、自由与暴政之间的对立形象，成为“美国例外论”的典型形象，并且，日渐成为美国人自我形象的核心，变成美国政治家和民众思想中的普遍信念。[①] 这种例外论的思想对美国的政治生活产生了极大的影响，几乎贯穿于美国所有重大历史事件之中，从《独立宣言》到美洲立宪，再到华盛顿的“告别演说”、林肯的“葛底斯堡演说”。甚至直至今日，人们依然能够从里根“山巅闪耀之城”的演说，以及乔治·布什“9·11”后的一系列演说中看到这种例外论思想的一丝踪迹。[②] 正视与理解如此重要的一个概念无疑具有重要的现实意义。

一　清教根源

学术上通常认为“美国例外论”最早由托克维尔在1835年的《论美国的民主》(*Democracy in America*)一书中提出，指的是美国在其独特起源、民族信念(national credo)、历史进化(historical evolution)和独特的政治制度、宗教体制方面截然不同于其他国

① 王立新:《美国例外论与美国外交政策》,《南开学报(哲社版)》,2006年第1期。

② Harold HongjuKoh, “On American Exceptionalism”, *Stanford Law Review*, vol. 55, no. 5 (May, 2003), pp. 1479－1527.

家。[1] 在《论美国的民主》一书中写道："因此，美国人的际遇完全是一个例外，我相信今后不会再有一个民主的民族能逢这样的际遇。"[2]事实上，托克维尔《论美国的民主》整卷书无不都在详细地论述美国特例的具体表征，在他看来，"美国例外论"问题必须从三个方面，即独特的地理环境、自由法治、宗教民情，加以考察。

在宗教、法制和地理这三个方面中，宗教渊源即美洲新英格兰殖民地的清教精神无疑是最深刻、最重要的一个方面。托克维尔认为，每个民族都留有他们起源的痕迹，因此美国的与众不同之处便首先体现在这个国家的开端上。美国开始于英格兰移民建立的殖民地，但决定与影响美洲殖民地未来走向的是新英格兰地区的清教徒。清教徒建立新英格兰，本身就是一件独特的事情。"新英格兰的建立，呈现出一片新的景象。这里发生的一切，都是独特无双的。……其余的殖民地，都是由未携家眷的冒险家们建立的；而定居于新英格兰的移民，则带着良好的秩序和道德因素，同妻子儿女一起来到荒凉的土地。"美国的开端便是由来到美洲殖民地的清教徒奠定，他们带来了自由的政治秩序和清教的道德因素。

19 世纪美国著名作家梅尔维尔（Herman Melville）的作品则更加生动形象地体现了托克维尔提及的清教精神。在《白鲸》中，

---

① Harold HongjuKoh, "On American Exceptionalism", *Stanford Law Review*, vol. 55, no. 5 (May, 2003), pp. 1479—1527.

② [美]托克维尔：《论美国的民主》(下卷)，董果良译，北京：商务印书馆，1988 年，第一部分第九章《美国人的例子为什么不能证明民主国家不会爱好和不会致力于科学、文学与艺术》.

他写道：“我们美国人是上帝独一无二的选民，我们是现时代的以色列人，我们驾乘着世界自由的方舟。70 年前我们从奴役中逃脱出来，我们怀抱着一整个大洲，这是我们第一项与生俱来的权利，除此之外上帝还将政治统治宽广领地上的异教徒的任务交给我们，作为将来的遗产。我们将他们荫蔽在我们的方舟之下，而无需双手沾满鲜血。……长期以来，我们一直怀疑我们自己，怀疑政治上的弥赛亚是否真的已经到来。如果我们宣布他到来的话，实际上他已经来了，那就是我们美国。让我们永远记住，由于我们的出现，在地球的历史上几乎第一次，国家自私的目的成为不可限量的慈善事业，因为我们不仅在对美洲行善，而且要解救整个世界。”①

梅尔维尔的作品充满了清教精神，最深刻地反映出以新英格兰地区为代表的美国精神。② 梅尔维尔对美国特质的论述是 200 多年前约翰·温思罗普（John Winthrop）在前往美洲途中的船上所作的“山巅之城”布道词的回响。1630 年，“阿尔贝拉”号载着马萨诸塞州未来的领导人从英国起航前往美洲。在途中，船上人们的领袖温思罗普向同船的人们布道，吁求这些上帝的选民严格遵

① Herman Melville, *White Jacket*, New York: Unite States Book Company, 1892, p.144.

② 正如北方充满富于进取与创新精神的航海冒险文学而非南方骑士文学代表了美国精神一样，在新英格兰地区殖民地中发展的思想与传统而非南方蓄奴州中的思想与传统塑造了美国精神，这点已是毋庸置疑的常识。如托克维尔所言，“新英格兰的这些主要思想，首先传到相邻的各州，接着又扩散到比较远的各州，最后可以说席卷了整个联邦。现在，它们的影响已经超出国界，遍及到美洲世界。新英格兰的文明，像高地燃起的大火，除考暖了周围地区之外，还用它的光辉照亮了遥远的天边”。莫里森亦认为：“在新英格兰，气候、土壤和宗教在一个半世纪内产生出了一种具有强烈个性的典型——新英格兰佬（Yankee），大概可以算作美国民族融合中最坚定持久的成分。”参见［美］莫里森等《美利坚共和国的成长》上卷，第 340 页。

守与上帝立的约法，使新英格兰成为一座山巅之城，他说："我们将发现，以色列的上帝就在我们中间，那时我们十个人即可抵挡一千个敌人；那时他将使我们获得赞美与荣耀，对于往后的垦殖，人们会说：'耶和华使之像新英格兰的垦殖。'我们必须这么想，我们将成为一座山巅之城。"①

布道词成为殖民地清教精神的代表，其中体现的上帝选民的强烈使命感对后世美洲殖民地的发展影响至深。在《美国人》一书中，布尔斯廷认为，"温思罗普在向同船各人讲道时，便已敲定了美国历史的基调"②。而罗伯特·卡根在《危险的国家》一书中认为"山巅之城"布道中体现出的清教精神已"被誉为美国的自身形象，被广泛看做美国外交政策中具有主导性的孤立主义和'例外主义'趋势的一种生动象征"③。在美国从殖民地逐渐成长为初具帝国雏形的200多年间，尽管原初严格的清教主义已经被美洲大陆广袤的土地消融，但上帝选民的强烈使命感却从未消失，一直扶住着美洲的发展与壮大。新英格兰地区的清教精神锻造了"美国例外论"最深刻、最坚实的基础。

清教徒洁身自好、革除弊政的精神首先源自宗教，要求革除教会体制内在精神与制度上压迫人的诸多规定，尤其要求彻底废除罗马天主教教会体制。革命本身便是一场基督教《圣经》的复古运动，要求回归《旧约》，尊崇成文约法，重建圣殿，实现弥赛亚。

---

① [英]约翰·温思罗普：《山巅之城》，蔡乐钊译，未刊文稿。

② [美]布尔斯廷：《美国人——开拓历程》，北京：生活·读书·新知三联书店，1993年，第3页。

③ [美]罗伯特·卡根：《危险的国家》上，北京：社会科学文献出版社，2011年，第2页。

英国清教徒不满于英国国教不彻底的宗教改革，希望把新教改革合乎逻辑地进行到底，废除登记森严的主教制度，建立各独立教区的自由联合；在政治上，他们厌弃英国社会浮华奢侈的风俗，厌弃英国农村粗野、异教式的娱乐，尤其厌弃英国的君主制，认为君主制都是偶像崇拜。在他们看来，良好的政治社会应该是平等清教徒间的自由联合；清教徒反对君主制、遵循约法传统的精神是托克维尔所谓的“乡镇自治”的真实基础，而非其从卢梭处继承的“人民主权”的体现。由于清教徒不便全体出席“议会”，便创立了一种代表制，后来代表们又和总督主力分开，形成两院制。[①] 选举权最初只限于加入教会的人，形成一种神权政治；但后来神权政治的特点被清除了，唯独将平等以及代议选举的精神传承下来，推及于所有殖民地民众。最终自治、平等、民主的精神从乡镇走向州县，走向联邦。英国清教徒所具有的革命精神也最终注定了北美英属殖民地脱离不列颠帝国，走向独立，走向立宪建国。

清教徒的革命精神源于犹太思想传统中的上帝选民意识。在反对罗马教廷以及反对英国国王的斗争中，犹太思想传统成为有力的政治文化修辞。犹太思想传统中选民意识有两种体现形式：一种是出于黄金时代自强的选民意识，包含创世与约法两大观念；另一种是其处于毁灭状态的自虐式的选民意识和传统，包含受难与末世论两大观念。前者体现为成文约法的传统，后者则体现为不成文、口传的卡巴拉（Kabbalah）传统。美国所继承的上

① ［美］莫里森等：《美利坚共和国的成长》上卷，第71页。

帝选民意识传统主要包含创世与约法观念。[①] 上帝创世的思想要求信徒破除一切偶像崇拜，只信奉上帝，反对一切君主制、帝国，这为美国实行共和联邦制提供了基础；约法传统要求严格遵守与上帝所立的约法。这种约法首先体现在“建国神话”的宗教教义中。在“山巅之城”的布道中，温思罗普告诫船上众人，“遵行上帝的道，谨守上帝的诫命、典章、律例，并我们与上帝所立之约的各条款”。这种约法传统的伟大在于它不仅仅是一种宗教教义，更是一种政治教义，这点更加鲜明地体现在较“山巅之城”布道更早的“五月花号公约”之中。在对美国秩序的考古中，托克维尔认为，“清教教义既是宗教学说，又是政治理论”，紧接着他便几乎照抄了“五月花号公约”的完整内容。[②] 正是这两大因素构成了“良好秩序和道德因素”的内核，形成了美利坚特殊的内质；同时，它们将自身普世与永恒的气质赋予了那最初由十三块殖民地组成的联邦秩序。

诚如埃拉扎尔所言，组成美利坚合众国的人民和政治体从一开始便审慎地遵循《圣经》的先例，通过约法将彼此联系起来，创建了新世界的秩序。[③] “五月花号公约”是奠定美国政治秩序的第一块基石。然而，奠定美国秩序基础的这部“公约”却是诞生于大西洋惊涛骇浪之中。“五月花号公约乃是一种十分古老的‘海洋

① 参见林国基《比希莫特抑或利维坦：美国建国的生死问题》，注释23。

② 对比《论美国的民主》第39页托克维尔引文及《“五月花号公约”签订始末》第116页，及赵一凡编《美国的历史文献》第2页中的“公约”译文。

③ Daniel J. Elazar, “Covenant and the Amercan Founding”.

法'。"[①]美国秩序的第一块基石便是在"自由的海洋"上奠定的。正如梅尔维尔的《白鲸》成为美国的建国史诗，海洋帝国秩序日渐成为美国例外论的生动写照。对此，布尔斯廷热情地赞颂道："海是新旧英格兰之间、巴比伦和锡安圣城之间的通道：它既是从殖民地到母国的水路，又是使殖民地人们免受贫穷、腐败、政争之厄的鸿沟；大海乃面向世界的康庄大道。……海有多大能耐，新英格兰便有多大能耐。"[②]如果社会的进步确实就是"从身份到契约"的运动，那么，这一进程亦可以被描述为"从陆地到海洋"的运动。对土地的占有与分配是一切等级以及封建秩序的基础；海洋不同于陆地，它流动不拘，任何人都无法将它区隔、占有；踏上海路，便告别古老的土地，也告别古老而雷打不动的等级与秩序；经历惊涛骇浪的磨砺，便有可能按照"古老的海洋法"，以在身份平等的基础上签订的契约为基础，在一片荒芜的处女地上建立起崭新的秩序。

二　政治因素

"美国例外论"的第二方面即自由的政治法律制度，实由清教"约法"传统世俗化、衍生而出。在埃拉扎尔看来，约法观念为人类联合提出的伟大设计是联邦，它包含三个层面：其一，人与上帝

---

① 林国基：《"五月花号公约"签订始末》，序言，上海：华东师范大学出版社，2006年，第6页。

② [美]布尔斯廷：《美国人——建国历程》，第5页。

所立之约;其二,共同的宪法法律之下各个邦联所立之约;其三,末日即弥赛亚到来时各个国家之间所立之约,即世界联邦。在美国历史上,独立宣言、美国宪法以及美国各州宪法都是约法传统的产物。布尔斯廷用“教会自治主义”称呼清教精神中的这种约法传统。他认为:“新英格兰清教徒生活所依据的以‘联邦’思想为基础的神学,有如一座教义的冰山,冰山下面是庞大的组织紧密的神学体系,比露在表面的冰山要大得多,也重得多。把那隐藏的基础充分暴露出来就等于剖析了整个新教主义。而在新英格兰生活中显露于外和突出在上的那一部分就是联邦式的教会方式。”[①]在他看来,这种约法传统以“联邦”思想为基础,形成了美国社会的特性,影响了此后几个世纪美国政治生活;也正是由于新英格兰清教徒中的对于约法传统的倚重,才使得新英格兰殖民地的清教徒免于宗教教条争执,而关心各种实际的政治纲领和行动计划。

事实也正如此,正如托克维尔所言:“清教教义不仅是一种宗教学说,而且还在许多方面掺有极为绝对的民主和共和理论”,“清教教义既是宗教学说,又是政治理论”。新英格兰清教徒对约法传统的倚重,使他们避免陷入教义清谈。新英格兰清教徒虽然由于上帝选民的观念而在精神和道德方面要求极高,近乎具有道德上的洁癖,但由于约法传统,他们在政治体制方面能够不像在精神与道德追求方面那般狂热,而显得十分谨慎与保守。例如,他们更加钟爱《圣经·旧约》中的某些内容,如《出埃及记》《利未

① Daniel J. Elazar,“Covenant and the Amercan Founding”.

记》《申命记》《列王纪》等，这也是因为这些典籍包含明确的法律规则，训令内容十分清楚。也正因为这点，殖民地中的清教徒能够避免在缺乏政治秩序的北美殖民地陷入自然状态之中，能够在公共生活、政治法律制度领域继承、吸纳英国古老的法律制度；更重要的是，在他们看来，他们所吸纳的那些法律制度和圣经中的律法是完全相合、无分彼此的。

约法传统使得新英格兰殖民地形成了立宪主义和对习惯、传统的尊重。由于殖民地本身并无习惯和传统，这些殖民者便沿用母国英格兰的政制与法律规定。“殖民地的立法者，除了一些次要的例外，实际上都是仿效英国。”①对殖民地人民来说，对立宪主义以及英国习惯法的尊重是和他们所享有的自由息息相关的。而殖民地的人民对自由又是无比珍视的。“自由的精神在英国的殖民地中，比在地球上的任何其他民族那里，或许都强大而猛烈。”②对传统的破坏在某种程度上会被认为是威胁到自由。③

托克维尔认为，新英格兰的乡镇自治是淬炼美国民主与自由的小学校，由乡镇及于县，最终及于州的地方自治的存在是美国民主与自由的重要方面。此即新英格兰殖民地中的地方主义传

① [美]布尔斯廷：《美国人——开拓历程》，第 23 页。

② [英]爱德蒙·柏克：《美洲三书》，缪哲译，北京：商务印书馆，2003 年，第 88 页。

③ 有两种自由，一种是自然的自由，一种是市民的(civil)或联邦的(federal)自由。第一种是所有人和其他造物都共同拥有的自由，他有权利做他想做的一切，既能行善也能作恶，这种自由与权威是相冲突和矛盾的，不能忍受哪怕一点点最正当权威的约束，它是和平和真理的敌人，是上帝律法所反对的。另一种自由是道德的自由，通过上帝和人的约法，以及人与人之间的政治约法(political covenant)和宪政相联系。这种自由是美国人所要求，所享受到的自由。参见 Daniel J. Elazar，“Covenant and the Amercan Founding”。

统。

传统主义与地方主义精神是美国联邦体制也即美国宪政自由的基础;正是在这个基础上,美国人在理论上构想,在实践中实行了一种史无前例的政治体制,最终解决了自由与权威的矛盾。以 1787 年联邦宪法为基础和标志的美国宪政是“美国例外论”最引人注目的一个方面。

美国自由政治制度上的例外首先体现在他们的宪法中,因为宪法首先便是例外。虽然美国宪法并非第一部成文宪法,但美国人却使之与众不同。美国宪法是政府行为的实践基础,是每一届政府必须遵循的圣经,不仅仅是法律条文摆设。在美国革命之前,宪法几乎就是指政府及其运作方式,例如英国宪法就不仅仅包括人民的权利,还包括政府及其组成方式;宪制指的就是政府的组织方式,就像人的机体一样,例如,英国宪政就既包括有关人民权利的原则,也包括设计政府组织的法律、惯例和制度。美国宪法完全不同于英国宪法。美国宪法不是政府的组成部分,它是一部成文宪法,和政府的运作无关,而独立于、高于、超越于政府以及政府的运转。对于美国人来说,宪法就是每个人以及每位政府公职人员的圣经。爱德华·考文说:“宗教改革以天经地义的《圣经》取代了一贯正确的教皇,而美国革命用以一纸文件的统治取代了国王的统治。”①

在《联邦党人文集》中,联邦党人汉密尔顿开篇便提出联邦宪

① [美]爱德华·考文:《美国宪法的“高级法”背景》,强世功译,北京:生活·读书·新知三联书店,1996 年。

法的“例外论”问题，他写道：“时常有人指出，似乎有下面的重要问题留待我国人民用他们的行为和范例来求得解决：人类社会是否真正能够通过深思熟虑和自由选择来建立一个良好的政府，还是他们永远注定要靠机遇和强力来决定他们的政治组织。”①在古希腊传统中，古希腊哲人往往将建立良好政府的期望乞求于获得不可多得的机遇，而人们常常认为古埃及、古罗马帝国的建立依赖的是强力。在联邦党人看来，为了保证美洲成为典范，联邦必须超出这两种必然性，成为一种例外，它必须建立在深思熟虑与自由选择之上，建立在成文宪法一平等契约之上。杜尔哥在预言美国典范、榜样时接着说道：“但是，要为我们达到这些目的，美国就必须对自己实现它们，决不能像你们的那么许多有贡献的作家所预言的那样，变成一群分裂的国家，互相争夺领土和贸易，用人民自己的鲜血来巩固对人民的奴役。”欧洲大陆的经验和不列颠的经验共同表明，如果北美不联合成紧密的联邦，不论是保持邦联状态还是分裂成数个联邦，必将陷入到“强力均势”的体系中。正是源自犹太—约法传统的联邦体制为美洲殖民地的联合提供了契机，使杜尔哥美国例外的预言变成现实，使美国人既免于遭受王权的专制，又不陷于分裂。②

---

① 《联邦党人文集》，北京：商务印书馆，1980年，第3页。

② 参见林国基《“五月花号公约”签订始末》序言，以及《比希莫特抑或利维坦：美国建国的生死问题》一文。

三　地理因素

地理是一个国家立宪建制必须加以考虑的重要因素之一。托克维尔《论美国的民主》开篇便详细地描述了美洲的地理外貌，描述了它的山川河流、森林草地，总结道："它被发现的时候还是一片荒凉。……那些十分适于经商和开工厂的海岸，那些深水河流，那个用之不竭的密西西比河大河谷，总之，整个这片大陆，当时好像是为一个伟大民族准备的空摇篮。"第九章谈到"有助于美国维护民主共和制度的主要原因"时，托克维尔甚至认为，其中最重要的因素便是被美国人选来居住的这片国土，而安排他们来到这片土地，并给予他们以长期保持平等和自由的手段的，却是上帝本身。"它(北美)好像是一直被上帝包藏着，而现在才从洪水中露出水面的。当它出现于人们面前的时候，仍保留着创世之初的面貌……"在他看来，美洲的发现纯属"运气"或属于上帝的神意安排，因此美国的民主共和制度的维护也最终依赖于这一偶然的运气。因此，托克维尔对美洲独特地理环境的描述，使"美国例外论"沦为特殊论的变种，毫无例外地沉溺在"运气与强力"的神龛与魔咒中不可自拔。① 然而，细致考察便会发现，美洲的发现并非纯属偶然，而美洲(北美)的联合则属心智的必然。

美洲的发现正当基督教文明最衰落之际。一方面学术毫无进展，天主教教师教授的东西充满教条，乏味而毫无生气，教皇制

---

① 参见林国基《地理之于美国民主的利与弊》一文。

度自身也陷入腐败分裂之中，正在走上末路；另一方面神圣罗马帝国也陷入解体与衰落之中。伊斯兰世界此时正在急速扩张，从三面包围西欧基督教文明。整个西欧普遍存在的一种情绪，乃深深的幻灭感、冷嘲的悲观主义，以及阴郁的绝望心情。① 基督教世界希望收复耶路撒冷，重建圣殿作为振兴的希望，但历次十字军都失败了。此时西欧人试图尝试环绕非洲，或穿越大西洋去往东方，认为从背面径取穆斯林的世界，可重新打通通往耶路撒冷的道路。因此，发现新世界是重建圣殿努力的产物，新世界的发现也确实为和平圣殿的重建提供了机会。

美洲殖民地的联合更属心智的必然，而非纯粹偶然。在美利坚联邦初创之时，联邦党人汉密尔顿就不仅洞见到现有的十三个殖民地必须联合，才不至于陷入分裂与彼此纷争之中，甚至预言到百年之后联邦因为西部扩张以及奴隶问题而可能导致分裂，因此要求联邦紧密团结。联邦党人认为，美洲的联合与团结能够使美洲成为像英国一样的岛国，因而能够避免拥有像欧洲大陆国家所拥有的常备军，进而能够保护人民的自由；只有实现在约法（联邦宪法）下的紧密联合才能避免走上欧洲大陆力量均势的道路，又能避免恺撒式的征服与统一。在美国内战中，南北双方的斗争最终也可归结为约法传统与南方根源于英国的土地贵族传统的斗争，可以被形象地归结为海洋与陆地的斗争，最终以北方所代表的约法传统战胜了南方，维护了美利坚联邦的统一。由此可见美洲孤岛的独特地理位置，不论是其被发现，还是那片土地上统

① ［美］莫里森等：《美利坚共和国的成长》上卷，第18—19页。

一国家的维护都绝非偶然，也绝非出于天意，而是人类心智的必然结果，而支配人类心智的是古老的和平圣殿传统以及约法传统。正因为那些伟大心智拥有这些隐秘的根源，美国才几乎被搁置于美洲这座孤岛上，享受到独有的自由与和平。

不列颠帝国与美国在政治制度上虽有所差异，但它们构筑的帝国都将帝国的实力立基于海洋之上。英国构筑海洋帝国的梦想开始于伊丽莎白一世时代。那时的英国充满着雄心壮志，英国人的海洋梦想得到最初展现。在那个时代，托马斯·莫尔爵士的《乌托邦》成为出海的人随身携带的"圣经"，他们常常对着大海感叹道："我们从海上也像从陆地上一样地接近天堂。"[①]这个时代，自培根的《新大西岛》开始，孤岛"乌托邦"不仅成为一种文学上的想象，更成为表达政治雄心的政治修辞，而这种政治修辞的表达又隐秘地同犹太约法传统密切相连。[②] 莫尔的《乌托邦》、培根的《新大西岛》、哈灵顿的《大洋国》乃至霍布斯的《利维坦》，无不如此。

四　尾声

历史上许多强大的国家与帝国，当其实力消逝之后，都留下了许多值得书写、记忆的与众不同之处。古罗马人引以为傲的是他们对武力的崇尚以及对德行的严格遵从；古希腊人值得称道的

---

① ［美］莫里森等：《美利坚共和国的成长》上卷，第48页。

② 参见林国基《海权大战略：培根的〈新大西岛〉》。

是伯利克里“葬礼演说”中所描绘的古希腊城邦的自由生活以及哲学的昌盛;英国人则常常对他们宪政自由以及与众不同的商业海洋帝国引以为豪。“美国例外论”的独特性体现在,美国人的生活秩序从其殖民地初期开始便建立在犹太—基督教的“约法”传统之上。这种“约法”并不立基于某一片特殊土地,也不依赖于某片特殊土地上的风俗。正如“五月花号公约”完全建立在海洋之上一样,“美国例外论”中的这种约法传统更加具有海洋气质。而海洋也正是追求自由的人们摆脱“暴君与恶棍”的统治,走向自由与自治的通道。在这点上,“美国例外论”将“约法”“自由”与“海洋”融为一体。

海权与陆海复合型强国

吴征宇①

陆海复合型国家就是指濒临开放性海洋且背靠较少自然障碍陆地的国家，欧洲位于大西洋沿岸地带的国家（如法国和德国）及当代中国都是陆海复合型国家的典型代表。从近代以来的历史看，陆海复合型国家在战略上都具有几个明显特点：一是战略选择上的两难，历史证明一国无论多么强大，都很难长期成为陆海两栖性强国，因为战略集中是任何国家生存和取胜的前提；二是双重易受伤害性，这类国家因面向陆海两个方向，因而必须面对来自陆海两方面的压力；三是服务于国家战略目标的资源分配容易分散，出于安全战略上的实际需要，这类国家通常要在陆海两方面保持平衡，因而有限的资源容易被分散使用。

在现代世界历史上，边缘地带陆海复合型国家中不乏世界顶级强国的有力竞争者，但它们为此进行的努力却无一例外都遭到

---

① 吴征宇，中国人民大学国际关系学院。

失败，其中最典型的例证当数是路易十四和拿破仑的法国及威廉二世和希特勒的德国，在导致它们失败的众多原因中，地理政治上的不利因素则无疑是其中重要的原因之一。历史上位于欧洲大西洋沿岸的陆海复合型强国（法国和德国）的争霸努力之所以屡次遭到失败，其关键是由于欧洲大陆东西两翼的国家，能够不断利用欧洲以外的资源来干预欧陆局势，从而阻止了历史上多次出现的区域统一倾向。在潜在的欧洲区域征服者遭遇失败的过程中，霸权觊觎国的海外扩张及其为争夺海权进行的努力，通常是导致它们最终走向失败的重要诱因之一。

与历史上的陆海复合型强国（尤其是路易十四的法国与威廉二世的德国）一样，冷战后中国的崛起进程也同样伴随着规模巨大的海洋转型，这种转型的主要驱动力是来自中国正在进行的史无先例的外向型发展。基于历史的经验教训，当代中国在进行海洋转型时需要考虑的首要问题之一，是如何才能够避免重蹈历史上欧洲陆海复合型国家的覆辙，从而真正实现具有最高层次上创新意义的和平发展。

一 "边缘地带"的大战略含义

"陆海复合型国家"这个词，是由两位中国学者——邵永灵教授和时殷弘教授——共同创造出来的，在现代地理政治术语中，与此对应的则是“边缘地带国家”的概念。[①] 在现代地理政治思想史上，“心脏地带”和“边缘地带”是其中两个最重要的理论术语，这两种理论的创立者分别是英国地理学家哈尔福德·麦金德和美籍荷兰裔国际政治学家尼古拉斯·斯皮克曼。[②] 尽管在此无法详述，但在考察“陆海复合型国家”战略地位前，有必要首先回顾一下麦金德和斯皮克曼这两种理论的基本点。

麦金德依据自然地理特征将世界划分为三个区域：一是位于欧亚大陆中心的那片由草原和沙漠构成的内陆区域；二是由欧亚大陆边缘陆地构成的“内新月形地带”；三是由近海岛屿、南北美洲、澳大利西亚组成的“外新月形地带”。麦金德指出，欧亚大陆中心那片以草原和沙漠为主的区域是一个巨大的天然要塞，这里三面山系环绕，河流都流入内陆湖或北冰洋，因而是“海上人”无法到达的场所；这片地区历史上一直由各种游牧民族所控制，这里的自然条件及马和骆驼的机动性使他们能够不断汇集起强大的军事力量，从而对边缘地区造成严重威胁。麦金德根据历史上来自大陆中心的游牧民族对边缘地区的施压程度，将古典时期以后的世界史分为三个时期，即前哥伦布时代、哥伦布时代、后哥伦布时代。麦金德认为，前哥伦布时代的特征是欧洲被困在狭窄区域内，且不断地受到草原游牧民族的威胁；16 世纪航海大发现使世界进入了哥伦布时代，新航路的开辟使欧洲人得以从海上迂回

---

① 邵永灵、时殷弘：《近代欧洲陆海复合国家的命运与当代中国的选择》，《世界经济与政治》2000 年第 10 期，第 50 页。

② Mackubin T. Owens, “In Defense of Classical Geopolitics”, *Naval War College Review*, vol. 52, no. 4, 1999, p.68.

到游牧民族的后方，从而抵消了中心地带的战略优势；但进入20世纪后，新技术的出现使中心与边缘的力量对比再次发生根本变化。麦金德正是由此得出了他战略思想的核心命题，即欧亚大陆中心的那片由内陆和冰洋水系覆盖的地区，是世界政治的“心脏地带”：历史上这里的游牧民族曾经对边缘地区造成过严重的威胁，20世纪的技术发展可能将使边缘地区面临类似压力，一旦技术发展使欧亚大陆中心地带再次被组织起来，那么一个庞大的世界帝国也就为期不远了。[①]

尽管麦金德将世界划分为三个区域，并且承认欧亚大陆边缘的“内新月形地带”的重要性（因为世界上大部分人口和资源集中在这里），但这一地区在他的理论中始终居于从属地位，即这一地区的重要性只在于它历来是海权与陆权争夺的焦点。麦金德提出的这种看法虽同他界定的海权与陆权的对抗相一致，但问题在于历史上海权与陆权的对抗只代表一种在特定时期的国际权势冲突模式，即心脏地带作为权力中心的重要性并非是历史或地理造成的，而是由边缘地区在某些时期的羸弱造成的。[②] 在现代战略思想史上，对麦金德理论的这一缺憾作出了实质性修正的，是20世纪美籍荷兰裔著名国际政治学家尼古拉斯·斯皮克曼。与麦金德相反，斯皮克曼认为，世界上最具有权力潜质的场所是欧亚大陆边缘地区（边缘地带），这不仅是因为世界上大多数的人口

① Halford J. Mackinder, “The Geographical Pivot of History”, *The Geographical Journal*, vol. 23, no. 4, 1904, p. 434, 436.

② Leo S. Amery, “The Geographical Pivot of History: Discussion”, *The Geographical Journal*, vol. 23, no. 4, 1904, p. 440.

和资源集中在这里，且更是因为“东半球的权力冲突向来与心脏地带和边缘地区的关系有关，与边缘地区的权力分布有关，与海上势力对大陆沿岸的压迫所起到的影响有关，最后，与西半球参与这种压迫的程度有关”。[1] 值得注意的是，在斯皮克曼界定的所有这些权力互动形式中，边缘地带实际上都处于一种核心地位，即边缘地带并不是一个在海权与陆权间完全处于被动地位的区域，它同样也是一个权势争斗的发源地，由于世界上大部分的人口和资源集中在这里，因而那些位于边缘地带的国家时常同来自陆海两个方向的势力发生对抗。正是因为如此，在拿破仑战争和两次世界大战期间，英国和俄国“全都是站在一起反抗拿破仑、威廉二世和希特勒领导的边缘地带国家的”。麦金德虽然也注意到这三场战争，但他认为前者仅仅是东西欧间的较量，后两者则是德国为控制心脏地带而作出的努力；而所有三场战争在斯皮克曼理论中的性质却是完全相同的。

对斯皮克曼来说，“边缘地带”的战略属性实际是双重的，它有时是在海洋强国和心脏地带强国间分裂的，有时海洋强国和心脏地带强国则联手对抗边缘地带某个强国，“边缘地带”的战略重要性也正是集中在这一基本的二元论上。尽管斯皮克曼并不否认海权与陆权对抗的存在，却认为它并非压倒性的主题，即历史上从没发生过单纯的海权与陆权的对抗，“历史上的阵营总是由某些边缘地区国家和不列颠一起去对抗另一些边缘地区国家和

---

① Nicholas J. Spykman, *The Geography of Peace*, New York: Harcourt Brace & Co., 1944, p. 51.

俄国，或不列颠与俄国一起对抗一个边缘地区强国”。[①] 与麦金德揭示的单一海陆对抗模式不同，斯皮克曼揭示的历史上交替出现的权势对抗模式实际有两种：一是海权与陆权的对抗，即海洋国家及边缘地区盟友与心脏地带国家及其边缘地区盟友的对抗；二是海洋国家和心脏地带国家联手与某个边缘地区强国的对抗，这其中哪一种模式占上风则要取决于边缘地带的权力分布状况。[②] 与麦金德揭示的单一对抗模式相比，斯皮克曼揭示的这两种模式从历史角度看更具普遍性：对麦金德来说，两次世界大战中的德国与战后的苏联是完全相同的国家，即这三次对抗都反映了心脏地带强国试图称霸欧亚大陆的努力，而正是这点使它们与主导性海洋国家发生了冲突；对斯皮克曼而言，两次世界大战与冷战乃两种不同的权力对抗模式，即前者反映的是主导性海洋国家和心脏地带强国联手与一个边缘地带强国的对抗，而冷战反映的是海洋国家及其边缘地带的盟友与心脏地带国家及其边缘地带的盟友间的对抗。

二　近代欧洲陆海复合型强国的命运

自二战结束以来，与麦金德理论相比，斯皮克曼理论的重要性长期以来都没有得到应有的重视，二战后海洋国家与心脏地带

① Nicholas J. Spykman, *The Geography of Peace*, New York, Harcourt Brace & Co., 1944, p. 43.

② Michael P. Gerace, “Between Mackinder and Spykman”, *Comparative Strategy*, vol. 10, no. 4, 1991, p. 354.

强国相对于边缘地带的优势掩盖了边缘地带的真正重要性，由此导致的结果是人们普遍都是以麦金德的视角来看待斯皮克曼的理论，而这点恰恰抹杀了边缘地带在现代世界政治中的核心地位。事实上，自16世纪以来，边缘地带很大程度上一直是世界政治的中心，这里不仅是曾经开启现代世界历史进程的航海大发现的起源地，而且历史上两个最重要的挑战者，即路易十四和拿破仑的法国与威廉二世和希特勒的德国，都是位于边缘地带的陆海复合型强国，而有关它们失败机理的考察无疑将有助于我们对陆海复合型强国战略地位的认识。

在现代世界历史上，边缘地带强国的争霸努力之所以屡次遭受失败，根本上要归因于贯穿几个世纪以来欧洲国际关系的大均势机理。这种机理得以保存并持续运作的关键，是每当一个潜在强国可能以强制手段来统一欧洲时，欧洲大陆东西两翼必然会出现制衡它的力量，这些力量引入欧洲以外的资源参与欧洲霸权斗争，从而阻止了霸权国的胜利。当欧洲大陆东西两翼的平衡力量同时发挥作用时，将迫使霸权国从事一场极为消耗资源的两线战争，由此造成的必然结果也就是欧洲均势不断得到恢复。一般来讲，从1494年至1945年，由于体系中的主要行为者大都是欧洲国家，且欧洲区域体系主导了世界其他地区，因此绝大多数理论家往往将那种在欧洲国家体系历史经验基础上形成的均势逻辑看作一种普遍规律，即一种能够脱离特定的地理政治环境而独立运作的机制。[①]但事实上，1494 年至 1945 年的欧洲国际关系实质上是欧洲国家体系特定的地理政治环境的产物，这种环境的首要特征是位于欧洲大陆东西两翼的强国——首先是西方海洋强国，其次是东方大陆强国——不断以欧洲以外的资源来干预欧陆局势，从而最终阻止了历史上多次出现的欧洲统一倾向。[②] 显然，任何为反对共同的霸权威胁而形成的制衡同盟确有其内在逻辑，但历史上反复遭到毁坏但又反复得到修复的欧洲均势并不归功于这种逻辑，而是归功于欧洲西翼的主导性海洋强国（主要是英国）和欧洲东翼那个在人力和资源上都占有绝对优势的大陆强国（最早是奥地利，但主要是俄国）。

从表面上看，作为以贸易和金融为主业的国家，主导性海洋强国历来关注欧洲以外商业与市场的扩张，而历史上出现的挑战者国家则历来关注在欧洲大陆上的领土争夺。由于活动在不同的战略区域内，这两类国家间似乎不大可能因利益冲突产生碰撞。但与此相反，历史上的主导性海洋强国与欧陆霸权觊觎国的碰撞不仅带有明显规律性，且主导性海洋国家在反抗欧陆霸权觊觎国的过程中总是扮演着关键角色。导致这种情况的根源主要就在于，一旦某个大陆强国取得了欧陆霸权必然将威胁到主导性海洋国家的根本利益，因为欧陆霸权将会使一个大陆强国获得足够的资源，从而有能力动摇主导性海洋国家在经济和海军上的领

① Kenneth Waltz, *Theory of International Politics*, New York: McGraw－Hill, 1979, p. 128.

② Ludwig Dehio, *The Precarious Balance*, London: Chatto & Windus, 1963, p. 42.

先优势。[①] 首先，一旦某个大陆强国取得欧陆霸权，它同时也将会处于一种在洲际远程贸易领域取得霸权的绝佳位置上，因为追求欧洲霸权必然使霸权觊觎国寻求对相邻的经济繁荣源泉的控制。这点在现代历史上通常意味着寻求对意大利北部或低地国家的控制，这种控制不仅能够带来相对财富的快速增长，而且有望能够使霸权国在海洋能力上获得急剧提高。其次，一旦某个大陆强国取得了欧陆霸权，它同样也将有能力使欧洲大陆的市场对主导性海洋强国完全封闭。历史上的霸权觊觎国(路易十四和拿破仑的法国及威廉二世和希特勒的德国)追求欧洲区域霸权的动机之一，就是建立一个完全自给自足的大陆经济区，而它们在不同历史时期用以对抗主导性海洋强国的重要手段，则是不同形式的大陆封锁体系。[②]

自1648年以来，主导性海洋强国的优势历来是建立在两个基础上，即大陆均势及经济与海军上的领先优势，这两者彼此间是密切联系的，因为任何维持大陆均势的实践根本上都将有利于主导性海洋强国保持自己在经济和海军上的相对安全。正因为保持大陆强国间的均势关系其切身利益，所以历史上的主导性海洋强国及其继承者都有着强烈动机去阻止任何单一强国取得欧陆霸权。历史上边缘地带强国争夺欧洲霸权失败的原因之一，也正是由于主导性海洋强国对欧陆局势的不断干预。由于主导性

---

① Michael Sheehan, *The Balance of Power: History and Practice*, London: Routledge, 1996, p. 127.

② Ludwig Dehio, *The Precarious Balance*, London: Chatto & Windus, 1963, p. 58, 75, 166, 263.

海洋强国的核心利益并不是大陆上的领土扩张，而是保持大陆强国间均势以防止其核心区域为任何单一强国独占。因此历史上的主导性海洋强国与许多大陆强国（尤其是那些与强邻接壤的国家）在维护现状问题上存在着平行利益。由于大陆国家对区域均势的敏感度远高于它们对全球均势的敏感度，因此历史上陆海复合型强国的称霸努力（这种努力首先改变的就是区域均势）总是会遭到某个历史时期的主导性海洋强国与大陆邻国的双重夹击。边缘地带的陆海复合型强国由于其战略上的实际需求，因而在崛起过程中都会进行不同程度的海洋转型，但历史上法国和德国进行的这种转型最终都触发了欧洲国家体系赖以延续和维持的大均势机理，并且最终都遭到了失败。而这点同样也意味着，由于陆海复合型强国在发展海权时往往要承受陆海两方面的压力，因此陆海复合型国家在其崛起过程中进行的海洋转型及发展海权的努力，从一开始就应当被置于一种合理的大战略框架下，惟其如此才能够有望避免重蹈覆辙。

三　陆海复合型强国的海洋转型

海权不是一个单纯的军事问题，而是关系一国安全与发展的大问题，从大战略角度看，无论海权的地位曾经多么显赫，充其量不过是实现大战略目标的手段。如果用一句话来概括，那就是海权应服务于（国家）战略，而不是战略服务于海权。与单纯的海洋国家相比，陆海复合型强国由于其地理政治上的特殊性，因而它们发展海权的努力更要被置于一种合理的大战略框架下，而这点首先意味着必须对发展海权的战略目标、海上力量的构成及发展海权的禀赋条件有较为明确的认识。

从大战略的角度看，陆海复合型强国在发展海洋能力时首先必须做到的，就是确立与自身地位相称的合理的战略目标。由于海上力量具有全球到达的特性，因此任何强国发展海权几乎一开始就是与施加全球范围的影响联系在一起的。所谓的“有限海权论”甚至在理论上都很难成立。近现代历史上的陆海复合型强国（尤其是路易十四的法国和威廉二世的德国）曾经为发展海权进行过的努力，很大程度上都是与它们争夺欧洲霸权乃至全球霸权的企图相连的。而这点同样也意味着，如果一国力图追求的是世界性强国或世界领导者的地位，甚至是全球霸权，那么掌握海权就可能是一条必经之路，但如果一国的战略目标仅仅是维护国家的主权和领土完整及确保相对有利的外部环境，那么其发展海权的需要也就不那么迫切。[①] 即使一国将战略目标界定为成为世界领导者，它们是否能发展出与此相称的海上力量也要受客观条件的限制，而这点是不以人的意志为转移的。由于地理政治上的局限性，陆海复合型强国在发展海权的问题上历来存在先天性缺陷。一是由于海权很大程度上已经成为了世界霸权国的专利，因此任何其他的国家发展海权势必引起世界霸权国的强烈反应。二是陆海复合型强国发展海权的努力客观上首先触动的将是地区均势，而这点也势必将引起周边邻国的强烈反应。历史上的陆

---

① 徐弃郁：《海权的误区与反思》，《战略与管理》2003年第5期，第16页。

海复合型强国曾经进行的海洋转型之所以无一成功，其原因之一就在于主导性海洋强国与许多大陆国家在维持地区均势问题上存在共同利益，这也是历史上的主导性海洋强国能够屡次成功地构建起针对边缘地带强国的大同盟的关键。[①] 与单纯的海洋国家相比，由于历史和现实的双重制约，陆海复合型强国发展海洋能力上面临的困难和挑战往往更多，其发展前景的不确定性也更大。这种情况最需要的是一种在复杂局势中寻求平衡的大战略、大思路，如果不加分析地套用一些简单的甚至某些似是而非的东西，非但无助于解决问题，反而可能给国家和民族的根本利益造成巨大灾难。

从严格意义上说，陆海复合型强国发展保障安全必需的海上力量与争夺海权两者间是存在有严格界限的，这种界限的核心指标就是一国海上力量的构成。在现代国际关系实践中，判断一国是否构成威胁的方式历来有两种：一种是通过“软性”手段对一国的战略意图进行解读；另一种则是通过“硬性”手段，即考察一国的战略能力，来判断其是否构成威胁。由于“意图”通常不仅无法得到如同能力一样的确切衡量，而且还有相当的不确定性，因此判断一国战略意图的最可靠方式实际上是考察一国的战略能力，而一国战略力量的构成则是其核心的指标之一。任何国家的海上力量都是由不同的舰只构成的武装，特定的海上力量构成能够比较明确地反映出一国总体的战略取向，主导性海洋强国通常也

① Michael Sheehan, *The Balance of Power: History and Practice*, London: Routledge, 1996, p. 115.

是根据一国海上力量的构成来判断其威胁的程度。[①] 第一次世界大战前,英国之所以将德国锁定为主要对手,原因之一是德国当时重点发展的是用于海上决战的战列舰。在航空母舰到来前,战列舰是一国制海能力依赖的主要舰种,谁拥有战列舰,谁便可以控制海洋,且可以此为基础实施其他相关行动(包括封锁和对陆作战)。在英国看来,这点所传达的信息是德国已经将英国界定为主要对手,因为无论意图如何德国海军的力量构成已经在客观上能够对英国的本土安全和海权地位造成根本威胁。现代战争技术的发展虽然使国家意图的判断指标出现了很大变化,但一国武装力量的构成仍是判断其战略意图的核心指标之一。[②] 近年来,随着中国海上力量的迅速发展,许多美国学者曾经多次以中国海上力量的构成来判断中国可能对美国的威胁程度,这种做法同样也说明了一国海上力量构成对判断其战略意图的重要性。由于陆海复合型国家在发展海上能力时往往会引起安全局势的复杂化,因此海上力量的构成是必须重点考虑的核心要素之一。其中尤其值得警惕的,是一国屈从于国内政治中的利益集团或军队势力的压力,从而在发展海上力量时客观上违背了原本已经确定的战略目标。

与个人的发展需要某种程度的资质一样,任何国家发展海权时也必须考虑自身的客观条件,事实上,一国的地理位置通常也

---

① Ivo Nikolai Lambi, *The Navy and German Power Politics*, 1862—1914, Boston: Allen & Unwin, 1984, p. 321.

② Toshi Yoshihara & James R. Holmes, *Red Star Over the Pacific*, Annapolis: Naval Institute Press, 2010, p. 46.

决定了一国究竟能够拥有多大程度的海权。与单纯的海洋国家相比,陆海复合型国家由于同时面临两方面压力,因而很难能够集中精力发展海权,即使它们能够暂时拥有庞大的海上力量,其陆地方向上面临的压力也使其海权很难持久。[1] 路易十四时代的法国就曾经拥有过庞大的海上力量,但陆海兼具的特点却使得法国的海权具有很大的脆弱性。由于舰队无法保证漫长陆地边界的安全,因此法国被迫常常将陆权置于海权之上,并且与英国的海上争霸固然会影响其发展,但来自陆上的威胁却可以直接威胁其地位和生存。威廉二世时代的德国也曾经拥有一支足以与英国在大洋上匹敌的海上力量,但不久德国海军的军备建设就因为过度地消耗了国家资源而被迫放慢步伐。陆海兼具的特点决定了德国不可能奢侈到可以将其资源完全用于海军建设,因此英德海军竞赛实际上在一战爆发前就已经见出分晓。除先天上的不足外,由于陆海复合型强国必须在陆海两方面保持平衡,因此过度地发展海权则不仅可能导致有限财力的分散使用,而且可能导致主导性海洋强国与周边邻国的联手制衡。[2]路易十四时代的法国就因为同时在陆海两个方向上的扩张而造成强烈反弹。陆海两方面的扩张不仅导致英法两国长期处于战争状态,而且使法国的大多数邻国在西班牙王位继承权战争中纷纷都加入到英国一方参战,而同时面对陆海两方面的进攻则是导致法国最终失败的

---

① Alfred T. Mahan, *The Influence of Sea Power upon History*, 1660—1783, Boston: Little, Brown, 1890, p. 65.

② Ivo Nikolai Lambi, *The Navy and German Power Politics*, 1862—1914, Boston: Allen & Unwin, 1984, p. 372.

重要原因之一。威廉二世时代的德国同样是因为盲目地追求海权从而使英国最终将德国认定为自己的主要威胁，这种情况使德国在面对法俄两国传统敌意的同时，还不得不面临来自英国的巨大海上压力。德国盲目追求海权的结果，就是使列强间的分化组合丧失了原有的灵活性从而加速了一战的到来。

四　当代中国的海洋转型及相关问题

与历史上的陆海复合型强国一样，冷战后中国的崛起进程同样也伴随着规模巨大的海洋转型，这种转型的首要动力是来自冷战后中国史无前例的外向型发展。基于历史的经验教训，当代中国海洋转型面临的首要问题是如何避免历史上陆海复合型强国进行类似转型而造成的消极后果。这其中最迫切的问题有三个：一是对全球化时代海权地位的认识，二是对海上力量的战略构成作出明确规划，三是对由此而可能引发的区域局势复杂化及主导性海洋强国的关注有足够的心理及外交上的准备。

海权在历史上对相关国家的发展确实起到过独一无二的作用，但海权的作用根本上是以特定历史时期的技术条件和发展要素为前提的。随着技术的不断发展和经济要素的转变，海权对一国发展起到的作用在不断地降低（当然这种降低也是有底线的），即历史决定了海权的地位，而不是海权决定了历史。正是从这个意义上说，当今中国在海洋转型的过程中急需解决的首要问题，是必须正确认识海权对中国发展的作用。海权在历史上确实曾起过重要作用，尤其自马汉的“海权的影响”系列著作问世以来，海权的地位更被抬高到异常显赫的地步。但值得注意的是，马汉对海权的论述建立在历史上少数海洋国家的成功经验的基础上，且他考察的也是一个贸易和海军在世界事务中发挥主要作用的时代，因此无论从哪个方面来看，马汉的海权思想在当代世界的适用性都是要受到严格限制的。[①] 从根本上说，马汉的海权思想主要是建立在两个前提上，即海洋经济是决定一国经济繁荣的关键性要素，且技术进步不会对海权的作用产生实质性的影响。然而，工业革命及其引发的技术进步导致的主要后果，就是使马汉的海权思想赖以立论的两大前提在现代世界中根本无法成立。首先，现代世界中的海洋经济对国家经济繁荣已经不再起到决定性作用，因为工业革命及其引发的技术进步已经彻底取消了海洋经济在生产、运输和贸易上曾经享有的那些优势。现代世界中的海权与经济繁荣间的联系与马汉揭示的正相反，即现代世界中是一国的经济实力决定海权的兴衰。其次，马汉之所以认为海权相对陆权而言有更大影响力，还在于以往时代的技术条件使那些享有幅员优势的大陆强国的潜力没有被充分地发掘出来，但技术进步不仅使这些国家拥有了有效开发自身潜力的手段，而且使它们更可能赢得一场大规模的持久战争，即海权在经过工业化改造后的现代世界中已经不再具有以往的那种影响力。[②]

---

① William E. Livezey, *Mahan on Sea Power*, Norman: University of Oklahoma Press, 1980, p. 274.

② Paul M. Kennedy, *The Rise and Fall of British Naval Mastery*, London: Macmillan, 1983, p. 178.

由于地理政治上的局限性，陆海复合型强国不太可能将资源全部都用于海洋发展，而这点同样也意味着陆海复合型强国不太可能发展出一支足以与主导性海洋强国匹敌的海上力量。正是从这个意义上说，陆海复合型强国在进行必要的海洋转型时，不仅必须充分认识到自己能力的限度，更加重要的，就是必须对自己需要一支什么样的海上力量（尤其是海军力量）有一个明确认识。笼统地说，海权对当今中国发展将起到两方面的重要作用：一是拓展在西太平洋的防御纵深，从而最大限度地保障中国最具经济活力的东部地区的安全；二是保障对中国经济发展至关重要的海上交通线的安全，以此来保障中国获得持续的发展动力。在理论上，尽管实现这两个目标的要求不尽相同，但两者可能都需要发展一支与任务目标相称的远洋水面舰队（尤其是航母编队）。因为历史经验已经证明，岸基力量在常规制海能力上有无法达到的死角，而唯有强大的远洋水面舰队才能够完成相关的任务。[①]但值得注意的是，这两种目标要求的，都不是发展一支足以与当今世界最强大的海军力量匹敌的远洋舰队：首先，拓展中国在西太平洋上的防御纵深可以有效地得到岸基打击能力和众多数量的远洋潜艇的支持，因此完成这一防御性任务需要的水面编队根本无须与执行进攻性任务的海军编队在数量和质量上达到同一级别，因为防御方的水面编队在此情况下实质上是起到“绊索”的作用，即它是防御一方启动更大规模的打击（甚至是核打击）的门

① Toshi Yoshihara, James R. Holmes, *Red Star Over the Pacific*, Annapolis: Naval Institute Press, 2010, p. 60.

槛。其次，战略性海上交通线大都是国际通道，这些航线的安全都是由包括最大海权国家在内的国际社会负责，因此不需要一国为此去单打独斗。对一个大国而言，当它的海上交通线面临被切断危险时，实际上已经是处在大规模战争的边缘了，而且在此情况下其威胁来源只能是最大的海权国，而这点也使得一支强大的水面舰队对保障海上交通线起不到多少作用。[①]

除合理的战略目标与恰当的兵力结构外，当代中国海洋转型需要克服的另一障碍，是来自主导性海洋强国与周边邻国的双重压力。历史上陆海复合型强国进行的海洋转型所以失败，很大程度上也正是由于这种双重压力，而造成这种状况的根本原因，是由于这两类不同性质的强国在防止边缘地带强国的崛起上存在明显的共同利益。作为一个正在崛起中的陆海复合型强国，当代中国海洋转型过程中首先遭遇的将是来自周边邻国的压力。这方面最明显的例证，是中国在东海和南海的相关问题上遭遇的一系列挑战，尽管中国政府一再表明无意挑战现存国际秩序，但这种说法针对的是全球均势而不是区域均势，而后者才是周边邻国关注的核心。如果要有效消除周边邻国的猜疑和压力，中国必须努力建立起一系列区域性的国际制度。而中国在此过程中需要明确的，不仅是必须要塑造能够对自己及邻国形成约束力的制度机制，而且要容忍区域外强国的参与，因为没有区域外强国的保障，中国根本无法与周边邻国（尤其是二等强国及其他小国）形成真正意义上的国际制度。除周边邻国的压力外，当代中国在海洋

① 徐弃郁：《海权的误区与反思》，《战略与管理》2003 年第 5 期，第 17 页。

转型过程中还将遭遇来自主导性海洋强国兼体系领导者的压力。除实力上的领先外，主导性海洋强国相对于崛起中的陆海复合型强国的另一个优势，是它们在防止边缘地带陆海复合型强国的崛起上与大陆上的其他国家存在有共同利益，这也是历史上主导性海洋强国能够多次成功地构建针对挑战者国家的大同盟的关键。除战略上的优化外，当代中国在应对这类压力时需要注意的问题，是必须努力塑造一种真正具有开放性的区域性乃至全球性国际秩序。主导性海洋强国的核心利益之一，就是要保持欧亚大陆上的核心区域对其在政治、经济和文化上的开放，为此中国不仅要容忍主导性海洋强国参与区域制度建设，而且要确立起一种具有真正开放性的政治经济意识形态。

四　结束语

与欧洲面向大西洋地带的强国一样，中国也是一个典型意义上的陆海复合型强国。从宏观历史角度看，近500年来，正是陆海复合型强国固有的弱点和制约，才使得中国在近代以来的历史上几次与强大的机会失之交臂。自20世纪90年代以来，伴随着冷战结束与苏联解体，中国作为陆海复合型强国的地理政治困局才得到了根本性改观，这也是我们目前能够集中全部精力从事“外向型发展”的主要缘由。然而，这一切并不意味着中国作为一个陆海复合型强国固有的弱点和制约从此便消失了。历史经验告诉我们，目前主要面向海洋的外向型发展能否持久，很大程度上取决于中国能否保持住来之不易的地理政治环境。这点则不仅要求我们必须在陆海两方面保持恰当的平衡，同时也需要我们对发展什么样的海洋能力作出明确的规划。

作为一个位于边缘地带的陆海复合型强国，中国在未来要实现持久的外向型发展的一个重要条件，是必须在陆海两方面保持恰当的平衡。因为从近代以来的历史经验看，边缘地带陆海复合型强国的海洋转型最终遭到失败，很大程度上是由于来自陆海两方面的压力。这方面最值得关注的，就是与中国拥有漫长陆上边界的俄国的对外政策走向。作为心脏地带的大陆强国，俄国的地理战略属性实际是双重的：作为历史上游牧民族的直接继承者，俄国的地理位置使得它能够通过不断向外扩张的方式使边缘地带国家面临强大的压力；然而，只要俄国自己不打算在边缘地区建立某种霸权，那么它同样是保卫和平最有效的大陆根据地。俄国特有的地理战略上的两重性意味着，只要俄国能够放弃在历史上不断出现的那种建立一个欧亚帝国的企图，那么俄国与主导性海洋国家在根本战略利益上往往有相当的一致性。而这点同样为历史所证明，因为在现代历史上，除短暂的克里米亚战争外，俄国与主导性海洋强国间（无论是英国还是美国）从来没有爆发过直接冲突，反倒是在针对一个边缘地带强国称霸企图的战争中多次结为盟友。如果从俄国地理战略上的两重性来推断的话，那么冷战的结束及俄国的羸弱可以说正是恢复了俄国作为一个心脏地带大陆强国与主导性海洋国家在根本战略利益上的一致性。这种一致性的核心就是防止一个边缘地带强国对现存国际秩序构成挑战,因为这种挑战不仅使美国将面临巨大压力,同样也会使俄国面临类似的压力。

除陆海两方面的平衡外,当代中国海洋转型过程中要慎重对待的另一个重要问题,是发展什么样的海洋能力。至少从理论上讲,中国可以通过两种方式来获得自己需要的海洋能力(尤其是制海能力):一是以陆权来获得海权,即通过发展远程岸基武器来获得必要的制海权(例如反航母弹道导弹及岸基远程巡航导弹等等),二是通过发展一支足够强大的水面舰队(尤其是航母编队)来获得制海权。鉴于战略上的实际需要,这两方面的能力对中国而言可能都具有不同程度的重要意义,但通过发展这两种能力传达出来的战略意图可能是完全不同的。一般来讲,以发展远程岸基武器(其中也包括远洋潜艇)来获得必要的制海权(也就是常说的反介入能力),涉及的可能将不仅是当今世界主导性海洋强国(美国),同时也将涉及中国周边的海上邻国(其中也包括日本和韩国),而这点无疑将导致中国的周边局势复杂化,而且对保障中国的海外利益没有任何帮助。与此相反,通过发展一支足够强大的水面舰队(尤其是航母编队)获得制海权,则不仅能有效地保障中国日益增长的海外利益,而且将最大限度地避免中美两国间可能出现的安全两难及军备竞赛局面。因为只要中国在发展海洋能力上保持恰当分寸感,那么作为当今世界主导性海洋强国,美国可能最不会感到担心的就是中国发展自己的远洋能力。美国可能也不愿意看到中国拥有巨大的远洋能力,但是在无法阻挠中国发展的前提下,美国可能最希望看到的就是中国在它自己最擅长的领域内进行发展。因为这不仅将会使美国对局势拥有最大程度的掌控权，而且也将向美国表明中国进行外向型发展的决心，而后者同样也将从一个侧面反映出中国融入国际社会的决心。[①]

① 美国对中国发展以岸基武器为主的"反介入能力"的担心，并不是因为这种发展破坏了中美两国间现有的力量平衡，而主要是因为这种发展将有可能会削弱美国对东亚事务的干预能力及动摇美国对东亚盟国提供的安全承诺的可信性。基于其特定的军事能力，美国对岸基和海基这两种"反介入能力"的应对手段是完全不同的，美国对前者几乎没有多少应对手段，但对后者则有较多的应对手段，而这点很大程度上也将提高美国对中国海洋能力感到不安的门槛。当然，无论中国发展何种能力都将使美国感到不安，但基于陆海复合型强国的特定条件，美国最不应感到担心的就是中国发展自己的远洋能力（当然，这种容忍也是有底线的，但目前中国离此底线还很远）。道理很简单，中国自身的海洋禀赋及特定的地理政治环境和资源条件决定了中国不可能发展一支足以与美国匹敌的远洋舰队。此处篇幅有限，因而无法深入阐释其中的道理，它涉及现实主义理论中的攻防平衡理论。另外，我在此也特别感谢本文的匿名评审者对这个问题提出的不同意见。

名　作　译　介

符拉基米尔·索洛维约夫的宗教形而上学

科耶夫/著　肖琦/译①

在索洛维约夫的作品中，形而上学有着极为重要的地位。它不仅是索洛维约夫全部思想的重心和基础，只有基于它，才能真正理解索洛维约夫全部的思想；同时，它也是索洛维约夫所有学说的最后证明。我们将这些不同的学说通过形而上学联系起来，构建一个能称其为"哲学体系"的完善、同质和有序的全体。形而上学是索洛维约夫思想的出发点，只有借助于它，我们才能了解其思想经历了怎样的变化及这些变化的意义所在。

当我们按照时间顺序来考察索洛维约夫的全部作品时，形而上学的重要性就清楚地显现出来。我们看到他的作品可以被分成三组，分别对应于其写作生涯的三个时期。在第一个时期，索洛维约夫发表的一系列作品，可视为其形而上学体系的历史回顾和批判：在表明怀疑主义、唯物主义和实证主义是不可能的之后，

① 肖琦，华东师范大学历史系博士后研究人员。

通过研究哲学问题的内在辩证法，然后分析哲学史，最后考虑到整个人类历史的演进，索洛维约夫认为能够证明一种宗教的和神秘主义的形而上学是必要的。这是之前所有哲学努力的综合和结果。他甚至认为可以指出，在不久的将来，这种绝对真实和明确的形而上学应该能出现在俄罗斯：当然，这种形而上学只能是他的。接着，在第二个阶段（三个阶段之中最短的），索洛维约夫阐述了其形而上学的主要框架，这一阐述从一开始就具有一种完整和完结的体系的特色。在最后一个阶段，即最长的一个阶段中，他似乎对理论问题，确切地说对形而上学问题不那么感兴趣。他在一些书和大量发表的文章中，讨论了道德和美学思想、历史哲学、关于爱的理论、神权政治的理想以及宗教和政治的思想等等，然而所有这些学说都只不过是它们所预设的那个形而上学的总概念的应用而已。从索洛维约夫的形而上学思想出发，通过提出这些甚至是他已经研究过的问题，我们就理解了他这些答案的真正意义和深层次的原因。反过来，我们通过研究这些个别的思想，必然会触及与这些个别思想密不可分的形而上学体系。形而上学也不仅是索洛维约夫作品的重心，从整体来看，它也是其每部作品的深层次来源和直接基础。

我们暂且不考察这个形而上学的产生和形成过程。索洛维约夫在刚满 27 岁时发表的一篇主要著述中，将其形而上学（至少是一个大的框架）进行了明确和完善的设计。甚至在读他早期发表的作品时，我们似乎也能从中觉察出这个同样的形而上学体系。看起来，索洛维约夫在刚开始写作甚至是刚开始思考时，就已经有了一个业已成形的形而上学体系。索洛维约夫本人也证实了我们的这种推测。在他1890年的一封信中(他当时37岁,即他去世前10年),有一句意味深长的话:"怀疑主义和不确定性是我年少时候的事了。我出现在公众面前的时候,就已经有了一套成形的形而上学体系,并且一直坚持到今天。"

这一证实是重要的。如果这是真实的话(我们丝毫不怀疑),索洛维约夫的基本的形而上学思想或许在他刚21岁时就已经确立了。当然,在这样的年纪,一种完全原创性的形而上学显然是不可能的,我们可以假设它借鉴了传统的力量来进行建构。而对索洛维约夫形而上学的研究也证实了我们的这一假设。不论如何,如果形而上学是索洛维约夫思想的基础,它从一开始或者说直到1890年都没有发生任何重要改变。按照索洛维约夫自己的说法,是没有发生任何值得一提的改变。事实上,在他的作品中,我们总是看到同样的一个体系,我们能指出的这个体系的某些改变也远不能说明整个体系发生了任何演变。

的确,索洛维约夫在其生命最后阶段的一些观点与他的形而上学体系有冲突。随着他的思想变得越来越悲观,他最后发表的那些作品,尤其是那些与历史哲学和恶的问题相关的作品,都与他形而上学的乐观的一神论有着明显冲突。哲学家自己似乎也意识到了这些冲突。事实上,在他生命的最后几年,他回到了形而上学问题,并且计划写一部庞大的理论哲学专著,其中就包含着对他的整个形而上学思想的新的阐述。但他过早地去世(1900年)导致这一计划最终未能实现。我们对他的这一新的形而上学一无所知。否则，这个悲观的、二元论的形而上学（恶的实体 réalité du mal）本该极大地区别于他之前的形而上学体系。

根据所掌握的资料，我们只能分析那个唯一的一直未变的形而上学。它无处不在，且同一于它自身。这就是我们上面引用的索洛维约夫那句话里的形而上学。除了他在生命的最后 3 年里发表的一些文章，索洛维约夫所有的作品也都是以此为前提的。

* * *

让我们来考察这一形而上学。

鉴于形而上学在索洛维约夫作品中的重要性，人们会假定他有许多形而上学的作品。但事实并非如此，索洛维约夫真正意义上的形而上学论著只是他已经发表作品中的极小一部分。只有四本书相对系统和宽泛地处理了这一问题，其中三本用俄语写成——《抽象原理批判》（1877—1880 年）、《完整知识的哲学本原》（1877 年，未完成）、《人神论讲座》（1877—1880 年），一本用法语写就——《俄罗斯和普世教会》（1889 年）。但是真正说来，《本原》一书只是稍微提及了形而上学问题。在《批判》一书中，仅有三章是讨论这个问题的。这样的讨论，对于用来奠定其伦理学和认识论的基础来说是不够充分的，也仅能被看作对《讲座》一书的补充，同样，《俄罗斯》一书中用来讨论形而上学的第三部分也仅仅是对《讲座》一书的补充。因为除了对那本俄文书做了一些不那么重要的修改和延伸，该书并没有什么真正新的内容。归根结底，《讲座》应该是主要的资料。然而，这本篇幅相对较短的著作，甚至也不是完全用来探讨形而上学问题的。

我们的研究将建立在这四本书的基础上，这四本书几乎是了解索洛维约夫形而上学的全部资料。当然，我们也应该将索洛维约夫的全部作品介绍给那些想对他的形而上学稍微有点了解的读者，[①]这不仅是因为他其他的作品能够作为对其比较少的形而上学著述的补充，也是因为这一形而上学学说的意义和影响，只有借助其在作者全部哲学思想中的延伸和应用，才能够被真正地理解。进而，在资料相对贫乏的情况下，我们还是能够得出一个完整、体系化和自圆其说的形而上学思想。

索洛维约夫的形而上学有着特别鲜明的神秘主义和宗教色彩。这完全是神学的，且完全是东正教的形而上学。索洛维约夫自己强调说，他唯一的目的是赋予基督教神启以一种理性的和体系化的形式。对他来说，神秘主义的经验或者说信仰赋予了形而上学以内容，哲学家的作品仅仅是这一内容的抽象组成部分。

形而上学的主要对象是上帝。在《讲座》一书中，索洛维约夫明确说："他的存在只能通过信仰来证明。""神圣原则的内容，如同外部世界的内容一样，是由经验赋予的：我们相信上帝的存在，并通过经验(ispytyvaem)来认识和发现他。"这就是索洛维约夫所诉诸的个体的和传统的神秘主义经验与宗教认识。

假如说形而上学必定预设了宗教，没有加入任何新的真理，然而这并非多余。"宗教经验只是代表了一些从神圣事物中抽离出来的认识，而非对这些事物的完全认识。只有把宗教经验组织

① 我们只能参考已刊印的作品，没能查阅其未出版的手稿。

在一个完整、逻辑和连贯的体系中才能获得这样一种完全的认识。同样，在宗教信仰和宗教经验之外，我们也需要一种宗教思想，其结果即是一种宗教哲学。”[1]因而，索洛维约夫的形而上学就是想成为这样一种“宗教哲学”，在他看来，形而上学也正是作为一种宗教哲学才是恰当的。

在这点上，索洛维约夫的观点没有任何改变。在他去世前3年，即《讲座》一书完成20年后，他仍旧表达了他经常重复的观点：“如果宗教事物的真实存在的确定性是建立在宗教经验的基础上，哲学的任务在此只能是这一经验的转化和延伸：即它必须使我们在现实宗教里的观念变得更为明确、清晰和完整。”（《上帝的理念》，1897）[2]

确实，索洛维约夫的表达不总是这样直截了当。有许多次，例如在《俄罗斯》的部分章节中，他从本体论和宇宙论来证明神的存在[3]，并将这章命名为“由存在的理念理性演绎出的神性三位一体”，他似乎是想赋予其形而上学独立的和理性的基础，以此先验地证明或推演出基督教的教义。但是我们不能相信这一表象。事实上，他的著述中没有任何这样的“证明”或“演绎”。

不考虑这些纯粹是语词上的例外的话，我们认为索洛维约夫的形而上学不仅仅是宗教的和神秘主义的，而且也是东正教的（或天主教的，如在《俄罗斯》中一般）。它建立在神学传统基础

---

① 参阅全集第一版，第3册第29－32页。（圣彼得堡，1902，8＋1册）

② 全集第二版，第9册第14页。（圣彼得堡，1911，10册）

③ 例如《俄罗斯》一书第208页。（巴黎，1923年，第三版）《俄罗斯》一书完全是宣传教会统一的，天主教化的索洛维约夫为天主教读者写的这本书，可能就是一种对天主教神学传统的让步。索洛维约夫法文著述中的天主教倾向对其思想的改变可能不止这一处。

上，说到底和一种理性的哲学没有任何关系。它与其说是一种分析的体系和逻辑的推演，毋宁说是一种对神秘主义的直观描述，它也应该在这个意义上被诠释和评判。我们尤其不能指责索洛维约夫学说中的晦涩、模糊和矛盾之处，因为这都是由学说本身的性质决定的，在所有基督教的形而上学中莫不是如此。也不该指责他从神学传统中汲取养料，不加探讨和批判地接受那些被教会认可的真理。

然而，我们接下来看到，索洛维约夫形而上学的哲学瑕疵不仅仅是因为，它是或者说至少它想成为一种严格意义上的东正教的形而上学。哲学家自身也应该为他学说中的一大部分晦涩、模糊、矛盾和不深入的批判负责。我们也要看到，他使用的资料也绝不全是被他的教会所认可的。索洛维约夫的思想还受到了许多其他的影响，尤其是德国唯心主义的影响。几乎可以说谢林是他的榜样，他所有形而上学的思想几乎都可以追溯到谢林。然而值得注意的是，索洛维约夫的作品中却找不到这个名字，他只在哲学史的著作中对其一笔带过。

* * *

索洛维约夫总是以一种连续性的方式来陈述他的形而上学，他的书中讲座或章节的划分不会（对其连贯性——译者注）产生任何系统的影响。一般来说，这不是我们在他作品中所看到的那个在技术意义上的“系统”。然而他全部的形而上学学说都构成了一个完整的和自圆其说的整体，有一个很清晰的内部结构。我们可以将其划分为两个主要部分：一部分是与上帝相关的(A)，另一部分是关于世界的(B)。上帝的学说，又分为三个连续的部分，每个部分都对上帝有着更为丰富和更为完整的论述。索洛维约夫首先一般地阐述了绝对存在(I)；之后他将绝对存在等同于人化的和三位一体的上帝(II)；最后用基督教的人—神观念来补充和完成其绝对存在的学说(III)。

A.上帝的学说

I.绝对存在和理想的宇宙

在哲学家看来，上帝的理念首先是一种通过一般的和非人格化的形式呈现出来的绝对存在的理念。对于索洛维约夫来说，后者的必然性和真实性是毋庸置疑的，他并不力图去证明。通常，在他看来，绝对存在的观念不是一个哲学演绎的结果，而是一种神秘直觉的总的和抽象的表达，也是一种神的存在的现实性的直接经验。另外，如同一般所有的存在那样，神的存在只能由信仰的行动通过一种直接的观照来给出，这种信仰恰应成为所有哲学的出发点。

只有"宗教体验"、神秘直觉才能证明绝对存在理念之客观真实性，但它的作用还不限于此。也正是，而且只能是这一直觉揭示了这一理念的实在内容。"绝对原则的总观念，例如它由我们的抽象思维所建立，有一种否定的色彩；即这一观念仅指出这一原则不是什么，而非其是什么。这一原则的实在内容只能在直觉中被赋予。"即在一种"比所有的感觉、表象、确定的意志都深刻"的直觉中,一种可以使我们"直接观照到绝对存在的行动"的直觉,"在这种直觉中,可以这么说,我们直接与那自在存在发生联系"。这样一种神秘的直觉是所有形而上学的基础。形而上学只能由理性的概念来表述,并将宗教体验的直觉的料"组织在一个完整与和谐的体系中"。①

似乎可以确定的是,索洛维约夫自己曾经有过这么一段"宗教体验",他在前面谈及过。无论如何,我们通过他的书信、诗作和他友人的叙述而获得的关于他个人生活的一切信息都促使我们作出这一假设。如果想对他的形而上学给出正确的批判,就不应该忽视这一点,也要避免将其看成一些普通的抄袭和纯粹的咬文嚼字。因为,人们在读他的这些形而上学的著述时,"抄袭""咬文嚼字"这些词儿不时地会浮现出来。

作为一个宗教哲学家,索洛维约夫显然更为宗教,而非哲学。同样,在他的形而上学中,毫无疑问,他也是从深入和鲜活的直觉出发,他的思想总是那么真诚:他真挚地相信他所说的东西。但一旦他试图赋予其直觉的内容以理性的形式,并将这些内容组织为一个"完整而和谐"的体系时,即当他进入到他所谓的哲学领域时,就不得不屡屡借用前人的思想。似乎更为严重的是,他总是简化,在大多数情况下,是曲解这些借来的学说并使之变得贫乏。索洛维约夫的思想通常是抽象而浅显的,纯粹语句上的演绎常常取代了形而上学的分析。

① 参阅全集第二版,第1册第340、347页。

索洛维约夫形而上学的这些不足，从一开始，就在他关于绝对存在的论述中随处可见。

索洛维约夫从反对将绝对存在定义为总的存在入手。存在只是从属于它假设的那个主语的一个谓语，而非这个主语本身。然而绝对存在是所有存在的主语和源头，它应该与所有的存在区分开来，进而也和虚无区分开来。但“如果说绝对存在既非存在，也非虚无，那么它就是存在的拥有者或支配者”，既然“支配者要先于和高于被支配者”，绝对存在“确切地说应该是超存在(super-être)”。

同样，绝对存在只能是唯一和自在的。所有的多样性都假设了一个关系，这个关系一直是存在的确定态，而绝对存在在定义上高于所有的存在，且支配着存在，因此它就应该支配着存在的所有多样性：它是包含了所有多样性的完美统一体。反过来，绝对存在包含在整体(tout)里，因为整体接纳了它的存在，不过是将它表现了出来。“然而作为一个整体，绝对存在又不等同于整体；它不同于整体之处在于，其存在是自在的和自为的 par soi (samo po sebe)。”索洛维约夫不是，或至少不愿意成为泛神论者。[①]

作为一，作为全部存在的支配者，绝对存在同时是一个存在着的统一体和全体：它是“存在着的唯一全体”。从而，它同时是虚无(肯定的)与整体：虚无是因为它不是什么，全体是因为它什么都不能缺。不过，“如果绝对存在是虚无，存在对它来说就是一

① 请参考全集第二版，第 1 册第 332—348 页；全集第一版，第 2 册第 287—293 页。这的确有独创性。但既然这里涉及基督教哲学的一笔共同财富，也就不用去试图寻找索洛维约夫思想的直接源头了。

个他者;如果绝对存在同时是存在的根源(或原则),它就是它的他者的根源(原则)”。这个“他者”也不是与绝对存在本身相分离的。因为,如果绝对存在将他者排除在外的话,这一他者的存在将会成为绝对存在的否定和限制,那么后者就不再是绝对存在了。这是绝对存在的逻辑必然,为了是其所是,必须反对其自身,并成为其自身和其对立面的统一。只有通过像它的他者一样,反对存在的全体,并且成为它本身和它的他者的统一体,绝对存在才是唯一全体。

通过将绝对存在定义为唯一全体,即它与它的他者的统一,索洛维约夫区分了两“极”或两个“中心”:一方面是不受全部存在约束的统一体,另一方面是作为所有存在的原则的多样性(全体)。第一个“中心”是绝对存在,第二个被索洛维约夫称为初级物质(materia prima)。这个“物质”并非独立或区别于绝对存在,它是绝对存在自身,被当作多样性来看待,但又必须和绝对存在区分开来。如同绝对存在一般,它既非存在也非虚无,它是存在的潜能(posse esse),因为“介于存在与非存在之间的第三项只能被看成一种存在的潜能”。然而,当绝对存在高于全部存在从而作为一种“肯定的潜能”的时候,物质“自身还没有存在”,而只是“存在的一种被感觉到或被确定的缺席”或“一种否定的潜能”。感觉到存在的缺席是“一种对存在的向往与渴望”,即“某种隐秘的和心理的东西”。这样,带着这种渴望的色彩的“初级物质”,就不仅仅是一种物质,一种存在的否定潜能,而且也是灵魂。它是索洛维约夫随后在世界的部分中说到的宇宙灵魂(anima mundi)，即物质世界和个体灵魂的最后原则和超验的统一。[1]

这个他者的辩证法是索洛维约夫的形而上学思想中最为晦涩和抽象的部分，我们再多费笔墨也是徒劳。他所有关于绝对存在和他者的论述，总体而言都不过是对谢林[2]的某些思辨的过于简单化和贫乏的解释。在这点上，谢林又是继承和发展了雅克布·伯麦(Jacob Boehme，1575—1624，德国著名神秘主义者——译者注)的思想。这些辩证法在索洛维约夫的笔下几乎成了简单的文字游戏，而要了解它们的真正意义和深刻内涵，则须关联到那些德国思想家。

不过，也并不尽然。虽然这些思想是大段地被借用过来，且极其抽象，当然并非纯粹逐字逐句地引用，但是还是有一种个人的直觉在其中，即一种鲜活的具体的思想。首先，索洛维约夫和谢林一样，说唯一全体的观念与"他者"的辩证法不过是对一个伟大使徒的话的抽象翻译："上帝是爱。"上帝常常像绝对的爱那样出现在索洛维约夫个人的宗教体验中。此外，他借来的抽象辩证法不过是为了解决一个具体和实际的问题，这与他引以为榜样的那些思想家是一致的。这个问题就是在二元论和泛神论之间找到一个中项，这两者在广义的基督教思想特别是索洛维约夫思想中，就是卡律布狄斯与斯库拉(古希腊神话中的两个怪物——译者注)。一方面，他看到上帝的无处不在，对神的本质的无限丰富有着生动的体验，他不想将任何东西排除在上帝的观念之外，从

① 见全集第二版，第1册第348—354页；全集第一版，第2册第293—298页。

② 参见，例如《谢林全集》(斯图加特，1860年)第一部分，第7册第358、359、368、373、375、390、399页。

而就接近了泛神论的概念。另外一方面，他因为有力地感受到了世界的内在价值，从而爱上了其中的美。因为确认了人的绝对自由，那种使他即使面对上帝的全能力量，也想去保护的自由，他发现自己陷入一种二元论之中。正如对于所有基督教哲学家一样，对他来说，这和与之对立的泛神论一样都是不可接受的。为了避免这两种极端，考虑到构成了他的思想基础和根源的这两种矛盾的直觉，索洛维约夫采用了谢林的辩证法。这也是他的他者的辩证法应该被理解和诠释的地方。

他者辩证法的意义在之后，在索洛维约夫将他者等同于“世界的灵魂”“索菲亚”或者“理想人类”（见下面第三部分）的时候，才更为清晰地显现出来。但是为了理解我们刚刚简略提及的绝对存在学说的真正意义，必须明白的是，从一开始，“他者”就是世界的原理，是人或人类的实质。

然而，假如我们能从现在就确认说“他者”在索洛维约夫的形而上学中代表了世界的绝对原则，或者如果我们更愿意这样说，他者是世界在绝对存在那里的代表，那就应当避免将他者等同于经验世界。我们是在上帝的学说的内部进行探讨，而一个上帝之外的世界对我们来说还是未知的。

在研究索洛维约夫的思想的时候，不能忽略了这一点。否则我们就会进行错误的解读，尤其因为他的作品不总是清楚的。当然，他确实是从经验世界出发，但这只是一个方法论上的迂回：他的唯一研究对象是绝对存在。

在索洛维约夫的学说中，他采用的是一种“归纳的方法”，从既定的经验实在出发,通过随后的方式进行推演。

诚然,经验世界是我们的表象,但也不尽然,因为我们既不能随意创造,也不能随意改变我们的一些表象,这就说明它们的存在有着一些独立于我们的客观原因。[①] 既然表象是多样化的,那么作为这些表象的原因的客观实在也同样应该是多样化的。因而在这些现象背后,有"一种基本实体的多样性或者说永恒的和稳定的原因",这些都是全部实在永恒的最后要素,即再不可分解和不能分割了。因而这些要素可被称为原子,它们只有一种客观实在,其他的无非是现象或表象。

索洛维约夫的这个论题当然与唯物主义没有任何关系。他通过一系列近似诡辩的论点(这里暂且不论),向我们表明这些原子不是物质的,没有任何物质的属性(不可渗透性、坚固性等)。这些原子是活跃的,"积极的或活跃的力量,它们的存在源于它们的相互作用"。不过"为了在它们自身之外,对其他(力量)产生作用,一种力量就应该朝向它自身之外,朝向外部。而为了承受另一个力量的作用,它则应该给后者腾出空间,吸引后者,向后者进行自我呈现。所有这些基本力量都必然通过意志的意向或渴望以及一种表象(predstavlenie)表达出来"。

索洛维约夫通过这个难以用法语表现出来的文字游戏,[②]认

① 我们看到索洛维约夫的思想完全是现实主义的。在《外部世界的现实》(1875)这篇文章中,他试图为现实主义的形而上学进行辩护。但他的观点流于简单和缺乏原创性,不是很有意思。

② 在俄文中 stremlenie 有两层意思,活跃的意向和渴望。Predstavliat 重现这个动词,可以被解释为 pred－stavliat－放在前面[参考德文词 Streben 和 vorstellen＝vor(sich)－stellen]。

为已经表达出了要赋予“活跃的原子”以一种意志和意识的必要性。同样,原子也不能被视为简单的力的中心:它们是“活跃的基本实体,或自莱布尼茨开始人们所说的单子”。但是,与莱布尼茨的单子相反,索洛维约夫的单子有着一些“窗”:它们实际上相互作用。这种单子间的互动是以它们质的多样性为前提的,因为它们如果不能互补的话就不能互相接近。所以单子们在质上就是被决定了的,每一个特殊单子的质的规定性无疑都应该同单子本身一样是永恒的和不变的。不过,一个存在的这种绝对性质,同等地为它自身和为其他存在,决定了它的内容和价值,表现了它固有的和永恒的性质,这就是柏拉图所说的理念。作为现象的客观原因,现实的实体不仅是一个活跃的原子和一个单子,也是一个理念。

这一“理念”不应该跟通常的概念混淆。理念也并不对应于一个种类的物体,每一个实体都有或是它自己的理念。同样,所有人在他的变化的经验的性质之外,还有一些不能表达的,同一于他自己的,甚至代表了他个性的东西。而所有物体都有一种理念,一方面规定了它的个体的性质,另一方面决定了这个物体在全部存在中的位置。一个实体的只属于它的个体性质是它的“主观理念”,它与其他实体的关系的整体构成了它的“客观理念”,后者只不过是“主观理念”的“完整的表达和完美的实现”。另外,在这些个体的理念(客观和主观的)之外,还有一些越来越大的个体理念的总的集合——理念的全体、理想的宇宙,有一个与宇宙万物总概念的结构相类似的结构。然而假如总的理念也对应于总概念的话，它们之间也有着显著的差别。对一个概念的理解是与它的外延成反比的，对一个理念的理解比总的理念要更为丰富。因为，与总概念不同，作为单子的理念是一些活跃的主体。进而，总的理念与它所包含和集合起来的这些特殊的理念一起，维系了一种实在的和积极的关系，而它也由此从内部被丰富和被限定了。

因此，理念不是概念：所有的理念，个体的或总体的，都是一个主体，或者如索洛维约夫所说，有一个支撑它的主体。不过，在他看来，这些"主体"不仅仅是抽象的，有某种意愿和意识的（单子）；它们还是一些认识到自己的鲜活，具体和真实的人。

索洛维约夫通过这样一个奇怪的、泛泛的黑格尔主义的论证表明了理念的个体性质。一个与其他理念相区别的理念，不仅仅是为了他者并只存在思想中，也是为了其自身并存在于现实中。同样，"一个理念的载体，或者说它的主体（更确切地说：作为主体的理念），应该从主观上或在存在中与其他的理念区分开来。即它应该有其固有的实在，特别是，它应当是独立的、自为的存在。那样，它就有自己的意识，并成为一个个人"。

如果现在我们将这个论证推广到一个更加总体的理念上，即包含了其他所有理念（上帝或爱的理念）的绝对理念或唯一全体理念，就会发现"它被其客观实质规定为普遍的和唯一全体的，同时，在其内部主观的存在中也被规定为一个特殊的和唯一的个人（litso），这个人包含了所有，甚至也因而不同于所有"。

索洛维约夫的这个推理看起来有些抽象且缺乏说服力：但他

的思想的动因和真实意义已经很清楚了。需要提醒的只是，我们是置身于绝对存在学说内部来谈的。

绝对的或唯一整体的理念包含或代表了存在的全体。然而，对于绝对存在的学说来说，存在的全体是唯一全体的“全体”，是绝对存在的“内容”。对理想宇宙或绝对理念的描述只是对绝对存在内容、对他者或初级物质的一个新的、更为丰富和更为完整的定义。（索洛维约夫自己间接说道）[①]此外，绝对存在是存在，即，是存在的“内容”或“他者”的“主体”、“源泉”或“载体”。说到主体，绝对理念的载体，或作为主体的绝对理念，就等于说到绝对存在；说这个主体是人也就是确认说上帝不是一个抽象的绝对存在，而是一个具体和实在的人。

索洛维约夫关于理念的思考有两个目的。一方面，它补充并完成了绝对存在的学说，认为绝对存在的内容是一个理想的宇宙，是活跃的、个体的理念的集合。这些理念在彼此互动中建构了一个唯一全体的有机体，其结构类似于宇宙万物总概念的结构。另一方面，这个理念学说的内在辩证法表明，由绝对存在的抽象的观念出发，我们必然得出一个个人的上帝的理念。[②]

II.神圣的三位一体

对于索洛维约夫来说，他的形而上学只不过是对显示在宗教中的真理的一种理性与系统的表达。这一形而上学与宗教的同

① 见全集第一版，第 2 册第 298 页。

② 关于理念的学说，见全集第一版，第 3 册第 44－64 页。索洛维约夫参考了柏拉图和莱布尼茨，还参考了新柏拉图主义的学说。然而，我们没有必要追溯得那么远来考察他思想的源头，因为谢林的思想（如谢林对话录《Bruno》）几乎提供了所有他需要的东西。

一性不仅通过表现它们的目的与内容的同一而表现出来，还体现为关于上帝的形而上学的内在辩证法的这些发展阶段对应于包含在历史上不同宗教中的部分真理，而后者，仅仅代表了人在其历史发展过程中接受神的启示的连续阶段。同样，绝对存在的抽象观念不同于存在，它对应的是包含在印度宗教中的真理；理念的学说再现了希腊人的真理，个体的上帝的观念代表了犹太教的基本真理。“他者的辩证法”，既区别也同一于理想的宇宙。神性的人，代表了希腊与希伯来真理的综合。然而，在索洛维约夫看来，这样一个综合已经在将绝对存在看作一个三位一体的新柏拉图主义思想中实现了。神圣的三位一体理念是新柏拉图主义特别提出主张的一个真理，因而它必然应该作为一种“他者的辩证法”的新阶段而出现在形而上学中，用以补充那个已经被认为是理念和个人的绝对存在观念。

的确，索洛维约夫认为可以从唯一全体的观念的辩证分析中演绎出其三位一体学说（对他来说，这个三位一体就是重现了新柏拉图主义的教义，进而独立于基督教的启示）。如我们所知，唯一全体的观念是绝对存在与其“内容”或他者的统一。

分析表明，这一统一，即上帝和它的内容之间的实际关系，是辩证的或三位一体的统一。上帝通过自身的存在这一行为支配着它的内容（存在物的全体），而“为了确定这个内容是它自身的，它又必须在实体上支配后者，即它必须是所有处于内在永恒的行动中的事物的全体或统一”。在这第一种神的存在的方式中，所有的东西都被包含在上帝中，唯有上帝的存在是现实态的（en acte)。为了使上帝的内容也是实在的(它应该如此,因为没有实际内容的话,上帝就将成为虚无),上帝不仅仅应该将其自在地包含在内,也必须自为地对其进行肯定,即是说上帝应该向它显现,或者像他者那样反对它。在这第二种存在的模式中,内容不再是躲在上帝身后的那股潜能;它以一种被表征的或理想的实在的面貌出现(理念的王国或理想的宇宙)。[①] 不过,通过肯定或反对它的内容,上帝所作的还是显现了自己。在他者的位置上对绝对存在的肯定是第三种上帝存在模式的本质。

我们一旦将绝对存在的存在理解为个人的上帝与其内容的实在的关系,就有必要区分一下绝对存在的三种存在模式。但既然它涉及的总是同一个内容,也是上帝自己的内容,显然,这三种模式"是不同的表达,但整个都是从上帝那里来的",或者换句话说,每种模式都是上帝本身。然而,作为一个永恒的唯一主体,上帝不能在隐藏其内容的同时又让其反对自己,从而发现自己在其内容中与在自身那一样。这里涉及的也不是空间上的划分或者时间上的先后关系,因为空间和时间的概念是不应用于绝对存在那儿的。为了避免矛盾出现,就必须承认"在神的实体的绝对统一中,有三个主体或位格(hyposthases)",它们都是永恒共存的,每个主体都表达了整个神。作为人的神,它的任何一个位格也同样是人,但这三个神性的人的区分丝毫不会改变上帝的绝对统一。我们只知道这个统一,更确切一点说,会被规定为一个三位

① 文字游戏:présenter—se présenter—se représenter(见本文第 178 页注释②)。

一体。[①]

前已论及，根据索洛维约夫，他的三位一体学说的唯一来源是新柏拉图主义。然而，对这两个学说做一最粗浅的比较就能发现这个判断是不符合实际的。诚然，这两者间有些类似之处，但这一相似是很宽泛的，而且能够很容易被以下这一事实所解释，即新柏拉图主义极大地影响了基督教哲学。没有任何证据表明索洛维约夫直接在普罗提诺(Plotin)或其追随者那里汲取了养料。相反，为了坚持他的学说，他对基督教教义的倚赖却是十分明显。

当然，索洛维约夫不单是从基督教教义里得到了启发。在此，如同在其他地方一样，德国古典唯心主义的论证是他的形而上学的直接来源。只是比起参考谢林的著述(他的三位一体学说明显区别于其他人)，[②]索洛维约夫异乎寻常地更多参考了黑格尔的《宗教哲学讲座》。在《本原》一书，即他思想的第一次阐释时，他几乎逐字逐句地复制了黑格尔思想。[③] 如果说在《讲座》和在《俄罗斯》中，这些借鉴不那么直接的话，那么这辩证法的黑格尔色彩就显而易见了。这种辩证法导致了绝对存在的三个"时刻"的区分和用以描述这些"时刻"的术语的区分。

---

① 见全集第二版第1册第357页，第一版第3册第77－88页；《俄罗斯》一书，第205－215、218－221页。

② 谢林"实证哲学"中的三位一体学说与索洛维约夫的三位一体说有着质上的不同。(见作品集第2部分第4册第65页)相反，索洛维约夫部分地采用了"否定哲学"的"潜能"的学说；但他不承认谢林在波墨(Boehme)之后引入的第四种"潜能"。(见作品集第二部分第1册第286、399页)

③ 对比例如《索洛维约夫全集》第二版第1册第369页，《黑格尔全集》(伯林，1832年)第12册第184页。在他看来，黑格尔在此延续了德国神秘主义的传统。

然而,索洛维约夫很小心地避免指出他的三位一体学说的出处。他也同样很坚持其学说相对于基督教教义的独立性。按照索洛维约夫的说法,这个学说是绝对存在说之前的思想发展的必然结果,且没有从基督教教义中有任何借鉴。这一无疑真诚的错觉显示出,从一开始,他的思想就渗透了独断主义的东西。他以为他能够通过自己的宗教体验,发现信条中的那些真理,包括三位一体信条中的真理。他甚至认为,可以在神学传统之外找到这一信条给予那些神的位格的名字。在他看来,圣父、圣子、圣灵都只能通过一种很不完美的方式使那些有限的存在感到满意,因为它们中的任何一个都不能完全实现这些词所代表的观念的所有特性。相反,这些特性通过神的三位一体以一种完善和完美的方式实现了。那么我们就自然要把它们称作圣父、圣子和圣灵了。①

类似的论证也自然地指向了位格的另一个规定性。经过一番内省,我们发现了三个现象,即"意愿""思想或表征"和"情感"。但对这些现象的实质的分析表明,这一实质只能是极不完美地在内省所揭示出的有限存在里实现。相反,我们应该赋予三位一体的特性则准确地对应于刚才提到的这些现象的实质特性。

同样,在第一种存在方式中,绝对存在不同于他者,是他者的原则和根源。不过,作为他者的根源是意志的一个特征。第一位格可被称为神的意志。但是绝对存在通过意志并将他者放在意志中,从而在第二位格中区别于他者。它将其向自己呈现,并使

① 见《俄罗斯》,第 215－218 页。

之重现。[1] 第二个位格因而就是表征或神的思想。最后，他者因为被上帝所表征，便对上帝作出反应，从而上帝通过这个互动发现自己和他者在彼此中存在。“通过彼此的作用，它们变得彼此敏感(osculitelny)起来：这一互动，或者说第三种存在方式，就只能是情感。”

通过将这三个位格规定为意志、思想和情感，我们丰富了关于上帝的思考。现在就能够利用内省的论据了。(我们总是特别小心地去排除那些坚持有限的自然和不完美的人的观点)对三位一体的心理学诠释，反过来也补充了理念说。

三个位格就是上帝与其他者或与其内容的关系的模式。可以说，通过心理学上的诠释，上帝在第一个位格那里，想要它的“内容”，在第二个位格里将其重现了出来，并在第三个位格里感觉到这一“内容”。这个上帝的“内容”是理想的宇宙或者说绝对唯一全体的理念，就是上帝在一个三位一体中想要、思考并永恒感觉到的这个理念。在索洛维约夫看来，“这个想法，作为上帝意志的对象，是最高的善；作为它思考的对象，是绝对的真理；作为情感的对象，是完美”。这样，绝对理念现在就表现为真、善、美。然而，既然这同一个神的本质出现在所有的位格中，真善美实际上就并非三个不同的东西了。正是在此，索洛维约夫认为，对同一个唯一实体的三种不同的显现就是绝对的爱。“被引导向善的意志就是爱的内在实质，或爱的首要根源；善是整体或所有人和物的统一，即爱是我们所热爱的或渴望的东西；在此，在恰当的意

---

① 我们再次看到索洛维约夫的文字游戏是多么频繁。(见本文第178页注释②)

义上，爱是那些理念的理念：是根本的统一。真理是同样的爱（即整体的统一），但这一次是作为客观被表征的事物：是理想的统一。最后，美是同样的爱（所有人和物的统一），但是作为被启示或被感觉到的事物：是现实的统一。"唯一全体或绝对的爱的理念的这三种表现之间的相互关系可以表达为："绝对存在在美中，通过真，实现了善。"[①]

我们最终得出了以下的结论：唯一全体的绝对存在是一个个体的有生命力的上帝，一个三位一体的人，它想要、思考并感受到它自身的内容，即理想的宇宙或存在的全体，从而在其自身中永久实现了最高的善、绝对的真理和完美。

III.人一神与索菲亚

到此，在索洛维约夫看来，他的形而上学就是一个对前基督教时期显现的宗教真理的合理化和体系化。它也可以独立于基督教教义而发展出来。然而作为一种普世和绝对的宗教，基督教将其产生之前的所有宗教的真理都包含其中。形而上学这部分正是这些真理的体系化，说得恰当些，这不是基督教而是严格意义上的东正教。我们所说的关于上帝的一切都是绝对正确的：它包含了真理，且只有真理。

不过形而上学的这部分没有包含全部的真理。基督教不仅仅是对其产生之前的宗教中显现的真理的综合，另外它还揭示了另一个新的真理。因为这个真理，它才是最后的绝对的宗教，是

---

① 见全集第一版，第3册第94—102页。又见第二版，第1册的第360页。在后者中这部分关于理念的学说有少许不同。

在接下来宗教后续发展中逐渐彰显出来的一个完善的结果和完美的实现。这一新的真理在耶稣基督这个人,或者说这个人—神中,并通过它显现出来。只有这个 Théandrie 的理念解释了神存在的所有真理。如果说上帝的形而上学学说要完整的话,它就应该考虑到在基督教中显现的真理。换言之,上帝的理念,目前为止出现的这个上帝的理念必须要通过 Théandrie 的理念来加以补充完善。人—神的理论,系统地说,是在三位一体学说之后,通过使上帝的学说符合基督教教义而进行的发展和完善。因而,Théandrie 的理念一方面是索洛维约夫的形而上学神学的完美结局,另一方面我们进一步将看到,它也是他的世界的形而上学理论的起点和基础。所以这个理念就是索洛维约夫的形而上学体系的拱顶石,进而是他整个哲学体系的核心,是他所有思想的指导思想。

人—神的思想不仅是形而上学体系的最重要的部分,也是最有趣、最独特和最个人化的部分,但它同时也是最难的部分。因而,尽管如此重要,或者说正因为它如此重要,就更需要清晰和明确。它集中了索洛维约夫思想中所有的矛盾和二律背反,而作者总的来说没想去调和这些矛盾,甚至根本没有觉察到这些矛盾。甚至在这些矛盾之外,这个理论也是混乱和难以把握的。索洛维约夫因为过于纠结保持学说的自洽性,有时候使用一些形象化的和晦涩的用语。甚至他不再纠结时,他的论述也是含糊不清的。尤为重要的是,他总是不能那么明确地区分他理论中的两种完全不同的形式:一方是经验世界的存在在其中不起任何作用的上帝的学说；一方是在世界中，或更确切地说，作为世界的学说出现的理论。

人—神学说的这两种形式之间的相互关系是难以定义的。在这一点上，我们没有在索洛维约夫那里发现任何明确的说明。也许我们更应该说这里提到的是同一个事物的两种不同的描述：一种是从时间维度的描述，另一种是从永恒性的维度的描述。无论如何，对这两种观点的不那么充分的区分常常使得人们对索洛维约夫的思想的理解变得更为困难。为了避免这个误解，我们从现在起必须强调，下文只是就上帝的学说而言：我们通过诠释 Théandrie 的理念，所谈论的是空间和时间的经验世界，但被诠释的理念本身既不包含这样一个世界的观念，也不包含时间和空间的范畴。

人—神的学说是形而上学中特有的基督教部分。在索洛维约夫看来，它符合基督教的教义，但没有基督教，它也能自己发展出来。同样，在《抽象原理批判》一书中，他认为，通过继续绝对存在理念的内在辩证法，确切地说，通过他者的理念，就能够得出 Théandrie 的观点。

索洛维约夫通过一个晦涩且特别抽象的论证（在此我们无须重复这个论证的过程），首先得出了以下的结论。之前被定义为初级物质和唯一全体的理念的神的“内容”，“不仅仅是绝对存在的他者，而且也是另一个绝对存在”。然而，这两种同样绝对存在的存在显然是不可能的。“第二个绝对存在不可能如第一种绝对存在那样绝对”，“与存在着的唯一全体（第一个绝对存在）相对立，它是正在成为的唯一全体”。如果它只属于上帝(第一种绝对存在)，通过一个永恒的和不可分的行为，成为绝对内容的主体。另一个存在(第二个绝对存在)只能在一个渐进的过程中，成为同样的内容的主体：如果第一种存在是唯一全体的，第二种是正在成为唯一全体；如果第一种存在永恒地支配着唯一全体，那第二种存在则是逐渐征服并联合了第一种存在。①

在此，重要的是“第二种绝对存在”与“他者”或神的“内容”的同一。“正在形成中”的绝对存在后来和理想的人类，或永恒的人—神里的人相同一。根据索洛维约夫《批判》一书的结论，这个人类不过是绝对存在的“内容”。在他其他的著述中也没有否认这一点。索洛维约夫尤其在《批判》一书中明确地肯定了第二绝对存在或人类与上帝的“内容”的同一。这同一对理解索洛维约夫的哲学特别重要。这就是文章的旨趣及重要性所在。

除此之外，在《批判》中的论证不仅仅没有论证的价值，而且其结论也与索洛维约夫的形而上学中一个重要立场相违背。而索洛维约夫在其他著述和《批判》中都同样坚持这一立场。在索洛维约夫看来，“正在成为中”的绝对存在就是经验世界，或者如果我们更愿意的话，是这个世界的形而上学的基质。“正在成为中”的绝对存在的演绎，或换句话说，他者的生成的演绎因而就是一个存在的先验的演绎，一个世界的生成的演绎。然而，索洛维约夫总是断言说：1.世界的存在是神的“内容”或理想的人的一个自由行动的结果，而后者在这个行动中并通过这个行动与上帝相

① 见全集第一版，第2册第298页。

分离。2.世界的生成或它与绝对存在的逐渐联合也是堕落的人类的一些自由行动的结果,而这个堕落的人类在这些行动中并通过行动再次同一于上帝。所有这些行动都是自由的,它们中的任何一个都不是必定的和可预见的。所以结果是,既非将它们单独分开看待,也不是一起看待,它们不能成为一个先验的推理的对象。

因此,如果《批判》多次表明了第二绝对存在"堕落"(这个堕落是生成的唯一原因)的偶然性和自由,同时,它也先验地演绎出了第二绝对存在的生成。在此并不存在任何的妥协。不论索洛维约夫自己如何看起来没有注意到这一事实,矛盾都是显而易见的。接下来,我们要做的仅仅是忽略第二绝对存在的生成的先验演绎,而重点说这个绝对在与神的"内容"或他者的同一。

不难看出索洛维约夫做这个演绎的动机。这一动机也将其所有的形而上学都和他一起放在了一个框架中。[①] 对他来说,重要的是,正如我们已经说过的那样,是通过绝对存在思想的内在发展而得出的人—神观念。这样它就必须将绝对存在的他者(即同一于绝对存在自身的,且永恒地同一于它的)同一于人。将他者的理念引入这个学说中就是为了这最后的同一。这就涉及要找到一个中项,以便在他者的理念(一个来源于神的存在的神秘主义理念,其特性是由绝对存在的理念先验分析所演绎出来的)与人的观念之间建立一种联系。后者是由心理学经验,一种完善

---

① 我们注意到这里也有可能涉及谢林的一个直接的影响。我们考察的这个推论就受到了谢林的论证的很多影响,尤其是在他 1804 年的作品《哲学与宗教》中,我们在这个作品中发现了与索洛维约夫一样的二律背反。例如比较作品集第一部分第 4 册第 41 页和第 63 页。

的经验世界的经验的分析得来的。第二绝对存在事先与他者相同等,我们可以先验地推演它的生成来找到这个中项,从而论证这一"生成中"的绝对存在甚至是经验世界的本质。这也是索洛维约夫在《批判》一书中具体所作的。的确,如果他者作为"生成中"的绝对存在是世界的本质的话,我们就有权在这个世界提供的观念里去寻找对应于世界本质的先验的理论,就有权利用这个世界的本质的经验观念来完善地规定第二绝对存在或他者的本质。

索洛维约夫正是通过这样一个在《批判》中证明过的"归纳的"方法,将第二绝对存在或他者规定为理想的人类。

索洛维约夫首先是要明确第二绝对存在的既定的观念。这一绝对存在,被认为是正在"生成中"的,就是说,是与上帝分离的,并构成了经验世界的本质。它包含了两个不同的要素:1.绝对或神的要素,永远是处于上升状态的;2.有限的或自然的要素(递减的),鉴于此,它不存在,而只能是成为了绝对。这样一种双重的存在相对于上帝来说是独立的,但它的本质又是等同于上帝,结果是无限可改善的。它只有在绝对存在中并通过绝对存在才是现实的:绝对存在不是现实态的(realiter),而仅仅是理想态的(idealiter),正如一个理念只有通过破坏有限和自然的现实才能自我实现一样。

在演绎出被视为"生成中的"或世界本质的第二绝对存在的根本特性后,索洛维约夫开始归纳论证,在所有这些体现和实现了这一本质的经验存在中,人是唯一将所有这些特性都包含在内的存在。他总结说，世界的本质和人的本质是一样的，或换句话说，是第二绝对存在，世界的本质是人的绝对存在或一个绝对的人类。

当然，索洛维约夫不愿意将这唯一全体的第二绝对存在等同于经验的人。他很清楚，人类是一个有血有肉的存在的集合，这些存在在空间中是互相分离的，并且在时间中出生，生活和死去。然而他认为能够证明在每个经验的人的背后都有一个无法从经验上去理解的，但却是最大程度上真实的"理想的人"。"这个理想的人是什么？""为了成为现实，它必须同时是一和多；因此它就不是普遍的和通常的本质，不是所有个体人（即人的通常的概念）的抽象，而是一个普遍的和个体的，包含了所有这些个体的现实态（realiter）的存在。我们中的每个人，每个人的存在实质上和实际上都参与到普遍或绝对的人中去，并且已经在那里扎根。"

不过无论是人的个体还是经验的人都不会完全实现唯一全体的人的理念。作为一种生物的存在的人，是一个已经有限的和孤立的个体。然而在每个经验的人那里，都有唯一全体的要素，且被他自身拥有的意识所表征出来。"在人的形式下，每个存在都是尽善尽美的整体，因为它能够用其意识包含全部，因为这个全部在它的理念中有一个现实的积极的存在。"通过将存在的理想全体包含在他意识的统一中，在意识中并通过意识，人成了唯一全体的绝对存在。这如果不是现实的（realiter），至少是理想态的（idealiter）。在所有的经验存在中，只有人掌握了这个唯一全体性，因为人是唯一有意识的存在。人在其理想本质中，作为唯一全体，有了一个与神的本质相同一的本质，并且由此拥有了一个绝对的本质。人的现实性是可无限完善的。他能在其存在里越来越完美地实现其本质。他的意识的理想全体能够成为他的存在的现实全体，而他本身也没有非其所是，也不用不成其为人。无限可完善的人在其完美中是无限的。但即使是在不那么完美的状态中，他也是一个潜在的无限：他是一个正在实现过程中的唯一全体，或换句话说，一个正在形成的绝对存在。最后，最重要的一点，人是独立于上帝而存在的。因为他本质上是自由的，并实现了其绝对的自由。他不但是其行为的主人，甚至是其存在的主人：它自由地决定是支持还是反对上帝。“不论人的动机是什么，通过支持或反对上帝，人是其行为的积极主体和真实原因，因为是他自己在行动。他从而是绝对自由的：可以自由地支持上帝，自由地反对上帝；他在自由中是自由的，在必然性中是自由的，因为必然性不过是他的状态之一，而他本身要比这些状态更为丰富。”

同样，即使经验的人拥有了演绎分析所给予第二绝对存在的全部特性，事实上他只是在理念上潜在地拥有，就是说作为本质（理想的人类的成员），而非作为实在拥有的（具体的个人）。因为人经验的实在不是其本质的完美实现：它仅仅是无限的可完善性。然而我们刚刚看到，对索洛维约夫来说，这个经验人的本质既不是一个抽象的观念，也不是一个简单的可能性。这个本质是普遍的，是一个具体的和现实的个体，是唯一全体，绝对和理想的人类。这个唯一全体的人现实地拥有人和经验的人类潜在拥有的特质。换句话说，他实际上有着第二绝对存在的所有特性。不过，我们已经知道，索洛维约夫认为能从这些特性的同一中得出特性同一的事物的同一。对他来说，理想的人就是第二绝对存在。

但我们也知道这个第二绝对存在是神的“内容”或他者。绝对存在的他者，是另一个绝对存在，因而是唯一全体的理想的人类。绝对存在，作为其自身与其他者的统一，也是神的绝对存在和人的绝对存在的统一，即一个神—人的绝对存在。也就是说，绝对存在不单是一个个体的三位一体的上帝：它还是人—神。

索洛维约夫通过展开其 Théandrie 理论，说到了经验的人，一种生活在我们的有限世界中的人。然而，这不过是再一次的方法论上的迂回，它使得我们能够对绝对存在的“内容”有一个新的规定，进而对绝对存在本身有一个新的规定。由于一个有限的世界和经验的人的存在，这个适当的和最终的规定有其独立存在的价值。我们将绝对存在规定为人—神，因而没有超越绝对存在的领域，也没有说及任何经验世界的存在。当然能够肯定人—神中的人和我们所是的存在有一样的本质是很重要的，这正是基督教的学说中一个根本的真理。但我们只能在世界形而上学的内部应用这个断言。在上帝的学说内，这个断言没有任何意义，因为即使是经验的人这个观点在那里也是未知的。

绝对的唯一全体的人的理念，正如它出现在上帝的学说内一样，与俗世的人的观念没有任何关系。这个唯一全体的人首先不过是绝对存在的“内容”，是初级物质或理想的宇宙。索洛维约夫用它来证明,他通过归纳性的推论而得到的理想的人类的观念准确地对应于唯一全体的理念,正如这一观念在上帝学说产生之前被规定的那样。总的说来,他者与理想的人类的同一不会对之前获得的关于绝对存在"内容"的真理和绝对存在的真理有任何的改变。尤其容易看到的是,上帝还是一,因为与唯一全体的人的统一没有丝毫改变它的统一性;它没有失去其个体的特性,因为与上帝同一的普遍的存在本身就是一个个体;最终,永远只是一个上帝而非两个,因为 Théandrie 的人不过是上帝自身的"内容"。

尽管如此,即使是在上帝的学说内,他者与理想人类的同一也不仅仅是以一种完善且恰当的方式把一个新的名字赋予一个明确的事物。这个新的名字对应于一个新的真理,对应于一个新的神的"内容"的规定性,即上帝本身。只有为这个新的规定性所丰富,绝对存在的形而上学思想才能达到完善和完整,从而最终与基督教的上帝的观点相重合。

自由的理念产生了这个新的真理。根据索洛维约夫的说法,绝对自由是人的基本属性。将神的"内容"与理想的人(经验的人的本质)相等同就是确认说,这个"内容"不仅仅是一个唯一全体的理念,也尤其是一个独立和自由的存在。同样,绝对存在不仅仅是唯一全体性,即其自身与他者的同一;它不单是人,也就是唯一全体理念的个体化的主体,即它的内容;在它与这个"内容"的三元关系中,它不单是三位一体;它是并首先是人—神,即两个独立存在的自由统一。

另外,所有的这些区分都是出于形而上学的思考起见:在那里,上帝的本质是简单的,人—神理念的表达是完善的和恰当的。当然,上帝不成为人—神:它永远是人—神。上帝通过其意志的自由行动永远地将独立和自由转移到它的“内容”中,这个自由和独立的“内容”(人—神中的人)为了和上帝组成自由的人—神联合,从而永远地委身于上帝。

经验的人是“自由地支持和反对上帝”。理想的人,人—神中的人,是自由地委身于上帝,从而与其形成完美的统一。或者说通过拒绝这个联合而宣称反对上帝。他与上帝的联合也是一个自由的统一。但他的自由本身依赖于神的意志的自由行为,后者将独立性转移给它。人自由地与上帝的统一也是上帝自由地与人的统一。Théandrie 的联合也是两个自由和独立存在的自由统一。尽管如此,如果人对于上帝来说是独立的,并与上帝一样自由的话,他本身并非神,因为他的独立不是绝对的,他的自由也是有条件的自由。如果上帝完全是自在的,在它之外不存在任何东西的话,那么人就只能支持上帝,他本身不是自在的,在上帝之外什么也没有:他只是上帝的“内容”,一旦脱离上帝就成为虚无。他有着独立的本质,因而在其存在中依赖于上帝。但这种本体论上的倚赖不影响他的自由。他可以通过宣称拒绝上帝的存在而自由地成为虚无;也可以通过肯定上帝,成为存在而非虚无。他的存在依赖于他的自由;我们也可以说他的存在就是他的自由,他是一种存在着的自由。然而正如我们刚刚所说,人的存在是一种依附性的存在,因此人的自由,也即他的存在也应该是依附性的。事实上,我们看到,这是依赖于神意志的一种自由行动。

因而人自身不是上帝。由于人的存在倚赖于上帝,因而他不是上帝那个意义上的绝对存在;他的自由也并非如神的自由那样是绝对的,因为这一自由依赖于上帝的自由。然而神将自由转移给人的自由行为是永恒的,和上帝本身一样永恒。这是因为假如人的存在不是他自己的存在,而是上帝的存在,假如人的存在是自由,只有因为人是自由的,上帝才存在。同样,只有人存在,上帝自身才是自由的,而上帝只有是自由的才存在。总而言之,人自己不是上帝,因为他自己什么也不是,他在上帝或人—神之外什么也不是;但上帝自己也只有作为人—神才能成为上帝。

这一关于绝对存在的最后一个真理呼应了第一个关于上帝的所有学说的起源的真理;这最后一个真理也是索洛维约夫的个人宗教经验的基本真理。在他看来,人—神的理念事实上是神—爱理念的完美表达。如我们所知,唯一全体的观念与他者的辩证法也是绝对的爱的神秘主义直觉的合理表达。然而这些表达是不充分的,因为我们只有通过将爱理解为两个自由和独立存在的完美统一,且这统一又是自由和个体化的,才能意识到这个爱。只有 Théandrie 的观点最好地表达了神的爱;我们从神—爱的观点出发,就必然得出人—神的观点。上帝只有作为人—神才是爱,且既然爱是神的存在的真正实质,上帝就只有作为人—神时才是上帝。[①]

---

① 关于 Théandrie 的学说,见全集第一版,第 2 册第 298—307 页,第 3 册第 110—118 页,第 4 册第 302 页,第 6 册第 373、404—406 页;《俄罗斯》一书,第 222—228 页;又参考全集,第 3 册第 104—107、129—131、149—156 页;《俄罗斯》一书,第 229—239、256—264 页。

索洛维约夫赋予了人—神中的人（“唯一全体”“理想人类”或“绝对存在的自由和独立的内容”）以索菲亚（Sophia）这个神秘主义的名字，意为“上帝的智慧”。对他来说，这个名字既非一个隐喻，也非一个抽象的用语，而是一个具体和鲜活的人的恰当的名字。

我们通过索洛维约夫本人知道，他的个体的宗教首先是索菲亚的宗教。这个神秘的索菲亚是一个个体的、具体的、鲜活的、几乎有形的存在。她高傲，真切，有着女性的面貌，接近某一宗教思想团体。她是个体化并直接的，能理解并发表谈话，在生活中帮助并且引导人。她是一个被一种升华且净化的爱积极和努力地爱戴着的存在。但尽管如此，这个爱也意识到是被给予了一个女性的存在，这个存在接纳也回应了它，通过展示她的美来报答它。这种美从来也不是抽象的，而且时常是女性化的美。索洛维约夫在伦敦大英博物馆的工作使开启了他与索菲亚的一段神秘的交流。是索菲亚指引着索洛维约夫的阅读，向他指出那些研究她的作品，并且阻止他读那些没有涉及她的书籍。在索洛维约夫的一生中，索菲亚直接显现过三次（最后一次是在埃及，他听见了索菲亚的召唤）。索洛维约夫将这三次相遇写在了一篇同名的诗歌当中，并且在注释中仔细写道“这个小小的个人经历”构成了“直到目前为止，我一生中最重要的事情”。

在索洛维约夫看来，这段索菲亚的神秘体验（有着色情色彩的神秘主义）是他生命中最重要的一部分。也可以说，是他唯一在意的部分。因为我们不想谈及他的生活，所以我们也不会研究这个神秘主义。提到这个只是为了强调，索洛维约夫的形而上学的学说，尤其是他 Théandrie 和索菲亚的学说，最后都是建立在个体和真切的神秘主义体验的基础上的。

我们关注的不是神秘主义，而仅仅是索菲亚的形而上学。不过，我们也已经对这个形而上学有部分的了解了。因为，在上帝的学说里，索菲亚不过是神的"内容"或他者，她被定义为初级物质、理想的宇宙、善、真和美，并且是理想的人或人—神里的人。同样，一方面，"索菲亚是完美的理想人类，永远地被包含在完整的神的存在中"；另一方面，她也是堕落的人，即经验世界的本质(anima mundi)。然而，她只在世界的理论中出现。在这个部分，索洛维约夫描绘的是唯一全体的人(索菲亚)的堕落及其回归上帝的历史。索菲亚的这另一部分理论，我们将在下面谈及世界的形而上学的段落中进行研究。而这部分形而上学的理论就是对在时空中出现的一个堕落和懊悔的索菲亚的描述。①

索菲亚的形而上学，一部分是所有的世界的理论，在这个理论中描绘了在时间上出现的堕落的德性。另一部分是处理绝对存在或神的"内容"的上帝的理论。这个内容就是永恒的索菲亚，或永恒和完美地与上帝相统一的理想的人。在上帝的理论中，索菲亚不过是神的"内容"的一个新名字，而这一"内容"被认为是个

① 索菲亚与他者的同一：第 6 册第 404 页(第一版)；索菲亚与全体或神的内容的同一：《俄罗斯》，第 223 页；与物质或肉身原则(materia prima)的同一：第 3 册第 106 页(第一版)；与唯一全体理念的同一：第 9 册第 186 页(第二版)；与理想的人的同一：第 3 册第 111 页(第一版)，或第 9 册第 188 页(第二版)；与人—神中的人的同一：第 3 册第 106 页(第一版)；与宇宙灵魂的同一：第 3 册第 129 页(第一版)；宇宙起源论的过程和历史的过程与索菲亚堕落的历史的统一：第 6 册第 405 页(第一版)。

体的理念或唯一全体的人。因为，当索洛维约夫说到这个“内容”并且确定它的时候[①]，他几乎没有比从前所说的多增加些什么，也没有和我们已经了解到的有任何不同。同样，当他坚持索菲亚的具体的、人化的和个体化的特性的时候，他只是强调了他说过的唯一全体的理想的人的个体性；当他大致提到她的美的时候，他只不过是提醒说理想的宇宙是完美；当他提到索菲亚的几乎可见的，几乎是肉体的性质，并将其称为“上帝的肉身”或“神的物质”的时候，他仅仅是回到了将神的“内容”规定为初级物质的规定，回到了原子理念的观念；最终，当他说到索菲亚是所有真实的爱的原则和本质的时候，他并没有说任何新的东西。因为我们已经知道唯一全体的理念就是爱的理念，我们知道了上帝就是爱，神圣的爱是上帝对人类的爱，是人类对上帝的爱，我们知道，这个自由的爱或这个自由是在爱中或通过爱，甚至成为理想人的本质及存在。

作为神的内容，索菲亚唯一的新规定性是由“上帝的女性特质”这个观念所给予的。索洛维约夫多次强调索菲亚的女性特质。然而在他的形而上学里，即使是女性这个词也是我们已经提到的理想的人的新属性。的确，当索洛维约夫试图去论证这个词的用法，并明确它的意思的时候，他说：要么索菲亚是一个纯粹被动的存在（“虚无”“纯粹的潜能”），要么她有一种接纳的性质，要么最终“处在有限和绝对之间，从性质上说就是二元的（毕达哥拉

---

① 主要的关于索菲亚的作品是：第 3 册第 106、110－118、129－131 页；第一版第 6 册第 404－406 页；全集第二版第 9 册第 178－193 页；《俄罗斯》，第 222－244、256－264 页。这些不同时期（1877—1892—1898—1889）写就的文本相互补充，并不冲突。

斯学派的信徒)，这是女性特质的最通常的本体论规定”。不过，我们之前也知道，第二绝对存在，作为一种生成中的存在，有着双重的性质(有限和神性)，人从上帝那里接收到他的自由和存在，他是纯粹被动的，因为他只有通过委身于上帝才能存在。

最终我们可以说，与之前索洛维约夫谈到理想的宇宙和人—神中的人相比较，在他谈论神的“内容”如索菲亚时，没有说出任何新的东西。然而，索菲亚的形而上学理论的一个缺失，应该是，在某种意义上，索洛维约夫的所有的形而上学都是索菲亚的形而上学。因为，在他看来，后者不仅仅是绝对存在的“内容”，没有它上帝就不再是上帝，它也是有限的宇宙的真正的本质(唯一全体的理念，理想人类)，是其动力因(anima mundi)和质料因(materia prima)。但我们在这样说的时候，也要注意索洛维约夫的形而上学以及他所有的哲学思考，都建立在一个个体化的神秘主义经验的基础上，甚至也代表了他精神生活的基础。

这些都是毋庸置疑的。但是，索洛维约夫的形而上学不能完全被视为一个神秘主义的体验的表达。在形而上学理论的索菲亚和神秘主义体验的女性神的存在之间有着巨大的差距。如果不研究这个理论的话，我们也将对这个神秘主义一无所知；通过研究这个理论而学到的东西与这个理论本身又不太一致。因为如果说索菲亚神秘主义的很多特质在形而上学理论里都有对应物，这是不难看出的话。那么形而上学的索菲亚不能，例如在埃及的沙漠里召唤索洛维约夫，就更显而易见了。

另外，就这个索菲亚的形而上学理论自身来说，它也远非完全是索洛维约夫的原创。确实,索洛维约夫自己并没有在他出版的作品中指出过他的思想来源。他满足于表述"伟大存在"的理论。(在1898年发表的名为"奥古斯特·孔德的人的理念"的文章中)他注意到这位法国哲学家的思想与他自己思想之间的这种紧密的联系,并强调孔德只是很隐约地感觉到其理论的根本意义。然而,索洛维约夫的一封1877年的信中的几句话证明,他花了不少时间来研究"研究索菲亚的一些专家们"。在他的第一部涉及形而上学的著作出版前,他似乎已经研读了帕拉塞尔斯(Paracelse)、雅克布·波墨(Jacob Boehme)、Georg Gichtel、Gottfried Arnold、John Pordage、Svedenborg 和 Saint Martin。[①] 这些神秘主义的著作,尤其是波墨思想中涉及的很大一部分索菲亚的理论,都能够在索洛维约夫的学说中找到。[②] 此外,索洛维约夫年轻的时候读了很多谢林的东西,如果说后者没有用到索菲亚这个词的话,他关于上帝的王国的所有的论述(从 Bruno 对话录开始)都能在索洛维约夫的作品里找到踪影。

仔细比较索洛维约夫的索菲亚理论与上面提到的这些人的学说,篇幅难免太长。我们在此仅限于肯定这两者是有着很大的相似性,索洛维约夫受这些人的影响很大。在其关于索菲亚的学说中,如同在其他地方一样,索洛维约夫无疑从这些前人这里受

① 见《索洛维约夫通信》(1909,圣彼得堡),第2册第200页。

② 关于波墨与索洛维约夫之间的比较,见《波墨作品集》(1831年,莱比锡),第3册第153页;第4册第69、468页;第6册第156、171、193、202、225、246、665页;第7册第99页。索洛维约夫的学说也非常接近 Baader 的索菲亚的学说。然而据索洛维约夫的一个好友(Lopatine)说,索洛维约夫知道 Baader 是在很晚的时候了,是在他自己的形而上学学说完全建立了之后。(见 Voprosy filosofii i psikhologii, 1901年,第56期,第59页)

益颇丰。他在借鉴这些学说的同时,对它们进行了简化和模式化,从而使之变得贫乏。特别是尽管他受到波墨和谢林的影响,但他的思想从来都既没有达到后两者的力度,也没达到他们的深度。

但是,索洛维约夫的 Théandrie 和索菲亚的理论并没有完全等同于谢林、波墨和他们的追随者们的理论。索洛维约夫赋予了人以重要的地位,这也是将其与前两人区分开来的地方。即人与上帝是共同永恒的,且人相对于上帝是自由的;人甚至是绝对存在的内容,并代表了存在的全体;人是独立的,因此是在世界出现之前出现的;人是永远而自由地与上帝相统一的,上帝只有通过并且在这个统一中才能成为上帝;人几乎等于上帝,然而人在堕落中呈现为一个有限的世界时,就是反对上帝,人在这个世界中就如同历史的人一样,也只有自由地委身于上帝的人,才能拯救这个世界;人最终是我们中的任何一个都具有的存在,我们都实际和实质地参与的存在。索洛维约夫的这个观点,无论是在波墨还是在谢林那里,都没有被这么有力和充分地表达过。

如果说我们想要找到另一个同样给予人以如此重要性的哲学家,重要得我们可以称之为"超人类"的话,那既不是波墨也非谢林,而是黑格尔和孔德。在某种意义上,索洛维约夫有理由尊孔德为他的索菲亚学说的前辈。显然,这里更多的是一种相似性而非影响。此外,在孔德那里,人并不等同于上帝:人代替了上帝。而且,如果我们愿意对黑格尔的人类学做一种"神学"解释的话,我们也会得出同样的结论。在孔德那里,就如在黑格尔那里一样，人只有通过取代上帝的地位才能是绝对的。在他们那里，人是绝对的，但只是在没有和他一样的绝对存在的时候。相反，索洛维约夫的人类学实质上还是有神论的和基督教的。在他那里，人是绝对的，但只是第二绝对存在，只有在上帝这个第一绝对存在中并通过第一绝对存在才能成为绝对。换言之，假如在索洛维约夫那里的人比波墨或谢林那里的人更为绝对的话，那么与黑格尔和孔德思想中的人相比较，索洛维约夫的人就更“少”些绝对了。只是这个“少”首先不是我们说的那个少，因为较之于将人放在无神论中的首要地位而言，索洛维约夫将人的角色放在其有神论思想中的第二位的角色，这可能也并非不重视。

无论如何，这个与上帝相对的绝对的人的观点，是索菲亚和Théandrie理论的独特之处，也是索洛维约夫思想形而上学的特色。当然，这个观点不是由索洛维约夫首创的，我们在其他地方也看到过。这个观点，作为基督教主义的基本思想的一种最后的“升华”，常常以一种多少有点极端的方式出现在基督教神学的发展过程中。同样，Origène的人类学，德国中世纪神秘主义者们，其他或多或少异端的基督教思想家们，都与索洛维约夫的人类学思想有相近之处。然而，人类学或者说俄罗斯神智学家的索菲亚学也有一些细微的与众不同之处。正是这个细微的差别使得他们最终与西方神秘主义学者区分开来。无论如何，这个索菲亚学说是建立在一种鲜活的直觉的基础上无疑，它是索洛维约夫学说中最独特和最个人化的一部分。

不管索菲亚的理论包含了多少晦涩的观点、不可调和的二律背反和不可消除的矛盾，没有人打算去怀疑这些。不应忘记的是，在此，与索洛维约夫要研究的这个理念的内在困难相比较，他论述中的错误并不会更多。

B.世界的理论

我们现在要分析世界的形而上学理论。在索洛维约夫的作品中，它和上帝的理论并没有清楚地分离开来。通常，索洛维约夫是同时论证这两个理论的，他把与世界相关的这一部分放入绝对存在理论发展的不同阶段中来展开。然而，这些学说的系统的区别还是很明确且容易认识到的。世界的理论与上帝的学说最大的区别就是索菲亚的"堕落"这个观念。对于上帝的理论来说，这个观念是不存在的。自由和独立的神的内容，即唯一全体的人或索菲亚永远与上帝相统一，这一统一是完全且完美的。相反，"堕落"的观念却是世界的理论的核心。因为，在索洛维约夫看来，世界仅仅是一个堕落的索菲亚，她与上帝相分离，且只有通过一个漫长的、"缓慢和痛苦"的过程才能回归上帝。可以说，当我们认为索菲亚是完美的，且永远与上帝统一时，我们是在上帝的理论这个意义上说的。但一旦我们引入了堕落的索菲亚这个观点，并思考她及她与绝对存在逐渐的统一时，我们就来到了世界的理论中。

不过，如果在上帝的学说和世界的学说间作出区分是件容易的事的话，这些学说之间的相互关联就没那么清晰了。它们中的一个似乎与另一个是背道而驰的。按照上帝的学说,索菲亚的堕落不过是一个潜在的不会实现的动作,一个关于分离的理想的可能性。这种分离的可能性决定了联合的自由性,但这种分离却从未实现过;而索菲亚永远完美地实现了她的本质。按照世界的学说,"堕落"是一个现实,这个学说研究的就是作为经验世界和经验存在的唯一原因的"堕落";索菲亚(堕落的)只能逐渐地在其本质中或通过一个时间上的生成来实现其本质。但是,这个"生成中"的索菲亚并非不同于上帝的学说里的永恒的索菲亚:二者描述的都是一个甚至同一个存在。对于 Théandrie 理论来说也是一样。根据上帝的学说,绝对存在不会成为,而是永远就是人—神。因为绝对存在不是适用于时间的范式,这就没有一个时间上的成为的问题。并且索洛维约夫是不承认 Boehme 和德国唯心主义者们所重视的神的永恒生成的。相反,世界的学说能被认为是对一个正在成为中的人—神的描述。因为如果说索洛维约夫不这么表达,也就会说世界是堕落的人(索菲亚)与神的完美统一的实现,且这个世界演进的过程是一个"神—人的过程"。在此过程中,这一统一日臻完美。就上帝的学说而言,由于世界的存在,上帝是独立的人—神。不那么恰当地说,可以认为上帝是在世界出现前就已经在了。它在世界中存在,在绝对存在里重新融合了有限的世界之后仍将存在。相反,就世界而言,人和上帝的统一是在宇宙起源论和历史的过程中,并通过这一过程而实现的。然而,由于人—神即神本身,所以人—神仅有一个。

因而,在上帝的学说和世界的学说之间存在着一个矛盾:两者说的是同一个以不同方式规定的实体，它们双方却相互冲突。可以说（正如我们说过的那样），这一矛盾的确是显而易见的，因为这里的不同规定性来源于观点的不同。上帝的理论是将绝对存在看作永恒。那么，通过消除时间的观念，通过消除生成的观念，通过处在时间之外，即在世界之外，我们认识到，索菲亚或人—神，就永远地是其所是。相反，世界的观点假设了时间的存在，并从时间的角度来思考绝对存在。那时间甚至是生成的实在，是对从潜在到现实的过渡的一种表达。从时间的世界的内部进行考量的话，索菲亚，人—神，在它们自身中，永远有必要显现为生成态的。在此，有一个类似的例子，即A相对于B来说是休息的，但相对于C来说又是运动中的。

这个解释（在哲学家的作品中不是这样解释的）的意思是，在索洛维约夫看来，人—神的生成从时间的角度来看是现实的，因为时间自身只有在索菲亚和上帝分离后才能开始，而且也只有在索菲亚和上帝完美地重新同一后才能终结。这个解释还可以理解为，在索洛维约夫看来，人—神的生成只有在时间的意义上才是现实的，因为在他看来，抛开时间，就相当于确认索菲亚是完美地同一于上帝。然而这个解释没有解决这里的难题，因为现在有两个不同的观点。如果我们要作解释的话，正如索洛维约夫上面所说，由索菲亚的堕落而来的时间上的显现，就失去了其全部的意义。因为这个解释要说的是索菲亚的堕落，及其与上帝的永远的同一。即使是假设这其中的一个观点是一种错觉，或是修正这个问题而非去解决它，但还是必须要解释为什么有这个错觉及这个错觉是怎样的。况且,这个假设也是不成立的。因为索洛维约夫不会想使他的两个形而上的观点,像真理与错误、真实与错觉那样互相对立。承认世界的学说是错的,就是否定了有限世界的真实存在。那么在索洛维约夫的思想中,任何形式的 acosmisme (只有神是最高存在,其他都是错觉——译者注)都是绝对不存在的。另外,假设了上帝理论的错误,或至少其不完善性,就是认为上帝存在,但不会变成人—神。这对索洛维约夫来说,就是在上帝中引入一个变化,即时间;我们将把上帝同一于世界,或说至少,将世界整合到绝对存在当中。然而,索洛维约夫一直是反对人们将其看成泛神论者的。

必须承认,将这两个形而上学分开来看,它们都同样是真实的。一个是对生成中的人—神的充分描述,另一个是对永恒的人—神的充分描绘。一个是生成中的索菲亚与上帝的分离并与之逐渐再次同一,一个是永恒的索菲亚通过一个不可见的行动与上帝的完美同一。然而同样真实的是,人—神里的神只有一个,即上帝。索菲亚也只有一个,她永远与上帝同一,却以“生成”(我们用的是索洛维约夫的词来指称“堕落”的索菲亚)的索菲亚的形式或“世界的灵魂”(anima mundi)的形式来与其分离。

因而我们要接受索洛维约夫的这样两种形而上学的观点。或许我们可以否认两者之间形式上的矛盾。理由要么是由于它们是两种不同的观点,要么是堕落的索菲亚实际上不同于那永远与上帝同一的索菲亚。然而如果这里不矛盾的话,那无疑,在这个形而上学中是存在一个二律背反:一个是永远不变的存在的生成中的观念，一个已经是永远的同一的在时间中的逐渐的统一。不过，索洛维约夫似乎没有注意到这个二律背反。他从未提及过这些问题，也没有去试图厘清过。他承认索菲亚的堕落这个事实，但不去解释索菲亚是如何与上帝分离而又同时与其相统一的。他在堕落的索菲亚（宇宙灵魂）与永恒的索菲亚（上帝的德性）之间作出了区分，认为这两者是同一个唯一的存在。但他却没有具体地说明这二者是如何同一的，没有对世界或宇宙灵魂同统一于上帝的德性之间的关系作出过清晰的阐释。①

我们不再对索洛维约夫的这些问题多费笔墨。世界的理论开始于索菲亚的堕落，且仅仅描绘了堕落的索菲亚的生成。通过考察这个理论，我们就撇开了那个在永恒的人—神中与上帝完美和完全同一的索菲亚。这两个索菲亚是同一个存在。

我们不会在世界的理论与上帝的理论之间排出一个优先性。世界的理论区别于上帝的理论之处在于：1.它的研究，世界的理论是时间的；2.它的研究对象，世界的理论的研究对象是堕落的或生成中的索菲亚。然而，在这两个学说之间，还是有第三种区别，这就是方法。

---

① 在其俄文作品中，索洛维约夫一直认为世界的灵魂与索菲亚是同一的。［如见全集第一版，第3册第129页："世界的灵魂，即是说理想的人类（索菲亚）"。］相反在《俄罗斯》一书中，他似乎将其作了区分："索菲亚不是灵魂，而是世界的守护天使"（第242页）；"世界的灵魂不过是其自我实现的一个媒介，环境和 subsiratum"；"世界灵魂是对立于德性的反式"（第235页）。但这些文本中的矛盾是明显的。在俄文文本中，索洛维约夫将灵魂等同于堕落的索菲亚；在《俄罗斯》这本书中，他又将这两者相对立。不过，即使在俄文文本中，在永恒的索菲亚和堕落的索菲亚之间也有一个区分。我们可以用索洛维约夫在《俄罗斯》一书中用来描绘德性和灵魂之间的区分的词，来描绘这个区分。只不过，索洛维约夫在法文文本中没有说这个区分是不排除同一的。这一疏漏表明，索洛维约夫希望将对那些天主教神学家的冒犯降到最小的程度。

上帝的理论的研究进路是,或说至少是想用一种演绎的方法,一种纯粹的由因及果的论证。所有关于这个理论的著述都是来源于对绝对存在的辩证法这个观念的分析。这个观念是一个内在的观念,是内在于精神的,或说:是对上帝—爱的神秘主义直觉的充分合理的表达;那种不合理,非演绎和不可见的现象在此是被排除在外的。相反,世界理论的研究进路是一种经验的归纳,一种纯粹的经验的方法。这种方法的采用,是因为索洛维约夫明确地肯定了索菲亚的堕落——世界灵魂(这个堕落是有限世界出现的原因)的完全自由的特征,也完全肯定了那些导致堕落的索菲亚重新局部地统一于上帝的行动的完全自由的特征(这个统一的行为是这个世界演进的原因)。"(理想的)世界通过世界灵魂的一个自由行动而与神相分离;全体反叛的多样性应该通过一长系列的自由行为,与上帝达成和解。"[①]所有这些行动都是自由的,且很有可能实现不了。无论是世界的存在还是其演进都不能被预见,或由绝对存在的观念演绎出来。相反,从世界存在的经验知识中,从它的现实状态和之前的演进中,应该能肯定堕落的行为的现实,及索菲亚与上帝逐渐的重新统一。因为这些行为只有在这个经验世界中或通过这个世界才能实现。世界的理论只能是一个归纳式的对有限世界发展的形而上学的解释,一个试图发现这个世界的本质和原因的理论,一个试图与那些从上帝的理论中演绎出来的观念建立联系的理论。

如果说索洛维约夫的这两种形而上学在方法论上的区别,是

① 见全集第一版,第3册第135页。(我们在此强调)

一些即有的原则的必然结果的话，那它们并没有被一直严格地遵循下去。一方面，索洛维约夫强调世界灵魂的绝对自由，强调世界发展演进的偶然性和不可预见性。但另一方面，他也说“经验世界的演绎”，他理论中的某些部分（尤其在《俄罗斯》一书中），尤其是他直接受谢林启发的地方，有一种先验的演绎的特点。

所以在索洛维约夫对世界灵魂的自由的肯定，和他对世界发展的演绎的倾向两者之间，有一种矛盾。也许可以说这一矛盾是显而易见的。的确，我们能够试着去演绎出这个演进的框架，即在这样的灵魂中，这些演进的结构如何实现。同时又保持了这个事情的后验的特点，即只能是事后才能知道（从在世界中有效实现的结构的经验知识出发），在这些行为都实际上发生之后。然而，索洛维约夫本人并没有这么说，也没有证据表明他是这么想的。没有任何东西表明他注意到了这个矛盾。另外，这个诠释也没有解释人们是如何能够预见到未来发展的最终结果和特点的。不过，索洛维约夫坚持这样一种预见的可能性，因为，至少在写作形而上学的那个时候，索洛维约夫绝对确定的是世界最终会达到完善，灵魂世界最终会通过与上帝完美地重新统一而重新成为索菲亚。

此外，我们看到的这个矛盾也直接关联于我们已经说过的一个基本的二律背反。的确，如果索菲亚是永恒地统一于上帝的话，如果世界的灵魂在其时间的变化中只是这同一个索菲亚的“颠覆的形象”，或“在有限中的换位”，那么显然，“在时间终止”时，灵魂最终必须重新完美地统一于上帝。然而，灵魂的“自由的"行动最终是可预见的。可以说,这些行动本身,至少整体上看,就是被决定了的。因此,在某种意义上说,这些行动就是先验地演绎出来的。

最后,在世界的理论中的这个矛盾,及这个理论与上帝的理论的二律背反,都可以追溯到同一个自由的观点那里,比如我们在绝对存在的学说那里找到的那种自由。索洛维约夫说到了一个自由的行动。上帝通过这个行动,将独立传递给其"内容"——理想的人。这个行动同时也使得人通过与上帝的完美统一,彻底地委身于上帝。当然,我们知道,上帝永远是人—神中的上帝,它只能是作为人—神才是其所是。换句话说,上帝永远地赋予人以独立,这个人也永远地统一于上帝。因而,上帝的自由和理想的人的自由是一个无限、永恒、不变的存在的自由。在此,所有的变化都是被排除在外的。因此,这也是一个永远是其所是的存在。或换句话说,它通过这个非时间、不可分的行动,完美地实现了其实质。因此我们可能要问,这个自由的观点还有意义吗?或这个选择实际上是否可能?在此,索洛维约夫确实可以反驳说,既然分离在绝对存在那里是作为一个理想的可能性或"纯粹的潜能"存在的,那么在某种意义上,我们就可以谈论一个选择。但是,如果这种可能性永远不实现且这种潜能永远无法成为现实的时候,这个观点还有意义吗?在所有的东西都是无限的、永恒的和不变的时候,在无论所有的连续、变化和改变从定义上就被排除在外的时候,我们还能谈论这个可能性吗?

也许可以说,这个世界在其演进过程中正是这种理想的可能性，是这种纯粹的潜能。它的存在不是现实态的。因为在现实中，人是完美地统一于上帝的；这个世界不过是绝对存在内的一个理想的可能性，这种可能性对于有限的个体来说不过是一个现实性（或许甚至是唯一的现实性）。而有限的个体对这种可能性来说也不过是一种潜能。

世界的“实在”也不过是一个可能性的“实在”，一种促使人反对上帝的可能性。但我们知道，假如没有这种可能性，自由自身就成了一种错觉。因而世界的“实在”甚至成了人的自由的实在，进而，是人—神的实在。在绝对的意义上，这种自由是现实的，因为它甚至是绝对存在的存在。因此世界的“实在”也是一种绝对的实在。世界也是现实的，但原因恰是这个世界不过是一个潜能，不过是绝对存在中的一种可能性。

然而，即使接受了这个对世界的观点和自由的观点的足够“辩证”的解释，我们还是没有消除这个解释中所包含的所有困难。此外，如果说这个解释似乎是与索洛维约夫思想的总的倾向相符合的话，那也不能将其归结于任何索洛维约夫的作品的功劳。总体而言，索洛维约夫似乎没有意识到他体系里的这些难点。无论如何，他没有试着去明确他的自由的观点，也没有去深化它。他认为这些观点是简单且自洽的。但对我们来说，这些理论似乎成了他的思想中所包含的大部分矛盾和二律背反的根源所在。

既然索洛维约夫没有试图去解决这些问题，我们过多地强调这些问题也是枉然。对于前面的那些内容，我们想说的只是，不论他的世界理论是对索菲亚(宇宙灵魂)的自由行动的描述,而索菲亚与上帝的分离只是为了与其逐渐再一次统一;还是换句话说,这个学说将人—神的生成描述成有限世界的时空演进,这个演进开始于索菲亚的堕落,而结束于其与上帝的重新完美统一。[①]

故而,世界的理论开始于对索菲亚的堕落的描述。

既然灵魂的自由行动导致的这一堕落,是有限世界存在的唯一原因,索洛维约夫本就不该谈论上帝创造世界的行为。然而,他却在《俄罗斯》中谈及了。"(有限世界)产生的动力因是意志的行动。通过意志的行动,上帝得以避免通过他的力量来消除可能的混乱。"但显然,还是在这里(就如在他的法文著述中一般),索洛维约夫用一种模棱两可的语言来维持他的学说与(基督教——译者注)教义之间的表面的一致性。他的真实观点是,上帝(避免去消除的),不是混乱,而是索菲亚的自由。确实,索菲亚是行动的直接和必须的结果。索菲亚通过这个行动与上帝相分离。然而,作为一种独立的和自由的行动,它也很有可能不实现。是索菲亚而非上帝才是混乱的世界的"动力因",或者说,索菲亚是在

① 在这个所谓世界的理论之外,索洛维约夫的著述(《讲座》与《俄罗斯》)包含了一个对"精神"或"天使般"世界的描绘。(见《讲座》全集第一版,第3册第107—109、124—130页)无疑,索洛维约夫相信天使的存在。但他关于"天使的"世界的论述很不符合他其他的形而上学理论。且显然,他提出这个关于天使理论的动机并非是哲学的,而是纯粹神学的。此外,那些构成了"精神"世界的"智慧"和"精神",在索洛维约夫的哲学中没有起到任何作用。这就是为什么我们在文中没有予以涉及。

她与上帝相分离中,或通过与上帝相分离,存在于这个世界上。[①]

的确,在某种意义上,可以用“创世行动”来指称那个上帝将自由转让给它的“内容”的行动。后者也“变得”能够与上帝相分离。然而不要忘记的是,这个行动是和上帝本身共同永恒存在的,它不必然涉及一个有限世界的存在。换言之,这一行动是这一世界的可能性,而非其现实性的永恒原因。它解释了绝对存在的特性,后者使这个世界的有限存在成为可能。这个行动的观念因而是世界理论关联于上帝理论之处。在世界理论中,索洛维约夫说到了一个“创造”世界的上帝的自由行动。仅仅是为了强调,是上帝通过自由的行动将独立性赋予了它的“内容”,即索菲亚。不过,如果索菲亚的自由依赖于上帝的自由意志的话,可以说,作为结果,或更确切地说,作为索菲亚的自由堕落的实现,世界没有其固有的存在,而是依赖于上帝的意志而存在。正是在此意义上,且只有在此意义上,我们才能同样说世界是上帝“创造”的。

我们知道,这个上帝赋予了其自由的“内容”是一个理想的宇宙,一个理念的世界。这个“内容”是自由的,是理念的全体。而这些理念本身是独立和自由的存在,被赋予了固有的意志。这个唯一全体的统一,或作为统一的唯一全体,是索菲亚,是理想人

---

① 不仅仅是在 1877 年的《讲座》中,而且在比《俄罗斯》早两年出版的《神权政治的历史》一书中,都明确地肯定了“堕落”的绝对自由。(见全集第一版,第 4 册第 302—304 页)在《俄罗斯》一书被引用的段落中,索洛维约夫的确没说到“可能的混乱”,但他说得更远,即一旦上帝停止去消除混乱,这个混乱就必然实现。这就是反过来说,索菲亚的“自由”不过是分离的“自由”,即说到底不过是一个纯粹的幻想的自由。不过,这种看事情的方式不仅与索洛维约夫在他的俄文文本里说到的所有一切相违背,而且也与我们在《俄罗斯》这本书中看到的他对世界演变的解释相违背。

类，或正如我们对索洛维约夫的预料一般，是世界灵魂。这个灵魂不是一个抽象的统一，而是一个个体的存在，它本身是独立且自由的。但它也不是一个区别于那些特殊理念的实体。它是它们有机的统一，它的意志是它们集体意志的表达，它是一个包含并保存了所有个体意志的唯一全体的意志。灵魂存在于所有这些理念的自由中，通过它们，灵魂是自由；而理念也存在于灵魂的自由中且通过这一自由，每个理念达到了自由。既然灵魂不过是所有朝向上帝的理念的统一，那它接纳了这一统一，甚至是神的原则的存在。这个统一也只有在这个朝向上帝的倾向中，并通过这个倾向才能实现。不过，既然灵魂是这些理念的自由意志的现实的统一，那么它就自由地接纳了存在和统一。“世界灵魂不是通过外部的必须性，而是通过它固有的冲动采纳了这些原则。因为它可以自己选择它憧憬的对象。”

当然，作为存在的全体的拥有者，甚或，作为存在的全体自身，灵魂不能向往一个“外部”的对象（除了上帝）。但它可以希望去拥有全体；而非仅仅是倚赖于上帝的给予，与上帝相统一，从而不去拥有全体。它“可以像上帝那样，希望通过它自己来掌握这些。因为这个希望，灵魂就可以将它生活的相对中心从神的生活的绝对中心中抽离出来；它可以在上帝之外显现出来。然而也是这个缘故，灵魂必然失去其中心地位，在芸芸创造物中失去神的唯一全体的中心地位，失去其对这些创造物的自由和权力。当世界的灵魂不再将整体都统一在其中，且整体都失去了共有的联系时，世界的统一就解体为多种多样的不同的元素，而普遍的有机体就会转变为一个原子的有机的集合体”。

《讲座》一书中这段晦涩的段落证明了波墨的思想对索洛维约夫的巨大影响。[①] 似乎可以这样解释：索洛维约夫这里想阐明，索菲亚堕落的原因和结果是可以演绎得出的。当然，这个原因并不必然决定灵魂的意志自由，堕落这个事实也不可预见。但一个有限世界的存在（无疑，只有在灵魂堕落前，才是理想的宇宙）证明了灵魂实际上抵挡不住引诱。这个引诱只能是灵魂将其依赖于上帝的存在转变为一个固有的、独立的存在。灵魂在让位于这个欲望后，将它被动的意志，将它委身于上帝以企求有所得的意志，转变为一个积极的意志，试图实现一个独立于上帝的、自主的存在。换句话说，灵魂，作为朝向上帝这个中心理念的意志的统一，想成为以自身的存在为共同目标的理念的唯一全体的意志；或更确切地说，理念在这个灵魂的意志中并通过这个意志，想要围绕一个不会成为“神的生活的绝对中心”的“中心”，建构一个唯一全体的宇宙。但我们知道：1.灵魂（或理想的宇宙的统一）不过是朝向上帝的理念的意志的统一；2.这个宇宙的存在，进而，这个灵魂自身的存在，不过是神的“内容”的存在，即在上帝中的存在。理想宇宙与上帝的完全分离，这个“相对中心”与“绝对中心”的彻底分开，不仅仅意味着同一性的丧失，而这个同一性恰是所谓的灵魂。这分离还意味着理想宇宙的存在本身的消逝。这一理想宇宙的消逝在先验上是可接受的：灵魂可以自由地化为虚无。然

① 波墨对索洛维约夫的影响是直接的，或者通过谢林产生的；更确切的说，是通过下面这本书：*vom wesen der menschlichen freichit*，索洛维约夫无疑是知道这本书的。

而,这个经验世界存在且并非纯粹虚无这个事实,经验地证明了灵魂和上帝的分离不是绝对和完全的。灵魂及它的理念并不完全拒绝上帝:这些理念仅仅是拒绝完全委身于上帝。也正是这样,它们才能保留自己的一部分存在。在这些理念的意志没有被它们共同的朝向上帝的倾向所统一的情况下,宇宙的统一性瓦解了。这个宇宙就是唯一全体的灵魂,它也变成了“多样化的周边”,变成了孤立的存在的集合体。然而,当这些理念继续倾向上帝的时候,它们还是构成了一个统一体,且它们面向上帝的意志是一个唯一全体的意志。所谓的灵魂,作为这个唯一全体的意志,继续存在。只不过,对上帝的亲近没有耗尽那些拒绝完全委身于上帝的理念的所有意志,灵魂的唯一全体的意志也不再是宇宙的所有的意志。这不过是一个堕落的灵魂,一个至少部分丧失了“其对创造物的权力”的灵魂。且这不仅仅是个体的意志的不完美而导致的宇宙统一性的不完美,还是宇宙统一性本身的不完美。在它们意志的缺憾中,理念不再是个体的单子,它们只能作为物质的原子存在,呈现出活跃的原子的粗略的形象,正如从前它们在与上帝的统一中那样。在这些理念没有完全委身于上帝这个意义上,或在“世界的灵魂不再与自身统一”时,理想的宇宙不过是一个“原子的机械集合”。

因此,这个“集合体”的存在是理念的自由意志的不完善的实现(及其来自经验的证据)。我们也可以不那么恰当地说,这个存在证明了,在自由的灵魂与上帝相分离时,(这也是时间开始的时候,因为时间是从堕落开始的)在这个分离中和通过这一分离几乎消逝了的理念重新开始自由地向上帝靠近。正是在这个倾向性中并通过这一刚开始的倾向性，理念保存了其最低限度的存在，这就是物质原子的存在。也是通过这一倾向性，理念重新找到了其统一的一个原基。且原子的集合体并不是一个绝对的混乱，而是一个物质的宇宙，一个空间和有因果关联的物质宇宙，它在时间的现实统一中是唯一的。不过，世界的因果统一及时空的统一是极不完善的，是一个理想宇宙的绝对统一的贫困的剩余物。它可以被看作灵魂的堕落的结果，同时仍然是一个统一体。作为一个现实的统一体，它是理念的共同倾向的首要结果，即朝向上帝的原子，或作为物质世界（宇宙灵魂）的统一体的灵魂的首先实现。并且，甚至是物质世界的存在也已经代表了灵魂与上帝的重新逐步统一的第一步。

这一逐渐的重新统一在有限世界的时间的演进中，并通过这个演进而实现。理念变成了物质的原子，从而失去了意识。但这些无意识的原子们并没有停止向上帝靠近，而是默默地向往着与上帝能够更为完美的统一。通过完善这个倾向性，通过使这个统一更加完美，原子们完善着自己的存在和统一。不过，这个在与上帝的联合中并通过与上帝的联合而得到的统一，只不过是世界的灵魂；也可以说，灵魂在越来越完美地统一于上帝的过程中得到了完善，也正是灵魂完善了宇宙的存在和统一。

再或者，宇宙在时间中的演进就是非时间行动的不完善性的时间表达。通过这个行动，索菲亚与上帝相统一。这个行动是自由的，是灵魂行动在时间上的后果。灵魂的行动是堕落的理念的

“集体”行动，是自由行动的继续：它们中的每一个都可以被忽略，我们都可以在事后去肯定它们的现实性，并质疑它们的必然结果。世界的缓慢演进对应于索菲亚的自由行动的不完善性程度。上帝“尊重灵魂的自由”，通过它强有力的意志的行动，从而避免了立刻将原始的混乱转变为完美的宇宙。但索菲亚的自由是被动的，她从上帝那里，并且通过与上帝相统一，得到了其存在和统一。因而，堕落的灵魂自由地统一于上帝，也在上帝那里得到了相对的完善。或者，如索洛维约夫在《俄罗斯》一书中所说，是“圣子”通过创造“越来越完美的天与地的结合的形式”来“反对混乱”；然而他这么做只是为了回应那自由和自发的“灵魂的召唤”。

世界的演进解释或实现了灵魂，即堕落的索菲亚(或人)与上帝的再次逐渐的统一。这个演进是一个“神—人”的过程，这是人—神的时间的生成。然而我们看到，在这个堕落中且通过这个堕落，灵魂失去了其固有的人的形式。如果说有限世界不过是瓦解了的唯一全体的人，那么在这个瓦解的状态中，它就不是一个人的存在。堕落的灵魂的意志就不再是一个有意识的人的意志。它无意识的意志的完善首先可以被解释为一个同样无意识的过程。这就是“宇宙起源论”的过程，在这个过程中，灵魂不过是物质世界的无意识和非人化的统一，而一些无意识地趋向于上帝的原子共同构成了这个物质世界。首先是一个“机械的”统一(“普遍的万有引力”)，然后是“有活力的”(通过光和其他不可计量的东西实现的)，最后是“有机的”(光变成了“生命的”火)。[①]

在此索洛维约夫紧紧追随了德国唯心主义，尤其是谢林的思想。这个“宇宙起源论”的过程是以人的出现而告终结的。换句话说，在世界的演进这个最后阶段，原子—理念的自由意志的完善已经达到了像它们的实际的统一那样的程度。世界的灵魂以一种有意识的和个体的统一体的面貌出现。灵魂重新找到了适合自己的形式，即人的形式。《圣经》里的亚当，作为第一个人，不过是堕落的索菲亚，或世界的灵魂重新找到其有意识和个人化的统一，找到了其统一体及其个性的意识。现在，灵魂重新找到了它在堕落中和通过堕落所丧失的所有自由。因为一个完全有意识的存在可以是绝对自由的。

然而，在亚当这个人中，人还不是那个在堕落之前的完美和唯一全体的索菲亚。那时，完美地同一于上帝的灵魂还是唯一全体的，是实际上包含了存在全体的一个个体，而它的超神的存在只能是一种理想的，而非现实的状况，就如在其意识中的一种可能性那样。现在相反，它的统一是理想的，因为只有在它的意识的统一中，亚当使他自己具备了全体性。只有在他的意识中和通过这个意识，他才与上帝相统一。灵魂总是一个有限的和物质世界的统一。亚当是灵魂现时的表现，实际上，作为肉身来说，是与其他创造物相区别的。

亚当是世界灵魂的具体和个体的实现，他是朝向上帝的堕落

① 见全集第二版，第 1 册第 59 页；全集第一版，第 3 册第 126－138 页；《俄罗斯》第 229－238、248－255 页。

理念之意志的统一。这个局限性，这个实际的与第一人的分离是这些理念的意志之不完善性的表达。不过，作为一种不是绝对完美的意志，这个意志仍然达到了一定程度的完美。比如，这些理念可以在一个自由和有意识的、统一和不可分的行动中完美地同一于上帝。如此，这个行为便将消除第一个人的局限性，并在其与上帝的完美统一中并通过这一统一，将其意识的理想唯一全体转化为世界的现实的唯一全体性。在此，这个世界重新成为索菲亚。正是在这个意义上，索洛维约夫说，亚当可以通过其意志的自由和有意识的行动进行自我拯救，并且拯救其他的创造物。

第一人当时本可以这么做，但他却没有这么做。在亚当的理想的唯一整体的人那里，世界的灵魂（或它的理念）拒绝第二次完全委身于上帝。亚当的堕落是索菲亚的第二次堕落，它是完全自由的，像第一次那般是偶然性的，我们不再能够演绎地去确定其实在性。但这里我们还是能指出这个堕落的动机和结果。亚当的情况类似于索菲亚在第一次堕落前的情况。第一人堕落的动机和结果应该是类似灵魂的世界与上帝第一次分离时那样。人想成为上帝本身，而非想献身于上帝；人不满足于接受其存在及其与上帝的统一，他想作为上帝之外的一个实在的统一；因为这个愿望，"他在意识中就与上帝分离，正如世界的灵魂原本在其存在并通过其存在与上帝相分离一样"。但他的唯一全体的实在不是朝向上帝的意志的统一体的实现。通过与上帝分离，他失去了其唯一全体的特性，将自己变成了一个孤立、相互隔离的个体人的多样性，这个多样性是混乱不堪的。缺乏一个朝向绝对存在的共同意志导致了这一相互隔离。

然而,如同索菲亚的第一次堕落那样,第一人的堕落既非绝对,也非最终的。他也不是完全与上帝相分离的,他仅仅是拒绝完全统一于上帝。或者说,在亚当反对上帝的时候,理念通过它们的两次堕落,已经重新投身上帝。这个趋势比原子—理念的模糊的倾向性完美得多;或者,如果我们愿意的话,亚当的堕落远没有索菲亚的第一次堕落那么深刻。也正是这些理念能够在它们第二次堕落后,以人的形式,保存它们意志的有意识的自由。亚当只有在他的意识中并通过这种意识才是唯一全体的。也正是在这种意识中并通过这种意识,亚当才与上帝相分离。换句话说,在第一人的堕落中,灵魂失去的只是其意识的统一及其统一的意识。它不但保存了其在"宇宙起源论"的过程中获得的物质上的完美,还有它的自由的意识及有意识的自由,而后者只分散在经验的人孤立的个体中。因而物质世界变得像亚当堕落之前那样,直到重新成为唯一全体的人将其重新变为理想的宇宙,重新与上帝相统一为止,这个物质的世界都不会发生变化。因而,从第一人的出现开始,宇宙的演进不过是,且也将不过是人的演进。

我们应该从经验的人的存在出发,肯定亚当的存在,或者说得出宇宙在"宇宙起源"的演进的最后时刻所达到的相对完美的状态。同样,只有这个经验的人的不完美的状态才是证明亚当已经屈服于其欲望的证据。可以说,经验的人的演进和存在只是在时间和空间中实现了唯一整体的行为的不完美,且这个行为使亚当效忠于上帝。也可以说,人的历史演进实现了一系列自由行动。通过这些行动,再次堕落的灵魂,即有意识和自由的人的意志的无意识的统一,重新一点点地回到上帝这里。因而在任何时刻,人的状态都代表了或实现了无意识的唯一全体的行动的相对完美。这个行动促进世界统一于上帝,这个无意识的行动也是有意识和自由的个体意志的整体化,是所有倾向绝对存在的人的整体化。

亚当堕落后,人的状态类似于灵魂第一次堕落后物质世界的状态。在这个堕落中并通过这个堕落,人——亚当丧失了他的唯一全体的特征。曾经唯一全体的存在,现在转变为一个局限于其自身且在时间和空间中相互分离的个体的集合。灵魂在成为混乱的人后,也部分失去了自由,因为它失去了其意识的唯一全体性。人的个体也臣服于“使人的意志屈服于物的强制力的命运”。但这个混乱的人存在的事实却证明了亚当的堕落既非彻底,也不是最终的和无可挽回的。在某种意义上,有限的且在时间与空间中分离的个体们在它们时空的存在中,且通过这种存在也是相互统一的。甚至“他律”或“命运”也是统一的一种不完美的形式。所以,个体们在空间里的共存,在时间里的代际延续,及人类意志在面对外部环境时的依赖性(一点也不绝对)都被认为是人重新开始向绝对存在回归的表达。

这次逐渐的回归在整体上是无意识的,却是绝对自由的。它在历史的过程中且通过这一过程而实现。对人来说,这就像“宇宙起源的”过程对物质世界所作的那样。在这个过程中,灵魂完善其存在,并一点点重新找到其统一体。在空间上,逐渐统一的过程可以解释为部落的、民族,以及越来越广阔的国家的形成。在时间上,统一是通过历史传统在过去与现在之间建立联系而实现的。此外,在每个社会中,“三种权力”的联合代表了时间的唯一全体性:代表和保存了过去的“神父”的权力,在现在中行动的“战士”的权力,预言未来和指出目标的“先知”的权力。最后,文明的进步逐渐地将人从其对自然的依赖性中解放出来。然而这个“历史”的过程还没有终结,进步还在继续。在索洛维约夫看来,未来还将继续下去。无论如何,人像现在这样存在,就已经远离了其原初的混乱状态。

与这个所谓的“历史”过程并行不悖的,是索洛维约夫所说的“神谱的”过程的实现。人类在其堕落的过程中,不仅仅失去了他完美的统一,还失去了他的存在和意识的完美性,他丧失了对神的完善的认识。没有对神的这个认识,人就不能在一个自由和有意识的行为中投身上帝。因而他首先要重新找到绝对存在的恰当的理念,而且是在“神谱的”过程中并通过这个过程重新找到的。“通过回应灵魂的自由召唤”,上帝一点点向人显现了,其显现是在一些宗教中实现的。它如我们知道的那样,在时间中再现了绝对理念内在辩证法的非时间运动。

这个“神谱的”过程在耶稣—基督这里终结并达到完美。在耶稣—基督中,灵魂完美地统一于上帝,并重新找到了它的意识的完善和对神的完美认识。通过耶稣,这种对上帝的完美和完善的认识被传达给人类。进而,“神谱的”过程不能产生任何真正的新的宗教,并从此将包括绝对宗教或基督教的普世推广。[①]

但耶稣—基督不但是绝对宗教的先知,还是个体的人—神、永恒的人—神在有限的时空世界里的显现。道成肉身的耶稣,即"第二亚当",灵魂—索菲亚,重新找到了其统一体和它的有意识的自由,以至于它可以如从前的亚当一样,有意识并自由地决定是支持还是反对它与上帝的完美统一。这次,它不会受到引诱(福音里说的三种引诱)。它完美地投身于上帝,放弃其自身的存在,它也重新找到了它的绝对完善,后者是上帝通过回应它的自由召唤而传递给它的。因而在耶稣—基督这里,索菲亚(人—耶稣)重新完美地统一于上帝,并在这个统一中且通过这一统一重新变得完美。在基督—耶稣中,灵魂重新发现了它的意识的唯一全体的完美,这一意识是无所不知的;它也通过实现统合了"三种权力"的完美,通过作为"神父""战士"与完美的"先知",重新成为人的现实的统一;它通过重拾其对创造物的所有权力,而重新找回了完全的自由;最后,在它俗世肉身的完全牺牲中(耶稣的受难与肉身的死去),通过将物质原子(耶稣的肉身)转变为活跃的理念—原子(复活的基督的"精神身体"),它重新找到了完美的"肉身"。因此,基督的出现不仅仅是"神谱"过程的终结,而且是所有的有限世界演进的最终目标的实现。这个目标,如我们所知,就是堕落的索菲亚与上帝的重新完美统一。从灵魂的第一次堕落开始,所有的演进发展都因而不过是为这个目标所作的"漫长和

① 见如上所述:全集第一版,第 3 册第 138—150 页;第 4 册第 300—314 页;第 7 册第 200、234—259 页。《俄罗斯》,第 256—258、265—286 页。

痛苦的"准备。

不过耶稣—基督的出现还不是最后的终结,那仅仅是世界的演进的绝对中心。因为它,世界和经验的人继续存在着。索洛维约夫通过索菲亚与上帝统一于基督这一个人中来表明这个事实是毋庸置疑的。这个绝对完美的统一,事实上,至少作为在有限世界中实现的历史事实,是有一定的时间和空间局限的。如果耶稣是绝对完美的人,他作为实在的个体,却是与其余的人类和物质世界相分离的。如果前基督时期的发展是对个体的人—神的到来做的准备的话,后基督时期的发展应该是为灵魂与上帝的普遍统一而做准备。这统一针对的是整个世界,并且将其转变为理想的宇宙或完美的索菲亚。耶稣—基督揭示了世界演进的最终目标,指出了为达到这一目标所应采取的方法。总而言之,他使得这一目标的达成成为可能。然而,这里说的仅仅是统一在基督教教会中的人的全体,通过其唯一全体的意志的自由行动来实现。

按照索洛维约夫的看法,应该说这个在耶稣—基督之后的有限世界的存在,可以解释为一种自由行动的个体性。人—耶稣正是通过这个行动,投身于上帝。然而也必须承认,这个人—神的个体特征不能通过索洛维约夫的世界理论的基本原则来解释。甚至可以说,索洛维约夫的形而上学理论中所有的根本的二律背反都体现在他个体人—神的观念中。首先,索洛维约夫没有对耶稣—基督,或个体的和历史的基督,与永恒的基督(人—神)之间的关系这个难题给出过一个令人满意的回答。而永恒的基督是唯一全体的人与上帝的统一;说到底,他提出的不是同一个问题。然而这个在人—神那里的个体性与普遍性之间的二律背反,只是一个存在于永恒的人—神观念和"生成中的"人—神观念之间的二律背反,或者说是存在于上帝的理论和世界的理论之间的二律背反的一种特殊表达。这是我们已经多次探讨的二律背反。接下来,索洛维约夫肯定了耶稣出现的必要性,"(永恒的)基督应该成为历史的中心",认为耶稣—基督拯救了世界。不过这似乎反驳了世界演进的绝对自由。但这个矛盾只不过是索洛维约夫思想中的二律背反,它牵涉到自由的观念,并在此以一种浓缩的形式重新显现。最后,这里有一个新的困难,即对耶稣的个体性的确认似乎与世界理论的核心观点本身相违背,在后者看来,灵魂的完善首先是在其普世性中并通过其普世性而实现的。

按照这个说法,人—耶稣,像亚当一样,原可以完美地与上帝相统一,也可以像亚当一样,成为唯一全体的存在,而非孤立的个体。的确,这是为索洛维约夫所肯定的。"同样,自然的第一亚当不能被当作别人旁边的一个特殊的人,而应该是一个唯一全体的,自身包含了所有自然人性的人格。同样,第二亚当(即耶稣)不仅仅是一个个体的存在;他同时是一个普遍的存在,包含了所有精神的人。"不过,索洛维约夫通过肯定耶稣的唯一全体性来解释他与上帝的完美统一的可能。耶稣不是一个个体和孤立的人,而是世界灵魂本身。这也解释了,耶稣—基督为何能够拯救所有的人和整个世界,同时又不改变它们意志的绝对自由。灵魂不过是自由和个体意志的全体性的统一。可以说,所有的存在自身,通过耶稣自由意志的唯一全体的行动，自由地投身于上帝。被耶稣—基督拯救的世界也可以被看作一个自由的演进（当然，这丝毫不会消除这个自由演化的观点所涉及的根本的二律背反，这个演进的结局永远是预先被决定的）。但绝对无法解释的是拯救者的有限的和孤立的个体性。如果说，通过这个拯救者，整个世界自由完美地统一于上帝，我们就既不能理解为何世界没有被其转变成理想的宇宙，也不能知道基督—耶稣是如何作为一个人的个体而存在的。

索洛维约夫的作品没有解决这些问题。他说到了道成肉身的必要性，他也的确说到了个体的基督的存在是由于索菲亚的堕落造成的。我们试着这样诠释他的这些思想。耶稣—基督的个体性只能是堕落灵魂之意志的不完美表达，这一堕落的灵魂在基督那里实现了其与上帝的统一。但这等于是肯定说人在耶稣—基督中与上帝的统一不是完美的，人—耶稣不是绝对完美的人。不过，显然索洛维约夫将永远不会接受一个彻底异教的表述。因而，最好是避免所有的解释。更不用说，索洛维约夫没有看到他的基督教研究中的问题，甚至还在《讲座》中肯定地说："神的道成肉身根本没有什么神奇可言，即对于存在的总的秩序来说，没有什么是奇怪的。"①

我们只能说，在索洛维约夫那里，耶稣—基督无论是什么人，都是完美的人—神，他是世界和人的拯救者，却也有着支持或反

---

① 见全集第二版，第 1 册第 74—83 页；第一版，第 3 册第 151—158 页；第 4 册，第 531—543 页；第 7 册，第 201—210 页。（又参考《俄罗斯》，第 258—264 页）

对上帝的自由。在这点上,后基督教时期与耶稣降临前的时期并未有不同。索洛维约夫在《俄罗斯》一书中写道,在耶稣基督之后,“人类的自由一直受到保障,普世教会是有历史的”。

正像拯救者出现前的那个“历史”和“神谱的”过程一样,基督之后的历史是世界的灵魂逐渐向上帝回归的表达,即一系列集体意志的自由行为的实现,或朝向绝对存在的人的唯一全体之意志的实现。这个演进的目标与所有自索菲亚的第一次堕落以来的世界演进的目标是一致的。但只有在耶稣—基督之后,人们才有意识地追求这个目标。因为灵魂只有在耶稣那里并通过耶稣,才能意识到这个目标以及达到这个目标的途径。在耶稣死后,这个意识被保存下来。基督教普世教会保存了这个意识并将其进行传播。最终只有在教会中并通过教会,目标才能得以实现。在索洛维约夫看来,耶稣—基督之后的人类历史和整个世界的历史也是一部教会的历史。

索洛维约夫没说到灵魂的第三次堕落。灵魂本该保持其与上帝在耶稣中的统一。然而,在某种意义上,我们应该将后基督时期演进的开端看作索菲亚的一次新的(部分)堕落的表达,是她重新逐渐向上帝统一的表示。此外,索洛维约大自己说,教会首先不过是一个“微不足道的胚芽”,它“成长并一点点发展”。这一进步的实现也不是直线的,而是被“部分的堕落”所打断。基督教的人应该完全实现耶稣的个体行动,为了这个目的,他们首先应该克服基督的三个诱惑。不过,这些诱惑不过是在耶稣意识里的理想的可能性,而耶稣曾经抗拒过这些诱惑。在后历史发展的过程中,诱惑成了现实,因为部分人实际上已经遇到了这些诱惑。

耶稣显露出来的全部真理只有在东正教教会中才保存着,因此世界的最终目标只有通过教会才能实现。但东正教教会还远不完美。未来要将这个民族国家的教会转变成全人类的完美的普世教会。①

索洛维约夫一直强调灵魂在世界的演进中的实现,强调其行动的自由和偶然性。他认为本应该避免去预测这个演进的未来,但永恒的人—神的观念和世界的基督—拯救者的观念使得我们有必要认为,世界或堕落的灵魂最终将重新成为完美的索菲亚。这个观点,也对应于索洛维约夫写作形而上学时期他思想上的一种乐观主义。

索洛维约夫在最大程度上掌握了原罪,以及人和世界的不完善性的意义。他尽可能地对这些意义进行描绘。但他坚持认为原罪、恶和苦难,一言概之,所有创造物的不完善,都是过客。人和世界在它们的真实本质中,是非常好的,而这一切有朝一日也会成为现实。在那个时候,这个坚定的信仰甚至成了其宗教情感的基础。索洛维约夫在《讲座》一书中这样写道:"神—人使命的目标是平等地拯救所有的人,并将这个世界转变为一个上帝的社会。"也是在同样的信仰下,索洛维约夫写就了《俄罗斯》中那些片段,并确认完美的教会应该"集合了时间终止时的所有人,并将所

① 当然,这是(索洛维约夫思想上倾向于——译者注)东正教时期的写作的论点。在天主教时期,索洛维约夫确认人的最后目标是在罗马教会并通过罗马教会实现的。关于后基督教时期的发展,见:a)东正教观点:全集第二版,第1册第227—239、266、290页。全集第一版,第3册第159—168页;b)天主教观点:全集第一版,第4册第1—105页,《俄罗斯》一书前两(?)(扫描原文不清,疑为前两章——译者注)。

有的自然统一在一个人—神的唯一普遍的有机体中”。这个宗教和神秘主义的乐观主义，在世界的灵魂与上帝的最后统一中，在有限世界（堕落的索菲亚和“变化中的”人—神）到完美的索菲亚（在永恒的人—神中完美地统一于上帝的索菲亚）的转变中，找到了其形而上学的表达。

当然，索洛维约夫没有具体说明这个应该发生在时间终结时的转变是如何发生的。而开始于上帝与索菲亚的分离的时间的演进也终结于这个转变。相反，索洛维约夫的所有哲学都是对这个问题的回答。人应该为这个转变准备些什么？索洛维约夫坚信，人应该遵循他给人指出的得救的道路（主要是基督教的道路），去达到绝对的完美。人将通过把所有的知识统一到一个唯一的体系中来重新找到其意识的唯一全体，这就是“自由神智学”的体系。人将通过把自己安排在一个由教会领导的普遍神权君主政体中，或者取消所有政治、社会和经济生活中（自由的神权政治）的所有不完善，来重新找到其实在的统一体。人最终将通过一个通神的行动使自然变得完善。这个自然是在“自由的通神术”有机和有活力的统一中与人相结合的。这个人也将实现“全部生命”的理想，即在爱中的生命的理想。通过这一完美的爱，即性爱的升华，男人将与女人结合来组成一个不朽的唯一的存在（“雌雄同体”）。这个爱促成了不朽，它使得分娩成为不可能且无济于事。但它也将使死去的人复活，加入那些活着的人中。在爱中活着的人因而将是全体的，也将是在他自身中的一，并和剩下来的改变了面貌的世界相结合。整个世界也将成为一个“Syzygique的统一”，一个唯一全体，自由和有意识的唯一的有机体。这个统一了世界的绝对的爱也是与上帝统一了的爱。世界灵魂最终实现了其唯一全体的实质，并通过其意志的自由行动，完美并最终地归属了上帝。有限世界将不像从前那般存在；它将被重新吸收进绝对存在中，并回归到它在灵魂堕落前那样（这个灵魂从未停止过其为了上帝的存在），即神的“内容”，理想的宇宙，完美的索菲亚或人—神里的人。

因此，在索洛维约夫看来，世界的自由演进必然重新回到它曾经的那个点，回到完美的索菲亚的唯一全体的存在。在时间中演进的世界因而是一个闭合的圆圈。这个圆圈不过是在永恒的绝对存在内部的并不大的一个点。①

索洛维约夫无疑坚信他关于世界的形而上学理论是绝对真理。这个理论的内容当然对应于人和世界向他的宗教和哲学经验呈现的一种特殊的方式。正如上帝的理论那样，世界的理论最终取决于索洛维约夫具体和鲜活的直觉。然而，尽管如此，这仍然不是索洛维约夫的一部有独创性的作品。其独特性甚至不如索洛维约夫关于上帝的理论。

确实，即使是读到我们刚才做的这个概述，也会立刻意识到，这里并非想对索洛维约夫或谢林的理论做一个冗长和过于简单化的解释。索洛维约夫所有的思想都是，或几乎都是从谢林在

---

① 只有从整体上来看索洛维约夫的思想，我们才能以他曾经用过的方式来形成一个对世界未来发展的理念。在这点上，我们不太能给出明确的参考，只能是指出下面这些段落：全集第二版，第1册第392页，第2册第167页，第4册第542页；全集第一版，第6册第392页；《俄罗斯》，第314页。

1802—1809年出版的作品中借用来的。为了证明这一点，只需要将索洛维约夫的理论与谢林的思想做个对比就可以了。如后者在《哲学与宗教》(1804)中所表达的，如在 *vom wesen der menschlichen freiheit*(1809)中的新观点。在后一本书中，谢林将雅克布·波墨的思想引进到他的理论体系中。[①]

我们在此就不再具体进行比较了。因为那样的话将要把谢林的所有理论都做一个概述，这与我们刚做的索洛维约夫思想的概述有着很大的不同。我们要做的不仅仅是找出其总的观点和结构，还有这其中展开的具体细节，尤其是涉及灵魂的堕落和"宇宙起源论"和"神谱"的过程。当然，在索洛维约夫和谢林之间，多多少少有一些重要的不同(基督教学研究、教会的理论等)，这些不同大部分是神学上的，而其哲学上的意义十分有限。

不过，我们通过几乎完全相同的方法，表明了索洛维约夫区别于谢林的大致的思想倾向。这就是我们在分析他的 Théandrie 理论时已经说过的，那个比其他思想家(包括谢林)更多地赋予人以自由、独立和重要性的思想倾向。如果说索洛维约夫的世界的理论有某种独特性的话，那也只是归功于这种思想倾向。此外，这一世界的理论所涵盖和蕴藏的内容远远超出它所表达的。

夸张一点说，我们可以下面的方式来表明谢林与索洛维约夫思想之间的不同。两位哲学家都认同，在有限世界的演进中，堕落的唯一全体的理念逐渐与绝对存在相结合。这个理念对于他

① 见作品集第一部分第6册第13－70页，第7册第333－416页。(尤其是参考第6册第34－35、39－43、53、55－57、60、63页)

们两人来说都是神的“内容”，是世界灵魂和理想的人。然而在谢林那里，这个理念通过其堕落并在这个堕落中得到了丰富；正是在它的作为经验世界的生成中，理念成为了一个“真正自主”的存在。世界的演进，作为堕落的必然结果，通过丰富和完善人—理念的本质和存在，从而丰富和完善了神的“内容”，甚至是上帝的本质。谢林写道：“因而堕落由此成了上帝完全显现的方法。”最终，世界的演进不过是在绝对存在内发展的，绝对必要的和可先验地演绎的辩证过程。就其自身而言，世界的演进不过是人的历史；但如果从绝对存在的角度来看，它也是上帝的历史本身。相反，在索洛维约夫看来，随之而来的堕落和演进，既没有丰富上帝的本质，也没有丰富唯一全体的人的本质和存在。可以说，从绝对存在的角度来看，这个堕落甚至不存在。无论如何，这个堕落是一个偶然的事实，本可以不发生。因此，只能说是经验的。世界的演进因而是一个绝对自由的演进；只有人在行动，只有人受到影响。这是人的历史，而不是在世界的生成中实现的上帝的历史。因此，堕落的人不是如谢林认为的那样，是一种绝对存在的“显现的方法”，而是一种通过实现其自由而丧失了其完善的独立自主的存在，一个通过一系列自由行动重新变成完美的存在。他在那里发现了其在堕落前已经拥有的完美，一种他在其实质中从没有停止拥有过的完美，一种一直同一于其自身的完美。

不过，这样一来，我们就夸大了索洛维约夫的理论和谢林的思想之间的差别。我们看到：一方面，1.索洛维约夫的思想常常有一种演绎的特色，2.他从未肯定过人和神之间的最终和完全分离的可能性;另一方面,谢林本人很坚持人的自由。[①] 可以说,确实,一个不过是绝对存在的必要辩证法的方法的存在,它的自由的观念是一个很难设想的二律背反的观念。但我们看到,在索洛维约夫那里,自由的观念涉及的困难不会更少。再说,与谢林的问题相类似,我们仅仅是觉得索洛维约夫的问题,如同在谢林那里一样,说到底不是因为他的思想本身的必然,而是源于他试图通过借鉴谢林的方法来阐述自己的思想。

总的说来,索洛维约夫思想的二律背反,甚至可以说是矛盾,看起来证明了一个事实:他的思想没有充分表达他应该表达的那种鲜活的本能。索洛维约夫从谢林的理论中大段地征引,似乎使得这个理论与他真实的思想产生了矛盾。这个在实际的文本中被极大地歪曲了的理论,无意识中,只有以一种不太明晰的方式出现。但它也迫使索洛维约夫去修正他借鉴来的这些思想,因而使得其思想充满矛盾。初看之下,似乎索洛维约夫的修正并不大,甚至是无足轻重的。即使说他和谢林之间的不同点是刚刚被觉察到的话,也足以让人假设,假如索洛维约夫能更加些独立地阐释其思想,并赋予其一种特有的和合适的形式的话,他们之间的不同点要远比现在所看到的重要得多。

---

① 尤其是在 *vom wesen der menschlichen freiheit* 中,世界是不完善的,恶被带回到人的自由意志的行动中。但这里谢林的思想也不同于索洛维约夫的理论,因为在谢林看来,一个恶的可能性是被包含在神的实质(natur in Gott)自身中。恶的实在(即有限世界的存在)对于神的爱的实现是必要的,这个爱是上帝的存在甚至本质。(见第 7 册第 375、381、403—405 页)

雏　凤　新　声

以科耶夫的“法权模型”理解国际气候“软法”

姜 边①

一 法权模型概述

国际气候问题的热点性与重要性无须多言。本文并不打算纠结于行进中的国际气候谈判的现实纷争，而是尝试以一种浮于事态之上的逍遥心态统而观之，但笔者思绪的游走范围仅限于借用亚历山大·科耶夫的“法权模型”理解一个拟人化的、自在的国际气候“软法”。

对于国际气候“软法”这一概念，笔者预设读者的已知，即：1.国际“软法”的概念；2.就目前来看，有关气候的国际问题被置于一个国际软法体系中呈现出慢速的求解过程，这着实为一种“进化”。

① 姜边，原国家开发银行—华东师范大学国际关系与地区发展研究院硕士研究生。

科耶夫在其《法权现象学纲要》中为我们构建了一个“法权模型”。“法权”背后的本质性和起源性的东西即“正义的理念”。在“法权模型”中，具有提供“正义”之潜能的“法”的形象在这种条件下登场：A 和 B 两方发生了相互作用，那么第三方 C(“法”的形象)以其不偏不倚、公正无私之态势介入，对二者相互作用的本身加以干预。而“法权”的实现、“法”之“正义”的实现就来自不偏不倚、公正无私的 C 的干预，来自 C 与由 A、B 和二者相互作用构成的整个事件之间的相互关系过程中。[①] 以“法”为内涵的 C 的干预，一方面引发了行为结果，即它撤销了对 A 之行为作出反应的 B 的反作用行为，这遏制住了二者利益之间的相互继续损害；另一更高层面上，它引发了心理结果，即最大限度地、均衡地实现了 A 与 B 对于各自应得的那部分权利坚定而恒久的愿望(法律规则的确立是 A、B 事先同意的，所以也是 A、B 心中的“正义”)，也即实现“正义”。

首先这里不证自明的前提是：全球气候保护的正义指向。“正义”即给予每个人他应得的部分的这种坚定而恒久的愿望。可见，正义问题有两层内涵：在较为物质化的层面上，涉及资源的“稀缺性”“分配”和“所有”；在心理层面上，涉及无限趋近于头脑中的那个预期和内心的满足感。

气候正义，是近几十年来环境正义运动向气候变化领域的延伸。它强调在对气候变化领域中的利益和负担进行分配的过程

---

① 参见[法]科耶夫《法权现象学纲要》，邱立波译，上海：华东师范大学出版社，2011 年，第 17—20 页。

中，各个主体必须得到公平合理的对待。综合而言，气候正义内容分两个层面：一个是代内正义（或“公平”），涉及本代的国家主体甚至每个世界公民是否具有平等享有气候资源的权利，以及是否公平地分担应对气候变化的责任和气候变化造成的灾难；另一个是代际正义（或“公平”），是实现可持续发展的核心内容之一，更具有道义色彩、更需要各国的自觉实践，它指当代人和后代人在利用自然资源、享受清洁环境、谋求生存与发展上权利均等，其实质是自然资源利益上代际分配的正义问题。

“法律”“法权”背后的实质是“正义的理念”，正义是“法”的特殊性格，解决正义问题的需要必然使“法”的问题浮出水面。气候正义的问题产生，一方面来自气候资源的稀缺性，另一方面来自人性的自私。相应地，就产生了包括“软法”在内的气候领域的国际法规则来促进正义理念的实现。以上相关问题的厘清为我们接下来用亚历山大·科耶夫的“法权模型”认识气候国际“软法”铺平了道路。

二　气候国际“软法”的自在性分析

科耶夫认为“直到今天，国际法还不算实在法……如果国际法算一种法律，也只能是潜在的法律”[①]，那么，“软法”能否算“法”就更不用说了。但我们却或多或少感觉到国际“软法”身上似乎也隐隐潜在着一些法律性格，或许通过在“法权模型”中寻找气候

---

① [法]科耶夫：《法权现象学纲要》，第404页。

国际“软法”的位置,可以得到一些有关“软法”效能之原因的启发。

这个具有启发性的模型所呈现的,正如科耶夫所说:“法权是某种正义理念向特定社会相互作用的适用。”[①]鉴于科耶夫为自己的“法权模型”大厦打下了一个极为庞大深厚的理论根基,这里,我们不妨琐碎地借用他提供的一些启示来尝试将问题简化:权且将“法”拟人化,并将随之而来的相关分析简化为“法”的“问题意识”,进而探讨国际“软法”何以具有效能的问题。“法权”的实现是“法”的价值体现和价值追求,而我们知道,行动受到意识的支配,一次行动的效果与行动开始之前的问题意识直接关联,那么在“法”实现其自身价值的过程中,在它即将着手“干预”的操作层面上,面临着至少三个基本性问题:1.对当事人 A 和 B 的身份的社会性的鉴定;2.对 A、B 间发生的相互作用的检视;3.作为第三方 C,“法”对其自身“正义性”的内省和确认。

显然,就我们的讨论对象——气候国际“软法”,在以上模型中的位置即为 C。但是,虽然包括了气候国际“软法”的整个国际法规范占据着第三方 C 位置,它能够带来“正义”的干预能力却受到束缚,即现实中它无法超然地实现那个纯然的“正义”。依科耶夫的解释:从定义上讲,国际法规则体系,跟“主权国家间的相互作用有关”。然而,恰恰是“主权”的概念将“适用一种来自外部的、不可抗拒的强制的可能性”不断排除,这种情况导致“国际法中的第三方”无法将它“正义”的干预强加于这里的当事国,不可

① [法]科耶夫:《法权现象学纲要》,第 251 页。

抗力之缺失是“国际法”之非“法”的根源。但是，现实中，主权相互作用对干预的排斥，却并没有否弃这种“法”的“干涉行为”——国际法规范却是客观存在的现实。接下来，让我们将气候国际法治理的现实结构与理想模式进行如下对照分析，以探求气候国际“软法”何以实现那个深沉的“自我”。

总体上，整个气候的国际治理结构是一种分散式、无政府、自治的社会格局。在此格局中，无数个具有减排意向的主权国家占据着或A或B的位置，并且之间形成无数层类似A与B这样的相互作用关系，等待着C加以干预和调解。相应地，气候国际“软法”实现自身价值前，意识到至少三个基本问题：1.对作为或A或B的国家“当事人”作出身份鉴定以明确其行动诉求，2.对气候问题的国际现实中的“相互作用关系”作出理解，3.作为第三方C的气候国际“软法”能否带来“正义”。

首先，需要对作为或A或B的国家“当事人”作出身份鉴定以明确其行动诉求。国家在国际法语境下具有平等之“国格”，这也是国际法的重要原则之一。这某种程度上类似于国家语境下的“公民”身份，从此意义上看，国家具有某种程度的“社会性”。这一类比将“国家”拟人化了，“人”从历史起源上就有寻求“正义”的本能，“人”的“主性”驱使其寻求(贵族性的)“平等性正义”，而“奴性”则使之寻求(资产阶级性的)“等价性正义”。按照科耶夫的看法，“公民是主性和奴性的合题，并且，这种合题是从潜在性向实在性的“过渡”和“进化”。那么推知，具有国格的国家相当于“公民”，也是“主性”与“奴性”的合题，是“平等性正义”与“等价性正义”的合题。

在全球气候问题的谈判过程和治理结构里，国家有经济利益冲突，以及对于实现“等价正义”的渴求。以经济利益的输赢之争来实现“生存”，国家才能成为国家。“减排”产生的经济负担损害了国家的经济利益，而气候变暖带来的生存压力又使国家希望其他国家更多地承担减排责任，但是，国家自身又无法放弃减排的国际道义立场。因此，这个语境下的国家就类似于“商人”，总在同时考虑自身和“交易伙伴”的收益，此过程中，它不仅将自身设想为公正的第三方，而且在现实中寻求着一个第三方的实体以确保交易的公平和“等价正义的理想”实现。这样，气候国际“软法”就来填补现实的第三方的位置：它包含了很多高技术性和交易性质的减排模式。这些内容涵括了经济意义和科技内涵，又紧紧关联着各国切身的物质利益，并且将市场机制选择性地纳入自身，如碳排放权交易制度的设立，为国家之间减排义务的讨价还价、利益妥协与国际贡献的“相互承认”营造了实现等价交换的“市场化”场景，而这些条件正是实现“等价性正义”所必不可少的。所以，该领域的国际“软法”能被追求“等价性正义”的国家接受。

然而，对于具有国格身份的国家而言，仅仅获得“等价性正义”以实现“自保”，还不能证明其身份的整全性，它必须要得到“承认”以获得(贵族性的)“平等性正义”。最为重要的是，科耶夫认为：“所有的国家就其作为国家的存在来说，必定选择贵族性的观点。”[①]这是国家之作为“人”的、为“欲望”而“存在”的本能反应。

---

① [法]科耶夫：《法权现象学纲要》，第412页。

从人的起源行为上讲，毕竟“平等性”先于“等价性”。那种相对于他者而言的“主性”的渴求，使（我们这里讨论的被拟人化了的）国家“欲望”着：对于他者来说，它想“自成一体”，它欲望剥去自己身上现有的、他者也同样拥有的某些“物质性”或“现实性”。这就正如科耶夫所说的：“欲望一种缺失，欲望一种非现实性的实体，欲望一种在被（物质性的）现实性所充满的时空中的虚空。”[①]

回到现实问题：全球气候保护这一无论在代内或代际、空间或时间上都具有“正义”指向和价值指向的领域，涉及人类共同的命运和人类后代的福祉，置身其中的国家渴望价值上、信仰上、道义上的“承认”与“认同”。为保全国格和国家尊严，获得国际承认，国家不可避免地在这些问题上会有“正义”诉求或至少摆明道义立场。德班会议后不久，2011 年 12 月 12 日加拿大退出《京都议定书》，改变其气候问题的道义姿态，引起国际社会和加拿大本国社会的无数谴责，使其国际形象受损。因此，即便在这类领域里国家也有利益冲突，而气候变暖带来的生存压力又使国家自身难以轻易背弃减排的国际道义立场。这一点对于理解气候国际“软法”的意义至关重要：具有正义导向的“软法”构建不会因为国家在短期内的利益纷争而被悬搁和否弃，因为任何国家都不会贸然第一个站出来，以否决“正义”之态势，推翻其凭靠光荣建国史和极力融入国际社会之努力在漫长岁月中累积起来的作为国际社会一员之合法身份。对“被承认”的欲望，以及对“平等性正义”的渴求，客观上恰恰赋予气候国际“软法”某种自在性。

---

① [法]科耶夫：《法权现象学纲要》，第 256 页。

由以上可知,国际“软法”对于作为A或B的国家的全球气候治理模式参与,具有不可缺少的重要意义。

其次,需要对气候问题的国际现实中的“相互作用关系”作出理解。

科耶夫已经帮我们明确了国家间是一种“主权”相互作用。具体而言,由于无政府状态下各方实力强弱之差别,国家之间的真正平等尚未实现,国际秩序中时常凸现出强权政治的特征。同时,国家作为国际社会的理性行为主体,核心要素是利益的追求,这就使国家随时都有收益计算的倾向。然而,国家由于其内在的“社会属性”又决定其并非纯粹的“利益导向型”实体,国家在国际法上被赋予了“国格”,国家也需要得到国际社会的价值认同,特别是对那些关切人类共同体的生存问题国家也有“正义诉求”。因此,在无政府状态、权力高压、利益诉求、道德压力的合力下,“主权”相互作用的外在表现形式即以“冲突”或“合作”为主。

全球气候问题属于这样一个国家行为领域,它可与文化、人权等归为同类,这一领域并不非常明显地涉及国家政治军事安全和成本收益计算。从性质上讲,气候问题首先是环境问题、生态问题,是人类共同的关切,它更多存在的是国家间的价值认同,而问题的解决有待于人类的共同行动,这就决定该领域国家间的相互作用必然以“合作”为主。以应对全球气候变化的国际合作之所以会引起代内的正义问题,是因为气候变化对不同国家的冲击程度不同而引起环保义务的正义分配问题:有些国家,如北半球的美国与加拿大,甚至会由于温室气体的排放而获益,原本被积雪覆盖的土地会变得可以开发了，地下资源也成为可供开采的了；有些国家，如赤道附近的那些发展中国家则受尽全球升温的负面影响。如果倡导国际合作减排，历史上的排放大国——往往集中在北半球——却不太愿意为此支付巨额的减排成本。然而，那些饱受气候灾害影响的发展中国家虽然迫切希望合作减排却支付不起巨额的减排费用。这就需要各个国家在相互作用的过程中以合作为行动基调，采取妥协和相互承认的态度积极解决。

这一系列的“合作”以及对义务的正义分配的诉求成为处于第三方的国际“软法”发挥积极效用的平台。即便是手脚被缚，这些“软法”仍积极利用了有利的客观条件，干预国家的相互作用，力图将“正义”带给国际社会。

最后，作为第三方 C 的气候国际“软法”能带来“正义”吗？

第一，从内容上看，答案是“能”。虽然本身没有约束力，但由于气候国际“软法”具备由普遍道德赋予的合理性和科学性，它的规范体现了全球气候保护项目运作的内在要求，并对气候治理中相关当事方的权利义务界定得妥当、具体、清晰、明确，符合国际法的基本规律，具有鲜明的时代性，所以为主权国家所乐于接受。这种反映了交往“内在理性”的规范被行为者所乐于遵从的现象说明：规则自身的逻辑至关重要。在国家之间的关系中，只有那些能够反映国际交往现实、体现国家之间在交往中的一般规律，符合国际交往需求的规则才能被接受。

气候国际“软法”的具体特色：一，具有公认的道德正当性。保护气候环境最终维护全人类的利益，保全地球这个家园，在伦理上占据着制高点，所有的行为、观念都应当符合这一道德指向。因此，气候领域立法就表达了这种道德观念。二，其具体指标和条文细节具有高度技术性。国际气候法需要体现自然规律的要求，把大量的技术规范操作规程、环境标准、控制污染的各种工艺技术要求等包括在法律体系之中。这种高度的技术性也就意味着非政治性、非意识形态性，而具有经济意义和科技内涵，这又是关乎各国切身的物质利益的内容，因而使这一领域的国际“软法”较能为具有平等国格的国家接受。一言以蔽之，本体上气候国际“软法”能带来“正义”，是因为它内容上包含了“正义”问题的关切焦点：努力使各方终能分得它应得的那一份。

第二，从本质上看，答案也是“能”。就国际“软法”的上位概念——国际法规范来看，科耶夫在《法权现象学纲要》中作了一段相关论述：

> 如果“国际公法”是某种非政治性社会的法律，它绝不会是贵族性的……因此，“国际法”从定义上说表现出一种资产阶级的性格，它建立的基础不是平等主义的正义，而是等价性的正义。但它接下来会与作为它适用对象的国家发生冲突。因为，所有的国家就其作为国家的存在来说，必定选择贵族性的观点。因此，这种法律也只能作为一种综合了这两种对立正义的公民性的法律而存在。这点更加说明：这种法律自身没有什么特殊的东西，因为我们看到，所有现实的法

律都是——或多或少是完全的——公民性的法律。[1]

因此，正如科耶夫所说，就其目标来看，国际公法的构建基础是“等价性正义”，它强调降低国家的“生存风险”和实现有序的“生存”，这与适用对象、追求“平等性正义”的国家产生了“理念冲突”，而这种冲突需要得到调和。人类社会现阶段，国际法是潜在性的法律，是一个不同于国内法的体系。根据进化论思想，任何潜在性的存在都有实现自身实在化的本能倾向。由于“彻底的平等性包含了等价性”，而进化论意味着“法”自身由低到高的自我实现，现实政治又意味着“平等性正义”的不可能，因此，“只存在一种从等价性开始到平衡性的过渡；因为等价性可以被它原本就缺乏的平等性逐渐完善”。[2] 所以现实中，国际法规范在通过坚持不懈地将自身实在化为“国内法”的艰难过程中所努力缔造的正义社会，是一个经过“妥协”和“相互承认”后“合题的”“身份平等的”国际社会。作为整个国际法规范体系的一部分，气候国际“软法”不仅不算“法”而且还是潜在的“国际法”，因此，它在最终实现那个实在化的“法律”的自我以前，必须要完成的是：首先进化成那个“国际法”的自我——这正是气候国际“软法”以及它所属的国际“软法”家族的自我认知和自我定位。

前面讲过，气候国际“软法”有着“法”的正义指向——代内正义（或“公平”）上实现气候资源的共享和保护责任的正义分担，代

---

① [法]科耶夫：《法权现象学纲要》，第 412 页。

② [法]科耶夫：《法权现象学纲要》，第 332 页。

际正义（或“公平”）上实现可持续发展——实现人类存续和有限资源合理利用的永恒主题。气候领域的国际会议所通过的宣言、决议一般并不细致地定明有关方面的权利义务，而是从宏观维度确立一些原则如“共同但有区别的责任”（“共同”强调各缔约国均对生态环境链有着整体性和关联性责任，同时也强调对后代公平享有气候资源应负的责任。“区别”则强调了先发国家的历史责任，兼顾了后发国家的发展需要，体现了一种代内的公平分担责任的精神），本质上就是对代际正义（或“公平”）和代内正义（或“公平”）、“等价性正义”与“平等性正义”的一种合题。气候国际“软法”包含的伦理宣示性的规范指向“合题的正义”，更容易被各国所接受，成为这一领域的重要原则。

因此，气候国际“软法”能够带来合题的正义，并且自身也内在地包含了“正义的理念”，它自身的价值是它在国际社会中发挥作用的基石。

综上所述，国家在全球气候治理模式中，发生了复杂的相互作用关系，而在合作与摩擦中它们却有一个共同的正义指向，共同的一份坚定而恒久的愿望——改善全人类日益恶化的气候环境，为后代谋求可持续发展。在多重正义诉求和主权国家的相互作用中，气候国际“软法”找到了它作为第三方的位置，并对号入座，力图维持该领域“正义”天平的平衡。就这样，在错综复杂的主客观因素共同作用下，气候国际“软法”具有了自在性。

正是由于此种“利益的考量”和“谋求行动自由”在国家的行为模式中根深蒂固，并且，“正义”的诉求也醒目在场，国际“硬法”

形成条件尚不成熟的情况下，国际“软法”有了深刻的自在性。它占据了科耶夫模型中第三方的位置，在给予各国一定行动自由的情况下，填补了它们愿望的“正义”的空缺，是带来“正义”的潜在平衡力量。

即使现阶段全球气候领域的问题困难重重，但是就利益关切与道义关切这两条并行的主线来看，可以预料，气候立法的进程仍会在艰难中继续，全人类会努力捍卫住共同的道德底线。历届会议及其生成的“软性”文件，不仅是对之前国际社会为解决气候问题逐步构建的国际“软法”体系的继承和发展，而且还为不久的将来各国在该领域的继续谈判与合作标示出一个方向。这体现出亘古不变的人类对“法”的“坚定而恒久”的信念和追求国际社会在“法”的信念之下有序运转的不懈努力。根据法权进化理念和纯然“正义”的超时空性，包括气候国际“软法”在内的国际“软法”，作为潜在的国际法，会在自身的不断实在化中成为国际法；国际法作为潜在的法，在无法预知的未来终将会把自身实在化为“法”，那个纯然“正义”终将会实现。

世界城邦（历史）视野下的中国

——读基辛格《论中国》

陈安龙①

城邦世界与世界城邦是古今纠葛不断的两种世界图景，也是当前我们研读世界政治的一个入口。而中国人在这一点上似乎与曾经的犹太人十分相似，极其珍视自身所传承的城邦性特质。于是，世世代代的血统性传承，祖祖辈辈的历史性传说，岁岁年年的民族性藩篱不断地加固、深化，以至于在无数人的肉身上都打下了深重的烙印，忘却了另一种在自身血液中曾经萌动过的世界城邦的图景。而在我看来，基辛格《论中国》恰恰是要唤起中国人心灵深处的那份世界性、普遍性的观念。

基辛格《论中国》从大洋彼岸抢滩登陆后便风靡中国，大有洛阳纸贵之势。而更有意思的另一位为中国人所熟知的政客，曾经的香港总督彭定康急急忙忙、气急败坏地跳出来对基辛格的这本书大加挞伐，指责基辛格博士对中国太过毕恭毕敬，甚至有些卑

① 陈安龙，原国家开发银行—华东师范大学国际关系与地区发展研究院硕士研究生。

躬屈膝。如果为基辛格辩护一下,或许彭定康忽视了基辛格《论中国》是要做传书于中国人与美国人之间的鸿雁,中国人必然是这本书的潜在读者,而基辛格则深谙"怎样用中国人既能听懂、又喜欢听的修辞表达敏感问题"。当然,更为重要的是,作为世界五分之一的人类所产生的"中国问题"理应在一个世界意义层面上得到重视。看似流畅、平淡甚至带有谄媚气的文字背后其实隐藏着激烈的文明交锋和论辩以及令人叹为观止的战略推演。

两种例外论

其实在该书的序言中,基辛格便单刀直入、切中要害,以中美两种例外论的对举来展现两种不同的世界图景的纠葛。美国的例外主义是传经布道式的,认为美国有义务向世界的每个角落传播其价值观。中国的例外主义是文化性的,中国并不试图改变他国的信仰,也不对海外推行本国的现行体制,但中国是中央帝国的传承者,根据其他国家与中国文化和政治形态的亲疏程度将它们正式划分为不同层次的"进贡国"。[①] 两种世界图景看似并举,但透过基辛格整体的论述,我们不难发现至少在基辛格那里两者完全是不对称的。美国的例外主义让其走向世界,进而成为如今的执牛耳者。而中国的例外主义则使自身封闭于世界之外,在城

① [美]基辛格:《论中国》,胡利平、林华等译,北京:中信出版社,2012 年。

邦与世界之间徘徊踟蹰、左顾右盼。[①]

当然中国的这种例外主义是在其历史脉络的长久传承中积累起正当性的。中国,这个拥有煌煌历史的帝国,曾长久地沐浴在天朝上国的光辉之中,抚有四海、德威远被、万国来王。秦皇汉武、唐宗宋祖、一代天骄成吉思汗,数千年史诗般的传唱流淌在中国人世代传承的血脉之中。这个与罗马大约同时建立的帝国体制无疑取得了非凡的成就,造就了伟大的文明。实在没有哪一种力量能够让中国人心甘情愿自动清零、走向世界,即便是数千年未有之大变局也不行,中国人难以割舍。但随着大航海时代的来临,整全性世界日益显露,世界历史已经发生根本性的大断裂。为捍卫昔日历史性荣光,中国人曾选择保持“孤岛”式的政治存在、坚守封闭堡垒,但实际上中国早已不自觉地卷入世界政治、经济循环互动当中[②],而这种封闭选择的结局必然是以中国为中心的轴心文明处处断裂。用马克思的话说就是:“天朝帝国万世长存的迷信受到了致命的打击,野蛮的、闭关自守的、与文明世界隔绝的状态被打破了……与外界完全隔绝曾是保存旧中国的首要条件。而当这种隔绝状态在英国的努力下被暴力所打破的时候,

---

① 对于这一点,足以同基辛格比肩的美国战略家布热津斯基在其巨著《大棋局》中曾有精彩的阐释,美利坚合众国从立国之始便将世界图景纳入自己的肌体和血液当中,这是美国例外主义的灵魂所在。就像其书中谈到的“任何一个人都可以变成一个美国人,但只有中国人才可以是中国人”。也就是说,美国例外主义是一种向世界敞开的例外主义。

② 林满红《银线:19世纪的世界与中国》便是对这一问题的一个很好的诠释。从这本书中我们可以看到中国作为贫银国却实行银本位,而白银的来源则是依靠商人所联结的国际市场。中国从16世纪就已经开始以菲律宾为中转站通过跨太平洋航线进口美洲白银,只是当然仍可从亚洲获取白银,大约到1775年以后,中国几乎全部依赖拉丁美洲供应白银。一个号称闭关锁国的帝国事实上已经终结“孤岛”式的存在,与整个世界命运相连。世界体系的刚性框架开始深深地影响着这个古老帝国的变迁。

接踵而来的必然是解体的过程，正如小心保存在密闭棺木里的木乃伊一接触新鲜空气便必然要解体一样。”[①]新世界已经来临，分布世界各地原先孤岛似相互隔绝的大体量政治体开始在同一个层面上正面交锋。在这场新的交锋中，胜负的关键则在于谁能率先意识到自己的世界意义并勇于担纲这份世界责任。但中国似乎又一次选择了城邦中的世界。

基辛格观察视野下的中国人似乎总是遵循着一种斩不断的历史绵延性，他们随着种种历史事件变化、改造，却丝毫不改变本质，他们不停地在我们面前重现，虽然面貌略有不同，但始终可以辨认出来。总之他们都没有走出城邦世界的怪圈，他们所讲述的故事似乎总是在不断重温那份独有的历史史诗。城邦之外非神即兽，中国人不信神，而与野兽打交道必然小心戒备。书中基辛格在谈到毛泽东论证“一条线”战略时所遇到的难以排解的矛盾便反映了这两种世界观的碰撞。70年代毛泽东放眼全球，提出凡受到苏联扩张主义威胁的国家“要搞‘一条横线’，美国、日本、巴基斯坦、伊朗……土耳其和欧洲”。但是“毛泽东这位矛盾论大师，在应用他的‘一条线’概念时遇到了一系列不可避免的矛盾。其中一个矛盾就是这个战略很难与中国自力更生的理念相一致，而合作有赖于将各方的独立分析整合起来。如果各方分析都与中方的相吻合，那就没问题；但各方若出现分歧，中国的猜疑就会显得与众不同，日后将很难消除。‘一条线’概念有西方集体安全概念进一步强化的意味。但实际上，集体安全的获得多半取决于

① 参看马克思《中国革命和欧洲革命》。

各国之间的共同点，而不是取决于地缘政治设计最精妙的国家的信念”。[1] 在这里毛泽东对于“一条线”的阐释完全是基于地缘政治设计，是“以夷制夷”古老格言的再现，考量的是如何操纵各国使他们彼此敌对从而有利于中国的问题。就像基辛格所说的中国人运用的是集体安全的词藻，却要保留决定其内容的权利，一边在筹划联盟，另一边已经将联盟失败、中国独立奋斗的图景勾勒好了并且时刻准备着。而对于美方表示出的将会抵制苏联围堵中国的努力，毛泽东的反应则是“围堵中国？我要他们来救我，可能吗？……他们关心我吗？这是猫哭耗子假慈悲！”[2]世界上没有救世主，他人即地狱，只有自己能拯救自己，在类似这种观念的支撑下中国紧紧地抱着自力更生的理念，人为地与世界隔绝开了。

或许现在是时候再回味一下钟叔河先生在《走向世界》中所强调的一句话，“划分为地区的世界结束了，古老的长城崩坏了，全球文明的新时代开始了”。[3] 在这个全球文明的新时代，信奉“世界利益”即“美国利益”的美国必然无法纵容这个有如此庞大体量并且信奉迥异价值理念的国家游离于世界之外。而基辛格《论中国》在这个意义上似乎有为中国与世界的融合牵线搭桥之意，竭力劝说中国接受一个更加普遍的观念。

---

① [美]基辛格：《论中国》，第 283 页。
② [美]基辛格：《论中国》，第 286 页。
③ 钟叔河编著：《走向世界》，台北：百川书局出版，1989 年，第 2 页。

历史与世界历史

黑格尔在《历史哲学》中论证“历史必须从中华帝国说起”,但是世界历史的真正开始却是波斯历史。换句话说,中国是开不出世界历史的。在黑格尔看来波斯这片土地上第一次升起一种中国大地所不具备的“光明”。这种“光明”,照亮了它自己,也照亮了周围的一切;这种“光明”不分畛域,不分彼此:太阳普照着善人和恶人、贵人和贱人,把同样的福利赐给一切人类。① 这种普遍性的观念在波斯人那里可以找到,但在中国人这儿类似邹衍“大九州说”的宏阔视野很快便被秦朝以降内敛型、防御性历史所遮蔽。中国从此闭锁于长城之内。也难怪翻开世界历史的画卷,只见古代世界诸民族在以地中海为中心的欧亚非三地交手过招、相互碰撞,世界历史的精神也由此迸发。而地处远亚细亚的中国则长久地封闭于世界之外,误以己国为世界。

正是基于此,基辛格观察到,中国眼中的世界秩序与西方生根的制度大相径庭。那么自力更生于世界历史之外的中国又是如何自处的呢?基辛格敏锐地注意到了中国在相对封闭的政治环境中所锻造的朝贡体制。几千年来中国所面对的亚洲政治生态是一种农耕与游牧激烈对峙、碰撞的局面。卧榻之侧时刻存在着凶悍的强敌。肥沃的中原地区始终面对着北方那个广袤纵深的蒙古高原,这种平原与高原的直接对峙,在欧洲是不存在的,它形成了某种奇特的历史关系:处于迁徙无定状态中的高原游牧民

① 参看黑格尔《历史哲学》,王造时译,上海:上海世纪出版社,2001年,第170—172页。

族，始终把平原大河流域作为他们争夺的一个目标，经常像洪水一样从高原上横冲下来。整个中国古代史，几乎就是一部游牧人同农耕人争夺生存空间的历史。正像在书中基辛格所引用拉铁摩尔的一段话，“蛮夷入侵因而构成了对中国的永久威胁……任何一个无后顾之忧，又可绕过其他蛮夷的夷国，尽可放心大胆地入侵中国”。命运给中国人安排了这样一种生存空间。

如何应对这种局面？于是各种防御手段层出不穷，从城郭到城墙再到长城。有了城防，对外可以抵挡游牧民族的劫掠，对内则产生一种凝聚力，把城内的人民压向一个权力核心。面对这种局面，中国在建构周边秩序时逐渐形成了一种朝贡体制。朝贡制度包括朝贡国一方得称臣纳贡和宗主国一方的册封赏赐等内容，是以中国为主体的双向交往制度。[①] 在这种体制下中国“以允许通商为诱饵，加上高超的政治手腕，中国笼络邻国人民遵守以中国为中心的准则，同时制造一种皇帝威严的印象，以抑制潜在的入侵者试探中国的实力。其目的不是为了降服蛮夷，而是‘羁縻’。对不肯归顺的蛮夷，中国会利用他们之间的矛盾，‘以夷制夷’，必要时‘以夷伐夷’”[②]。而这种朝贡体制确实取得显著的效果并且长久地维系下去了。在这种体制下，通过封赏和朝贡贸易，朝贡国获取了巨大的经济利益；而中国换来的不仅是他们对自己宗主国地位的承认，更重要的是，通过与边境少数民族和邻国建立稳定的朝贡关系，中国获得了安定的周边环境，从而达到

① 李云泉：《朝贡制度史论》，北京：新华出版社，2004 年，第 316 页。

② ［美］基辛格：《论中国》，第 16 页。

“守住四夷”的政治目的。而在文化上，形成了一种“中国中心论”的“华夷观”，在这种文明观中只有中国文明才是名副其实的文明，其他所有民族都是根据参与中国文明的程度来划分等级。“华”与“夷”的关系，也可以说是文明的完全态与阙如态的关系。[①] 中国人和欧罗巴人都曾把异己民族当作蛮族，但两者不同的是欧罗巴人坚持要把“文明”带给野蛮人、洒遍全世界，但中国人则主张不对外输出观念，而是欢迎他人前来学习。可见，中国人对于自己身处的这片黄土地太过热爱。

附着中国文明体系的朝贡体制最终在近代被从海洋席卷而来的万国体制碾压而过，支离破碎，陷入崩溃。基辛格引用黑格尔的话为中国写下判词：中国人极少漂洋过海，而是固守其辽阔的陆地板块。陆地把人束缚在“数不清的依附关系上”，而海洋却促使人“跳出狭隘思维和行动的禁锢”：“亚洲国家宏大的政治结构缺乏挣脱陆地束缚、走向海洋的能力，尽管它们自己濒临大海，比如中国。在它们眼中，海洋意味着极限，意味着陆地的终结。它们从未用积极的眼光审视过海洋。”西方人则漂洋过海，把贸易触角伸向全世界，到处传播其价值观。在此意义上，困于陆地的中国——曾经是世界上头号航海大国——“与历史发展的大趋势失之交臂”。[②]

① [日]佐藤慎一：《近代中国的知识分子与文明》，刘岳兵译，南京：江苏人民出版社，2011年第2版，第38页。

② [美]基辛格：《论中国》，第25、26页。

倒转红轮

朝贡体制的破碎让极具民族主义情怀的中国人一时没有了寄托灵魂的肉体。以英国为首打碎这具肉体的凶手们则自然而然成为了我们挞伐的对象。但也不乏一些开眼看世界的中国人逐渐意识到那自西方乘风破浪而来的坚船利炮背后不仅是武力恫吓,还有实质性的文明。这不免让人联想到当年马克思对于英国碾碎印度传统封闭体系后的评论:如果亚洲的社会状况没有一个根本的革命,人类能不能完成自己的使命。如果不能,那么,英国不管是干出了多大的罪行,它在造成这个革命的时候毕竟是充当了历史的不自觉的工具。这么说来,无论古代世界崩溃的情景对我们个人的感情是怎样难受,但是从历史的观点来看,我们有权同歌德一起高歌:

> 既然痛苦是快乐的源泉,那又何必因痛苦而伤心?
> 难道不是有无数的生灵,曾遭到帖木儿的蹂躏?①

中国人往往把自己禁锢在城邦视野下追问自己到底犯了什么"错误"才导致后来的悲剧。但如果我们把眼光从中国移向世界,便会惊奇地发现为什么印度人、阿拉伯人、非洲人以及全世界的人都犯了错误,而唯独英国人没有犯错误?② 也就是说当全球

---

① 参看马克思《不列颠在印度的统治》,选自《马克思恩格斯全集》第9卷,第143—150页。

② 刘禾在其《欧洲路灯光影以外的世界》这篇文章中就提出这一问题,批评那些试图"以史为鉴"又将眼光局限于长城之内的奇谈怪论。

性的世界政治形成之后,世界体系的刚性框架将摧毁一切封闭的政治堡垒,并将其纳入开放的世界秩序当中。

中国最终开始步履蹒跚地走向世界,但中国很快就走到了一个世界的分岔口,两条路径——以英美为轴心的世界和俄国革命所开创的世界——又是两种完全不同的世界景观,而中国最终选择走俄国人的路。这种选择与中国近代知识分子的原初认识是有极大反差的。早在清末那批担纲的士大夫们便清醒地认识到欧美列强在中国所图者乃通商之利,而俄国则倾心领土扩张,其乃心腹大患。黄遵宪 1880 年撰写的《朝鲜策略》便点明“俄罗斯有囊括四海,并吞八荒之心……朝鲜今日急务,莫急于防俄。防俄之策如之何? 曰亲中国,结日本,联美国,以图自强而已”。而以左宗棠为首的塞防派更是一方面将沙俄当作最大的假想敌,另一方面基于西方各国“志专在通商取利”“不以其土地人民为利”的认识,提出为了沿海的安全应该保护既有的条约体制的观点。[①]丁宝桢也曾在其奏折中指出:“臣年来所私忧窃虑、寝食难安者,则尤在俄罗斯。”[②]可见当时清廷的世界战略研判对俄国路线是有极大警惕的,“俄国威胁论”在诸多士大夫心中如警钟般长鸣。如果将时间轴再往前推便是之前提到的农耕民族与游牧民族的千年交锋。俄国组织起的哥萨克骑兵走出北部森林地带,部署它自己的游牧民族,从而管控了整个草原区,成为游牧帝国。北方统

① 《左文襄公全集》奏稿,卷四十六,第 32—33 页,转引自西里喜行著《清末中琉日关系史研究》,北京:社会科学文献出版社,2010 年,第 280 页。
② 《夷务始末》七(同治朝,卷一百,第 40—42 页),转引自西里喜行著《清末中琉日关系史研究》,第 280 页。

一游牧帝国的出现也宣告中国朝贡体制过往的传统以夷制夷策略的失效。如何应对这股来自草原的狂暴机动力必然在当时的朝堂进行过深入讨论，当时的中国人似乎也认识到麦金德在其《历史的地理枢纽》中所揭示的药方即“海洋机动性是陆地机动性的天然对手”，但之后的历史流变还是让中国人选择了陆地，选择了俄国。这种选择固然有诸多因素，但其中一个很重要的原因是当时的英美世界通过一战及战后秩序的安排所展现出的世界面貌完全是一种强权、压迫、野蛮的世界图景。而孙中山的观感便很能代表当时探索中国道路那一批人的整体认识，“当时的战争，是一国的帝国主义和别国的帝国主义相冲突的战争，不是野蛮与文明的战争，不是强权和公理的战争。所以战争的结果，仍然是一个帝国主义打到别国的帝国主义，留下来的还是帝国主义。但是由这一次战争，无意中发生了人类中的大希望。这个希望就是俄国革命”[①]。

亚细亚，是一句古闪米特语，意思是“太阳升起的地方”。而俄国道路的选择也让这片古老的中国大地上升起一轮“红太阳”。基辛格在书中区分了俄国革命与毛泽东所引爆的中国革命，“列宁和托洛斯基把他们的革命视为世界革命的导火索，他们相信世界革命即将到来……换了毛泽东，这完全不可想象。他的革命基本上是以中国人为中心的”。但是其实俄国人也很快意识到，“他们所想象的世界革命并不是迫在眉睫，世界革命的前景不得不推迟到非常遥远的未来，而不能放到严肃的政治规划中，而作一次

① 参看《孙中山全集》第九卷。

狂热的努力在这方面加速历史的进程”。[①] 俄国跟中国这两轮红日其实在诸多方面是很相似的。而凯南这个俄国问题专家在解构俄国问题时的很多论证总让人联想到基辛格在书中对中国的论述。当然两者的语言风格完全不同,凯南像法医解剖尸体一样冷峻锋利地直指问题核心,而基辛格则婉转隐晦、絮絮叨叨地转入对中国问题的论述。

通过对苏俄细致的解剖分析,凯南得出了一个惊人的并为之后现实所验证的结论:苏维埃政权所依靠的精神和政治基础并不完全牢固;它可以挑得起的担子是有限的。苏联可能在一夜之间由最强变成最弱而最可怜的国家。而基辛格也在书的结尾部分论证,中国这样一个面对如此庞大国内任务的国家不太可能轻易(更别说自动)投入战略对抗或追求世界主导地位。[②] 或许基辛格得出了与凯南同样的结论:中国在世界上可以挑得起的担子是有限的,所谓中国崛起对美国霸权的挑战在相当长的时间内是个伪命题。

基辛格这个对中国人或许稍显残酷的结论,不仅是在敲打类似《中国不高兴》《中国震撼》这种被基辛格称为中国国家命运之辩中的必胜主义观,也是在提醒美国人不要对中国的崛起反应过度,陷入 100 多年前《克劳备忘录》所勾画的大国政治的悲剧。“邓小平时代”成就了走向世界的中国所取得的非凡功业,特别是在经济领域的奇迹。它使中国日益承担起新的世界角色,利益遍

---

① 参看[美]乔治·凯南《当前美国对外政策的现实》,柴金如等译,北京:商务印书馆,1980年,第 173 页。

② [美]基辛格:《论中国》,第 513 页。

及全球每个角落，与更宽广的政治经济趋势前所未有地融合起来。但同时基辛格也敏锐地观察到变化社会中的政治秩序为中国套上了“紧身衣”，中国深层的问题是政治而不是经济，是内部秩序中的某些不稳定因素。而比照当年的凯南，两位天才政治家可谓英雄所见略同。当年凯南在看透俄国后也是同样苦口婆心地教诲美国的政治家和民众，“不要以为这伙人（俄国人）已经有效地解决了所有的内部问题，没什么事干，只有策划毁灭我们……不要总是做出最极端、最悲观、最不老练、最无现实可能的假定——这个假定的意思是，这些人（即他们的政治对手）缺乏一切正常的人性，推动他们唯一的思想是最盲目、最固执的主张，即毁灭美国及其盟国的人民和财富。把对手不当人看，坚持他们是一切邪恶的化身，说他们一心只想伤害别人……在和平时期，不能再用这种办法来估计另一个大国……我们应该抛弃那种幼稚的做法，用严肃认真的态度以这个国家的本来面目去看待它……历史已经证明，夸大对手的消极面，包括对手意图的邪恶，以及对手用来实现那些据说邪恶的意图的力量，具有一种自我实现的预言性质，这种夸大往往促使它所试图描绘的那种危险临头。今天，我们在世界事务中已经存在足够多的问题，用不着使自己相信存在着一些并不真正存在的问题”①。这不正是基辛格借《克劳备忘录》所要传达的重要信息！

① ［美］乔治·凯南：《当前美国对外政策的现实》，第173页。

克劳备忘录

2013年初,美国《外交政策》网站刊发了一篇查尔斯·埃默森的文章,题目为"灾难前夕:为什么这个世界在2013年看起来和一战前夕的1913年惊人的相似?",对比了前后相隔一百年的两个年份。文章列举的这两个年份相似处,包括传统优势大国正在衰落(昨日的英国,今日的美国),新兴大国正在崛起(昨日的德国、今日的中国),技术进步正在迅速改变这个世界的格局,世界一体化进程正在加速,东亚正在重返世界(昨日的日本、今日的中国),所有人都没意识到战争即将爆发。而2011年出版[①]的《论中国》则在其书尾后记中围绕《克劳备忘录》也讨论了类似的话题,只不过基辛格给出了更加深入细致的剖析。这篇后记一反之前娓娓道来、婉转隐晦的慵懒之气,笔调一下子冷峻锋利起来,图穷匕见,直指问题核心。

《克劳备忘录》[②]带我们重温了20世纪英德对抗的历史,并让跨太平洋两岸人都有一种强烈的情境带入感。中国如同昔日的德意志帝国,是一个复兴的大陆大国;而美国如同英国,是一个与这个大陆有着深厚政治经济关系的海洋大国。[③] 甚至再追溯得远一点,如两千多年前古希腊陆上称雄的斯巴达与海上称霸的雅典之间的那场伯罗奔尼撒战争。随之而来的便是那句千年魔咒即

---

① 基辛格《论中国》中文版在2012年末出版,与前一篇文章相继与中国读者见面。

② 《克劳备忘录》全称即《克劳备忘录:论英法与英德关系现状》。

③ [美]基辛格:《论中国》,第502页。

“使战争不可避免的真正原因是雅典势力的增长和因而引起斯巴达的恐惧”。在基辛格看来，克劳描述的状况本质上呈现出一种自动性，模式一旦创立，联盟一经形成，即难以挣脱自我强加的要求，尤其无法摆脱内部的假设。[①] 克劳原本是期待英国通过对法和对俄结盟来干预欧陆均势，使德国知难而退；但两个集团的对抗却不断升级，最终使英国投入到一场成本巨大、靡费不赀的大陆战争中去。对于这一恐惧的幽灵会否附身中美关系，基辛格是有足够的警惕和思考的。在后记中他也反复在敲打中美双方（特别是中国必胜主义者和美国新保守主义者支持的政策），警醒双方必须小心翼翼，否则双方都有可能把自己推入自我实现的预言。

更有意思的是，如果回溯历史，我们会发现当今这个崛起中的中国其实在某种程度上可以说是由美国一手塑造而成的。当年，基辛格与尼克松倡导与中国建交，并由设想变为现实，这完全改变了美国的未来。尼克松和基辛格为击败哥萨克骑兵（苏联），唤醒了一个拥有巨大人口资源和数千年文明史的巨人，这本身为美国霸权的未来埋下了某种强烈的不确定性。两位美国顶级的战略家在此之前不可能不对此进行深刻的考量和反复的研判。在苏联和中国之间，美国人最终选择了中国，其原因何在？或许我们可以从基辛格《论中国》所阐述的“例外论”中寻找答案。美国自建国以来笃信自己的理想具有普世价值，声称自己有义务传播这些理想。这一信念常常成为美国的驱动力。中国的例外主

---

① ［美］基辛格：《论中国》，第510页。

义是文化性的，中国不试图改变他国的信仰，不对海外推行本国的现行体制。中国行为的依据是其独特性，它通过文化渗透而非狂热传教更非残暴战争来扩大影响。中国在东亚曾经建立的封贡体系便是这种“例外主义”理念的现实应用。它在某种程度上可以看作以经济代价换取政治认可。总之，这种文明总体是内敛的，具有绵延的稳定性。苏俄则恰恰相反，它所遗传的文明完全是游牧民族的彪悍与狂暴，崇尚史诗般的战争，相对而言它更具破坏力、扩张性和不确定性。或许正是对两国文明基因的鉴定最终使美国选择了中国。

当然，在基辛格看来，除了深层次的文明基因，首先，当今的世界还有诸多因素会有效地帮助中美避开《克劳备忘录》的预言。比如一战前的英德博弈完全是你死我亡的零和博弈，而当今重要的国际问题本质上是全球性的。其次，中国自身存在着巨大的国内挑战，中国领导人最关注的莫过于维持国家团结；即使中国最令人惊羡的经济体量的增长，在基辛格看来，也带有部分运气成分，随着西方进入紧缩时期、中国劳动力老龄化等因素，中国本身的经济增长也将面临困境。

亚洲问题

在敲完《克劳备忘录》的警钟之后，基辛格给出了一个带有怀疑色彩的药方：走向太平洋共同体？并且以极具浪漫色彩的“永久和平论”终结了自己的论述。其实太平洋共同体这个话题早已不新鲜了，基辛格在他的《大外交》中便谈到克林顿在1993年一次亚洲政府首脑会议上提议以欧洲模式建立比较有组织的太平洋共同体，但受到礼貌而又冷淡的回应。基辛格早已明了"'共同体'这个字词用在亚洲，意义十分有限；因为太平洋地区的关系基本上与大西洋地区的关系大为不同。欧洲国家可因共同体制而组合，亚洲国家却自认彼此殊异、相互竞争。亚洲主要国家彼此的关系具有许多19世纪欧洲均势体系下的特征。其中之一若是实力大增，几乎必然引起其他国家的抵制运动……威尔逊主义在亚洲信徒不多。亚洲没有集体安全这种机制，即使在少数民主国家里，也没有所谓以共同的国内价值为基础的合作关系。重点全摆在均势和国家利益上"[①]。当时的基辛格给出的亚洲政策药方是"美国有能力扮演20世纪两次世界大战之前英国维持欧洲均势的角色。亚太地区的稳定，其可夸耀的繁荣之支撑，都不是自然定律，而是均势的结果，在后冷战世界此一均势越发需要精心的照料"。当然，玩了一辈子现实政治、深谙均势政治的基辛格高谈"太平洋共同体"也并非故作姿态。美国外交一向是摆动于理想主义和现实主义之间。在基辛格看来，美国国内辩论中，最佳结果是将两种途径合二为一——理想主义者承认现实原则需要时间，因而必须根据情况时常调整；"现实主义者"接受价值观有它的道理，必须纳入政策运行之中。但在《论中国》中面对新的国际秩序的变迁，基辛格进一步提出了更具大气魄的中美"共同进化"的方案。

---

① [美]基辛格：《大外交》，海口：海南出版社，2012年，第845页。

当今世界的中心舞台无疑是欧亚大陆,但主导这一舞台的却是作为海洋帝国的美国。当年英帝国的辉煌在于它依傍大西洋稳定住了欧洲,而如今的美帝国则在抚平欧洲后将焦点对准亚洲问题。就亚洲而言,美国既然只能界定一个大家都能接受的全盘战略,而没法建立共同价值观,那么中美可以尝试走一条既不能结成盟友又不能相互敌对的“共同进化”新道路。而这种“共同进化”其实是有迹可循的而非无中生有,比如基辛格在书中谈到“当美国敦促中国增加消费、减少出口时,它拿出的是经济原理。但对中国来说,出口部门缩小意味着失业人员大量增加,会产生严重的政治后果。具有讽刺意味的是,从长远来看,如果中国真的采纳了美国的老生常谈,它将可能因为不再那么依赖出口而降低与美国加强关系的动机,转而增强与周边国家的经济关系,从而推动亚洲集团的发展”①。双方的政治、经济战略并不是泾渭分明而是交错杂糅的。过去三十年中国经济奇迹的关键就在于“中美国”②经济关联体的形成,美国为中国经济繁荣提供了市场,中国持续的经济成功严重依赖西方(当然以美国为首)资本、技术的流入和外国市场的准入。而上世纪70年代基辛格亲身参与的中美邦交正常化促成了这个中美关联体的形成,他当然深知其中道理,明了其实中国战略选择余地并不大。而中国问题之所以让其牵挂一生,就在于他意识到这个有如此庞大体量的政治体(包括

① [美]基辛格:《论中国》,第484页。

② “中美国”一词(英文:Chimerica;另译:中美共同体、中华美利坚),是由美国哈佛大学著名经济史学教授尼尔·弗格森(Niall Ferguson)和柏林自由大学石里克教授共同创造出的新词,以强调中美经济关系联系的紧密性,称中美已走入共生时代。但最近弗格森又撰文《“中美国”的解体》。

它的经济体量、人口体量)并不仅仅关涉中国人的问题,而是直接关涉整个世界的命运沉浮,中美处在同一“命运共同体”当中。当然美国也需要中国作为“远东之锚”[①]成为稳定欧亚大陆的政治支轴,如同当年罗斯福将中国扶起为世界五强之一的战略谋划。就中国而言,太平洋彼岸的美国也曾是中国人战略谋划中的天然盟友,但历史的流变让美国在中国失败,也让中国失去美国。当然,美国对目前中国政治体制合法性在理论上持保留态度,这也让这条中美“共同进化”之路充满不确定性、偶然性,甚至出现基辛格最不愿见到的“惊人的突变”即克劳预言的实现。[②]

总之,亚洲问题考验并挑战着中美新一代政治家的智慧。这不免让人想到当年美国面临苏联严峻挑战时凯南那篇著名的《8000 字电报》结尾处的豪言壮语,“美苏关系问题实质上是作为国际家庭一员的美国的全部价值的考验。要免于灭亡,美国只需遵循它自己最优良的传统,并证明自己值得作为一个大国而保存下来。诚然,对一个国家的品质来说,没有任何一种考验比这种考验更公平合理的了。鉴于这些情况,有头脑的美苏关系观察家对克里姆林宫对美国社会提出的挑战就不会有什么理由感到愤愤不平了。他倒是会对上帝怀着感激之情,因为正是上帝给美国人民提供了这个无情的挑战,使得他们作为一个国家的全部安全有赖于他们自己的通力合作,并接受历史显然想要他们承担的道

① 兹比格纽·布热津斯基《大棋局》中对中国战略地位的界定。

② 也正是基于此,布热津斯基在《大棋局》中判定中美战略关系的培育必须建立在这样的明确认识基础上:一个民主的和经济上成功的日本是美国在太平洋地区的主要伙伴和全球事务的重要伙伴。

义上和政治上的领导责任”[1]。

未来世界新秩序的理想图景或许是所有历史洞穴大开,所有世界文明被放在世界舞台之上。而突破民族界限后的中华民族也必将会作为世界之一部分而非与世界背离的“例外”为人类的世界政治作出独特贡献。当今的文明世界已经变得如此复杂,在世界问题中,我们再也不能闭起我们的眼睛,建起一座貌似坚不可摧的长城,然后梦想着过去。世界五分之一的人类生活的这片土地,应该楔入世界的中心而非与这个世界脱嵌。至于这条路如何去走,或许我们可以借用基辛格在《大外交》中的结语:“旅人啊,前头没有路;路是人走出来的。”

伴随中国崛起而来的“中国问题”终于走出亚洲大陆区域性的历史存在,成为一个关乎世界政治走向、具有世界历史意义的关键问题。因此,2012 年出版的基辛格《论中国》将在《白宫岁月》(1980 年)、《大外交》(1998 年)、《美国的全球战略》(2001 年)等著作中的“中国角色”从配角提升为主角,从区域性角色提升为塑造全球政治秩序的世界性角色。所以耄耋之年的基辛格才会有这样的感慨:“倘若美国和中国能够同心协力建设世界,而不是震撼世界,那将是何等的成就啊!”无独有偶,诺贝尔经济学奖得主罗纳德·哈里·科斯在其新作《变革中国:市场经济的中国之路》中也提到“这个世界一定会美丽很多,如果它五分之一的人口能够

---

① 参看[美]凯南《美国外交(增订本)》,葵阳、南木、李活译,北京:世界知识出版社,1989 年,第 101 页。

自由地发挥他们的聪明才智”[①]。还有傅高义的新作《邓小平时代》聚焦中国从封闭政治体向开放政治体的转型时代，而结尾处点明，假如邓小平还活着，他一定会说，中国绝不称霸。这些如基辛格般西方一流的头脑如此密集地思考世界秩序中的“中国问题”，也印证了随着中国崛起急需填充这方面的思想市场。我们有必要重新思索中国在世界城邦视野下如何行进，如何处理内部秩序与外部世界秩序的一致性，让这些思想家们上述的“倘若”和“如果”变为现实。我们期待并见证着这个带有世界历史意义的全新的中国故事的展开。

---

① [英]罗纳德·哈里·科斯、王宁：《变革中国：市场经济的中国之路》，徐尧、李哲民译，北京：中信出版社，2013年，第260页。

浅析梁启超“新民”主体之演变

刘方舟

引　言

流亡日本的梁启超在《新民丛报》上提出了享誉中国的“新民”观，新民学说也成为他一生中重要的政治思想之一。关于新民学说中的“新对象”和“新内容”，学界已有许多卓越的研究成果。而站在更广阔的时间维度上，纵观梁启超一生的思想变化，关于新民学说中“谁来新民”的主体改变问题，论著涉及并不多。

“新民”之“新”作动词，“一曰淬厉其所本有而新之，二曰采补其所本无而新之”。但问题是，谁“淬厉其所本有”？谁“采补其所本无”？本文试图以《新民说》为思考的起点和线索，在更广意义上考察梁启超的相关重要著述，试图理清其中主要的思想脉络，以期更深入地理解梁启超等19世纪末20世纪初的中国知识分子关于对实现觉醒民众、振兴国家这一理想之条件的看法。

一　早期的“士绅政治”

早在戊戌变法这一使康梁声名大噪的事件以前，梁启超就在他的政治生涯中以各种方式践行着“新民”理念。在他早期的活动中，办报纸、建学会这两种新方式扮演着还未成型的“新民”事业里举足轻重的角色，而这些略显朦胧的努力明显继承了传统“士绅政治”的特色。

1895年由于各种原因，康有为的上书“不克上达，康有为以为望变法于朝廷，其事颇难”[①]，因此无法得到朝廷任用的康梁师徒在京创办了强学会和《万国公报》来宣传和贯彻他们的改革运动：“然各国之革政，未有不从国民而起者，故欲倡之于下，以唤起国民之议论，振刷国民之精神，使厚蓄其力，以待他日之用。”[②]也就是说，早期的办报和建立学会的目的正是唤醒国民心中本来就有的“新”意识，启发他们成为那种梁所认可的参与时政、关心国事的“新人”，从而积蓄起这种力量以待不时之需。

办报纸并非创举，然而报纸的“受众”却值得注意：不论是此时的《万国公报》，还是一年以后梁与有改良思想的黄遵宪和王康年这些士大夫及官员共办的《时务报》，或是于澳门创办的《知新报》，都广为流传于士绅官员之中，最多时能够发行三千份左右。这种将目标群体锁定在传统士绅身上的策略，从梁自己的口中可见一斑：“于是自捐资创《万国公报》于京师，遍送士夫贵人，与梁

① 梁启超：《戊戌政变记》附录之《改革起原》，桂林：广西师范大学出版社，2010年，第201页。

② 梁启超：《戊戌政变记》附录之《改革起原》，第201页。

启超、麦孟华撰之，日刊送二千份。”[①]这意味着此时的“新民”之“民”还局限于“士夫贵人”，“新民”之“新”仍停留在少数士绅“教化”大众的意义之上。

与此同时，康梁苦心孤诣地在士绅中组织学会，“京朝士大夫集者数十人……每十日一集”[②]是在北京创设的强学会中的光景。而后梁随康有为赴南京，又说服张之洞在上海设立强学会分会。虽然强学会设立不久，即因为卷入了朝廷的派系之争而招致清政府的敌视和干预，最终在数月之后宣告结束，迫使他们放弃建立全国性学会网的想法——但在1897年11月，梁启超应湖南巡抚陈宝箴的聘请，前往长沙“时务学堂”担任总教习，他在积极参与湖南维新运动的过程中全面、细致地表达了自己对于通过学会进行“新民”的理想。

梁启超在1897年12月写给陈宝箴的信中说道，学会是湖南维新大业的起点：因为愚昧了千年而素不知“地方公事为何物”的民众，得依靠学会这种新组织成为具有权利意识的“新民”——“骤然之使其自办，是犹乳哺之儿而授之以杯箸，使自饮食，其殆必矣。故必先使其民之秀者日习于公事，然后举而措之裕如也”[③]。对待还如哺乳期婴儿般的民众，改造他们的办法就是让其中的优异者在学会中学习议事，商议一切要筹措的新政。如此一来，学会就像一个保姆，通过“日日读书，日日治事”的方式培养出一批批合格的民众。而这些既会读书又能治事的合格者，不难想

① 梁启超：《戊戌政变记》附录之《改革起原》，第201页。
② 梁启超：《戊戌政变记》附录之《改革起原》，第201页。
③ 梁启超：《戊戌政变记》附录之《改革起原》，第213－214页。

见就是后来梁启超所推崇的“新民”之雏形。

此种学会的功能，按梁的构想主要承办翻译东西文书籍、刊布新式报纸、开设图书馆、设立博物仪器院以及帮助建立政治学校这五种事务。湖南维新运动中的“南学会”作为新政命脉，“虽名为学会，实兼地方议会之规模，先由巡抚派选本地绅士十人为总会长，继由此十人各举所知，展转汲引以为会员”[①]——显然此时的梁启超，目光还是聚焦在绅士上。当然这并不影响学会的关键作用，甚至被冠上了西式“议会”的名称以彰显其锻造“新人”以服务于新目的的功能。

另外，梁欲实现“开民智”的着眼点不仅是士绅，更针对官员：“绅权固当务之急矣，然他日办一切事，舍官莫属也……故开官智又为万事之起点，官贫则不能望之以爱民，官愚则不能望之以治事。”[②]值得注意的，此时的“民”在他的政治意识里还没有后来“新民”所具有的高度独立性，仍然处于一个被排斥在政治话语权之外的、从属于君王或国家之客体的领域。因此，大部分芸芸众生还是一个混沌不清的“板块”，这一阶段的“新”基本上还是在依靠传统士绅的教化力量，靠扩大少数旧式精英的权力或是提高少数官员的智力来引导和治理。

无论是新式的报纸基本上只发士大夫，还是构建学会旨在培育“民之秀者”作为改革的基本组织，都是源于“中国人一般来说没有达到政治参与所必要的智力水平，在对人民进行政治训练和

---

① 梁启超:《戊戌政变记》附录之《改革起原》，第 219 页。

② 梁启超:《戊戌政变记》附录之《改革起原》，第 214 页。

引导他们逐渐实行民治过程中，士绅阶层首先要起指导作用”[①]这个事实。转型时期的梁启超，身上的儒家经世思想之烙印自然很深，“内圣外王”理想的适用自然要求“学而优则仕”的士绅官员承担着教育、改造人民的重任。一言以蔽之，他们是“新民”的先锋，要最先被启蒙。

可是被压抑了千年的芸芸“旧民”，能够在士绅的引导下实现梁启超所期待的转变吗？梁启超在短暂的实践过程中，渐渐敏锐地觉察出了问题：“各国民政之起，大率由民与官争权，民出死力以争之，官出死力以压之，若湖南之事势，则全与此相反，陈、黄两公本自有无限之权，而务欲让之于民，民不自知其当有权，而官乃费尽心力以导之！”[②]在这些话的背后，梁启超似乎已经发现了实现民权的奥秘在于抗争中的“旧民”不断习得有益的政治经验从而“自新”，但当下却好像只是依靠少数改良官员的“慈悲善举”在生拉硬拽——同时，局限于一个孤立的地方政权所推行的新政策略还受到了外界各方的揣度和非议，因而孤掌难鸣不成气候，最终只能是“心有余而力不足”的结果。

二　“昙花一现”的开明专制

在持续的上书与挫败后，康梁师徒终于迎来了 1898 年戊戌

① ［美］张灏：《梁启超与中国思想的过渡（1890—1907）》，南京：江苏人民出版社，1993 年，第 77 页。

② 梁启超：《戊戌政变记》附录之《改革起原》，第 219 页。

变法的春天。同年7月3日，梁启超得光绪皇帝召见从而呈上了他的《变法通议》，被赏赐六品官衔并奉令筹办译书局事务。这样一个千载难逢的转机，给梁启超原本有些灰暗的“新民”思想突然点燃了一个过于炫目的火花。

梁启超《变法通议》的主要内容，是指出根本性的变法首先在于改变科举制度及相应的官制，以此促进兴办包括女学、幼学、师范、大学在内的各级学校，来培养所需的人才这样一套完整的改革方案。尤其重要的改变是，他提出一切改革事务均不能寄希望于那些僵化的守旧官吏，因而官制是改革的起点，和他的老师一样，旧式挑选官员的科举制首当其冲。科举取官的弊端毋庸赘言，重点在于实施新政以养护百姓的任务不再交到旧式官僚手中。因为“况士也者，又农工商贾妇孺之所瞻仰而则效者也，士既如是，则举国之民从而化之，民之愚国之弱皆由于此”[①]，前一阶段的士绅、官吏没能迅速实现新民的重任，所以此时的梁启超把焦点放在了能够引导学风、间接掌控大部分读书人的修养方向的选官制度上。

当时的康梁拥有了一个比以往推行新政更有利的形势，那就是虽深陷斗争漩涡但诚心改革的皇帝在背后全力地支持。这似乎让梁看到了真正能够“新民”的途径：那就是依靠一个贤明的君主，通过开明的政策设置一套合适的制度，来系统地实现“新民”的理想。这段经历，也正是从此潜伏梁启超一生的“开明专制”思想的第一次实践。

---

① 梁启超：《戊戌政变记》第一篇第二章《新政诏书恭跋》，第41页。

《戊戌政变记》中记载了大量光绪皇帝"下之于内阁，刊之于邸报，臣民共见"的新政诏书，以及梁启超逐条所附加的跋语。笔者阅毕，一位竭心尽力施行新政、振兴国家的贤君形象跃然纸上："皇上深知民智之当开，立即施行。悬破格之赏，予清要之官……为讲求实学之用……特千年以来，君上务以愚民为术，抑遏既久，故日即于固陋耳。苟能导之，则公输子之飞鸢，偃师之制人……必有纷纷出者，百十年后，才智心思之辟，万亿新器、新书、新法、新政之由，岂可量哉？则皆自我皇上此诏开之矣。"[①]不仅如此，康梁开设报馆之于"新民"的意义也在于皇上洞悉了这种开民智的方法，"皇上命取《时务报》呈览，至是特设官报，派通才督办，盖洞知各国民智之开，皆由报馆，故于维新之始，首注意于是也"[②]。

这一阶段的梁启超，把所有希望全部倾注在这位皇帝身上以推行培育人才的教育事业，即使 1898 年 9 月的政变使改良成果流产，当年 12 月流亡到日本的梁启超仍然在回顾变法时感慨"政变以后，下诏废各省学校，然民间私立者尚纷纷，亦由民智已开，不可抑遏，则此诏之功也"[③]——把民间私立新式学堂的功劳归之于皇帝的那些诏书。对于这位让康有为愚忠了一辈子的光绪皇帝，梁启超在彼刻同样言辞恳切地表明希望以这位圣主的恩德来激发人们革新的愿望，因为这种恩赐的教诲和爱养之心前所未有，所以"海外商民读此诏莫不感泣，则人人当有同心矣。先是叠经割削，民有离心，至是四万万人皆知国有圣主，人人翘首企足，

---

① 梁启超:《戊戌政变记》第一篇第二章《新政诏书恭跋》，第 47 页。
② 梁启超:《戊戌政变记》第一篇第二章《新政诏书恭跋》，第 55 页。
③ 梁启超:《戊戌政变记》第一篇第二章《新政诏书恭跋》，第 49 页。

复望自强矣”[①]。

遗憾的是，这位陷于深宫的孤独“明君”并没有足够的政治权力和变革资本，除了下诏，他几乎无力推动改革事业，就是设立京师大学堂也前后折腾了三年，“犹烦圣主屡次敦迫，仅乃有成。其难如此，然其后犹以办理非人，成效难睹，盖变法而不全变，有法无人之弊也”[②]。当时的梁启超以为，这是全国上下不关心改革只求自保眼前利益的官僚太多，才使得“改革党人乃欲奋螳臂而与之争，譬犹孤身入重围之中，四面楚歌，所遇皆敌”[③]，从而导致了后来的政变。然而关键的是，把推行“新民”的事业寄望于一个已然腐朽的政府本身期望它改革自身，虽然是对一个改良主义者极具吸引力的幻想——但让一批旧官僚革自己的命、断自己的前途去成就新制度的努力，只能落得自相矛盾的下场。后来梁在1921年《内政软外交软》的演说中也曾自嘲，“因为我从前始终脱不掉‘贤人政治’的旧念，始终想凭借一种固有的旧势力来改良这国家”[④]，对照起来着实耐人寻味。

不过，之所以给开明专制的“昙花一现”打上引号，是因为在变法失败甚至是清王朝覆灭之后，“开明专制”的灵魂悄然融入了梁启超的政治血液。众所皆知，梁启超除了追随康有为拥光绪皇帝进行维新变法，还在辛亥革命后与死敌袁世凯密切合作，最后竟出人意料地和护国战争中的对手段祺瑞重归于好。作为一个

---

① 梁启超:《戊戌政变记》第一篇第二章《新政诏书恭跋》,第77页。
② 梁启超:《戊戌政变记》第一篇第二章《新政诏书恭跋》,第44页。
③ 梁启超:《戊戌政变记》第三篇第一章《政变之总原因》,第108页。
④ 梁启超:《梁启超自传》,南京:江苏文艺出版社,2012年,第191页。

倡导民权的领袖人物，梁启超总会在一些时刻显露出这样的判断：中国不管是朝着君主立宪还是共和立宪的方向走，都必须先实行一段时间的开明专制作过渡。他对明显有些“落后”的开明专制始终怀着割舍不下的感情，这种潜伏在其内心深处的倾向，会在梁启超接下来的人生境遇中将他的政治命运塑造得一波三折，更必然对“新民”的主体认知带来巨大的影响。

三 对“自新”之民的厚望与失望

逃亡日本的梁启超与康有为一起总结变法失败的惨痛教训，撰述了大量政论文章继续探索可行的改革方案。1902 年康有为所作的《公民自治篇》主张中国建立公民制度，以挽救民族危亡、富强国家。康的思想并非本文重点，而梁启超为其师所作的按语却耐人咀嚼：“公民者，自立者也，非立于人者也，苟立于人，必非真公民……若以是为劝民之一术，则自由权必不能固明矣。于此诸义，未敢苟同。”显然此时的梁启超看清了旧式“劝民”“导民”的缺陷，戊戌变法中皇帝的脆弱使他暂时抛弃了那种对旧式势力的依赖性，转而对康的公民自治思想中对政府的执着期待表达了自己的不同意见——新式的公民拥有不可替代的独立性，不是光靠外界劝导而是自己由内“新生”出的结果，这无疑是一个重大的转变。

早在一年以前的《中国史叙论》中，梁启超提出了“中华民族”

的概念，并以中国认同的民族主义观点诠释中华民族史[①]。发轫于16世纪的英格兰民族主义里的“民族”一词，也已经摆脱了昔日的“精英”含义而被用来泛指英格兰全体居民，与“人民”同义。这种“精英化的人民”观念被梁启超迅速接受，从而直接影响并最终塑造了“民”在他“新民”思想中的特殊地位。

1902年2月创立的《新民丛报》中陆续出现的《新民说》里，梁不仅花费大量笔墨描述了“新民”新在何处，更透露出他把建立民族国家与实现公民的权利看作现代化进程中不可分割的两个方面：“今日吾中国所最急者，唯第二之参政问题，与第四之民族建国问题而已。此二者事本同源。”所谓“同源”正反映出他越来越认识到人民坐等政府的“救赎”再去振兴国家是多么的不切实际，民众学着把自己武装成新式公民与部分自我改造成功的先行者一同建构新式的民族国家，再为民众提供更好的改造平台，这两项事业可以相互推进地并肩同行。至此，梁启超的“新民”之“民”从以往含混不清的政治话语里冲破束缚跳了出来，也赋予了“新民”之“新”以“自新”的重任。

但复杂的现实再次让梁启超重新审视自己开出的药方，因为1903年7个月的北美之行给了他那美好愿望一记响亮的耳光。当梁亲身来到美国这个重要的西方民主国家，亲身感受其政治生态并观察了当地的海外华人社团之后，不仅那个镀金的民主制度之神话黯淡了许多，连那些他曾经痛斥的诸如“有家无国”“私德兴公德丧”等民族性缺陷，在这个发达的工业社会里竟然仍旧根

---

① 《饮冰室合集·文集之六》，北京：中华书局，1989年，第11—12页。

深蒂固、未得半点优良制度的感化——这一切梁启超都看在眼里，仿佛在无情地宣告着民众"自新"的不可期待。

梁启超心中那原本由革命党催生出的激情被生生泼了盆凉水，他发觉自己刚摆脱了对帝王的依赖又急速转向对底层民众的执拗幻想，是从一个极端狂奔而至另一个极端。那种在民族危亡的重压之下，开出速效药方的急切蒙蔽了他的双眼，失望至极的梁启超又意识到也许开明专制才真正对改造民众、挽救国家有所助益。为了解释曾经的失败，他重新整理了自己的观点。1906 年正是在《新民丛报》第 75、76 期上，梁启超发表了自己的《开明专制论》：区别于野蛮专制的开明专制，专制者以所专制之客体的利益为标准[①]，这对于民智未开、幅员广阔、种族繁多的中国尤为适宜。而中国所呈现出的最好状态，也只是一种"不完全的开明专制"，有开明的君主，却无有效的"专制"，使得有益政策运转不起来。

所以作为立宪的预备之路，完全的开明专制可以避开混乱，在平稳的环境下逐渐锻炼出有参政议政能力的人民和不断完备发达的施新政之机关（比如学校、选举区、警察、司法部门、地方自治制度等等）。正如他后来又在《新民丛报》上《答某报第四号对于新民丛报之驳论》中所说："夫开明专制，非不美之名词也……以发达人民为目的"，并给了一个"最速犹非十年乃至十五年不能致也"[②]的时间判断。就在梁还在细细构想他的开明专制以新民

① 《饮冰室合集·文集之十七》，第 22 页。
② 《饮冰室合集·文集之十七》，第 82 页。

的理想，并为归国做着诸多准备的时候，辛亥革命的炮响打断了他实践这一方案的可能，一个没有可以专制的皇帝之时代突然到来，让所有人都措手不及。

四　脆弱的政党政治

民国初建的那些岁月里，归国的梁启超开始了他人生中最充实丰富的政治生涯。从1912年开始到1914年袁世凯解散国民党和国会，严格意义上的政党政治只辉煌了三年，但梁启超作为进步党的党魁，在这短暂而意义深远的时光里作出卓越的探索，为后人留下了极为宝贵的经验和启示。归国后的梁启超对政党政治的专注，并不意味着他放下了“新民”的事业，因为政党组织在他心中与“新民”的重要任务密不可分。

梁启超的政党思想源流，能够追溯到强学会时期的“会党意识”，主持时务报时期逐渐明朗的“政党”观念，到维新变法时期筹建“保国会”的初步尝试，再到流亡日本时期大量涉及西方典籍、实地考察美国两党政治、遥控国内立宪人士组织“政闻社”引领国会请愿运动，最后再到民国初建时期归国加入共和党以及统一三党为进步党。在这个经历了一个从简单观念到复杂思想的过程中，他对政党寄予了极大的厚望——早在辛亥革命前，1907年10月梁启超为早期的准政党组织政闻社所作的《政闻社宣言书》中详释了政闻社发生之缘由：目前中国形势危如累卵，改造政府之重责只能由国民来承担而绝不可依赖君主，但是国民“必当有团体焉，以为表示之机关才可改造政府实现立宪政治之目的”；因为国民自身政治能力不断提升才能堪当重任，但现实中国民漠视政治、对于政治事件缺乏判断常识、不具备政治上自起而当其冲的——为了解决这些问题，梁启超认定，“然此事业谁任之，则唯政治团体用力常最勤，而收效常最捷也……故为政治团体者，常从种种方面以训练国民，务养成政治上之能力”①。不难看出，在梁启超心中，政党对提高国民政治能力、达到“新民”效果的意义不言而喻。

即使在袁世凯解散国会后，梁启超仍在政党领域里坚持奋战了十几年，起起伏伏，百折不挠。但由于民国特定的社会政治环境，新生的政党似乎只是被各种旧式精英或新生集团当作争夺私人利益的工具，没能成长为真正表达民众利益的组织，更不用说成为“新民”的有利手段了。梁启超的政党政治理想被彻底地扼杀，从此西方竞争性政党政治也在中国破产而再无生路。之后甚至于 1927 年 5 月在给子女的书信中，他坦言：“我实在讨厌政党生活……同时对于政治上的具体办法，虽未能有很惬心贵当的，但确信代议制和政党政治断不适用，非打破不可……因为我根本不相信那种东西能救中国。”②这种对政党政治前后迥然不同的态度，虽说免不了带了个人的受挫失望等情感因素，但也包含着他晚年的反思和彻悟。

梁启超将作为政治动员最强有力工具的政党引入中国政治，

① 《饮冰室合集・文集之二十》，第 24 页。

② 丁文江、赵丰田：《梁启超年谱长编（初稿）》，北京：中华书局，2010 年，第 602 页。

用以训练国民进行政治参与，试图在促成符合时代潮流之宪政体制的同时完成“新民”的使命；然而，帝国主义对世界的威胁加上民国初建百废待兴的现实，让梁启超也意识到刚刚通过革命建立起来的中华民国面临着合法性权威失落的压力。因此，后发的现代化中国对强大的政府及稳定秩序的需要显得极为迫切——梁启超放不下这两个目标中的任何一个，于是在保持政治稳定而倾向袁世凯宣扬的总统制与扩大政治动员以实现立宪之实的两端之间不断妥协和徘徊，再次呈现出一种向新式“开明专制”靠拢的落后姿态。

在中国的现代化初期，匆忙之中蓬勃发展的政党政治并没有适合其生存延续的优良土壤，那些大小林立的准政党们实际上仍是在政党雏形中徘徊的宗派、朋党，无法实现以制度化的公共利益来取代四分五裂的个人利益，反而是释放了传统社会中“旧民”的各种痼疾从而搅动起并加剧了攻伐乱政的病象，使得政党成为谋取私人利益的工具。而过于年轻的政党和稚嫩的政党政治，没能容纳迅速动员起来的政治力量，也未能如梁启超所愿培育出大批的“新民”去接轨宪政制度，最终在强大的专制势力和军人的干涉之下彻底破产。

1917 年 11 月段祺瑞内阁被迫下台，梁启超也随之辞职，“新民”事业的真正答案仿佛也随着他的退出政坛而消失了。1918 年游历欧洲后的梁启超，在《欧洲政治革进之原因》里这样写道：“吾尝考欧洲诸国政治进化之轨迹，确信为政在人之义，为中外古今所莫能易。彼诸国政象所以获有今日，实诸国国民之品性能自造之。"[①]正如萧公权所评论的："梁氏数年从政之经验与留意之观察，使其大失望于民国之政治……认定政治之根本，不在政治之本身而在社会。论者痛心于恶政，多致力于制度之改建或政府中人物之臧否。殊不知制度与官吏之良否尚非政治之命脉……凡一国之政象，则皆其国民思想、品格之反映而已。"[②]可以说，"新民"工程与外界其他诸多因素的相互作用太过复杂，它的重要性和艰巨性使其无法由梁启超这一代人解决。对这个难题的困惑与反思，也正是较晚近现代化国家在现代化过程中遇到太多交织的困境之反映。

结语：寻找答案

梁启超自1922年起在清华学校兼课，1925年应聘任清华国学研究院导师，从而褪去了以往在政坛叱咤风云的光环。笔者以为，这时的梁启超虽然对政界的影响力随之减弱，但他仍未放弃自己的"新民"大业，只不过此时的他敛起了曾经的政治激情，重新在学界身体力行地从己身"淬厉其所本有而新之""采补其所本无而新之"做起。

"夫既已知舍改造政府外，别无救国之图矣，又知政府之万不能自改造矣，又知改造之业，非可以责望于君主矣。然则负荷此

① 王德峰：《国性与民德——梁启超文选》，上海：上海远东出版社，1995年，第156页。
② 萧公权：《中国政治思想史》，北京：新星出版社，2010年，第510页。

艰巨者，非国民而谁。吾党同人，既为国民一分子，责任所在，不敢不勉，而更愿凡为国民之一分子者，咸认此责任而共勉焉。”[①]这句话在笔者看来，是梁启超一生中对“新民”之主体最得当的总结。这位在反复求索失败后并不气馁的思想家，用自己的笔锋和灵魂殚精竭虑地“更新”着所有中国人的心灵，是真正当之无愧的“新民”大师。

① 梁启超：《梁启超自传》，第51页。